"十三五"精品课程建设规划教材

PowerPoint课件设计与制作

THE DESIGN AND MANUFACTURE OF POWERPOINT COURSEWARE

主 编 丁春兰

参 编 周秀芳 唐晓红 宋朋鸽
陈 兰 夏 林 刘 萍
赵 璐

江苏大学出版社
JIANGSU UNIVERSITY PRESS
镇 江

图书在版编目(CIP)数据

PowerPoint 课件设计与制作 / 丁春兰主编 . —镇江：江苏大学出版社，2018. 8(2021. 8 重印)
ISBN 978-7-5684-0889-9

Ⅰ. ①P… Ⅱ. ①丁… Ⅲ. ①多媒体课件—图形软件 Ⅳ. ①G436

中国版本图书馆 CIP 数据核字(2018)第 162261 号

PowerPoint 课件设计与制作
PowerPoint Kejian Sheji Yu Zhizuo

主　　编/丁春兰
责任编辑/李菊萍
出版发行/江苏大学出版社
地　　址/江苏省镇江市梦溪园巷 30 号(邮编：212003)
电　　话/0511-84446464(传真)
网　　址/http://press. ujs. edu. cn
排　　版/镇江文苑制版印刷有限责任公司
印　　刷/镇江文苑制版印刷有限责任公司
开　　本/787 mm×1 092 mm　1/16
印　　张/16. 5
字　　数/422 千字
版　　次/2018 年 8 月第 1 版
印　　次/2021 年 8 月第 6 次印刷
书　　号/ISBN 978-7-5684-0889-9
定　　价/49. 00 元

前　言

随着教育技术的发展，课件成为中小学、幼儿园课堂中常见的辅助教学手段，而课件制作也成为各类师范生必修的师范专业公共课。为了帮助初中起点五年制或高中起点三年制的大专师范生学会制作符合教学需求、实用性强的课件，编者根据多年的教学经验及小学、幼儿园实践经验，结合目标学习者实际的计算机操作水平，从师范类大专生及他们未来职业需要的实际出发，以提高学生的课件制作水平和实际操作能力为出发点编写了本书。

本书用一个完整的课件案例贯穿全篇，以课程制作的过程及要素为线索，从案例出发介绍课件制作的基本操作方法、注意事项，并对课件制作容易出现的误区进行分析，同时介绍一些相关素材处理的基本方法，帮助学习者从零入手，学会制作精美、实用的课件。每个项目除了知识点及案例实现方法外，还提供了一些小的拓展案例，帮助学习者拓宽视野。本书包含的案例实训部分，可供学生根据专业选择使用。相关案例的课件可登录江苏大学出版社网站（http：//press. ujs. edu. cn）下载。

本书采用项目式编写方法，全书共十二个项目。其中，项目一、项目三由唐晓红编写，项目二由刘萍编写，项目四、项目十二由丁春兰编写，项目五、项目九由周秀芳编写，项目六、项目十一由夏林编写，项目七由陈兰编写，项目八、项目十由宋朋鸽编写，赵璐参与了教材的校订工作，全书由丁春兰负责统稿。

由于编者水平有限，书中难免有错误和不妥之处，恳请读者多提宝贵意见。

目录

项目一 为PowerPoint课件设计脚本

脚本设计是制作课件的重要环节，其作用相当于影视剧本。要制作出方便、实用、效果好的课件，除了要有较好的制作技术外，还需要根据教学内容和教学要求，对课件的教学内容、结构布局、视听形象的表现方式、人机界面等进行周密的考虑和细致的安排，只有这样，才能设计出符合教学规律，能激发学生兴趣、揭示教学重点或难点的课件。脚本正是创意的体现，是创意的初级表达。教师利用丰富的教学经验，运用教育学理论和恰当的教学方法，对课堂教学过程进行设计，然后根据课堂教学需要着手编写课件脚本。编写脚本既是为了指导制作者制作课件，也是课件制作的直接依据。

项目向导

本项目是分析幼儿园中班数学活动《认识时钟》的教学设计，制作本课需要的课件并编写课件脚本。

需要完成的主要操作：

◆ 对教学设计进行分析，初步确定课件制作的基本思路；

◆ 根据教学需要设计课件结构和内容；

◆ 编写脚本。

需要掌握的主要技能：

◆ 理解“好课件”的标准；

◆ 熟悉课件制作的一般流程；

◆ 掌握脚本编写的基本方法。

相关知识

一、关于课件

现在不论是国家还是社会，日益注重教学方法和教学手段的改革。很多学校已经有了多媒体教室，免不了受到信息化教学的影响，教师被要求或鼓励使用课件等一些信息化的教学手段教学。那“课件”是什么呢？它有用吗？

“课件”的定义很多，但其中较多描述是不全面的，没有体现课件的本质。课件的本质其实是借助软件工具展现教学思想与流程的一种形式，是在一定的学习理论指导下，根据教学目标设计的、反映某种教学策略和教学内容的计算机软件，用以解决教学中的问题。

“课件”概括起来有三大功能：情境创设、化抽象为直观和交互练习。在教学中设计与使用课件，一定要围绕这些功能的实现进行。

二、一个“好课件”的标准

评价一个课件的好与坏，首先看这个课件有没有实现课件设定的目标，或部分实现课件应当实现的功能。

图 1-1 展示了课件对教师、学习者及传统的学习材料（如教材等）带来的影响和变化。

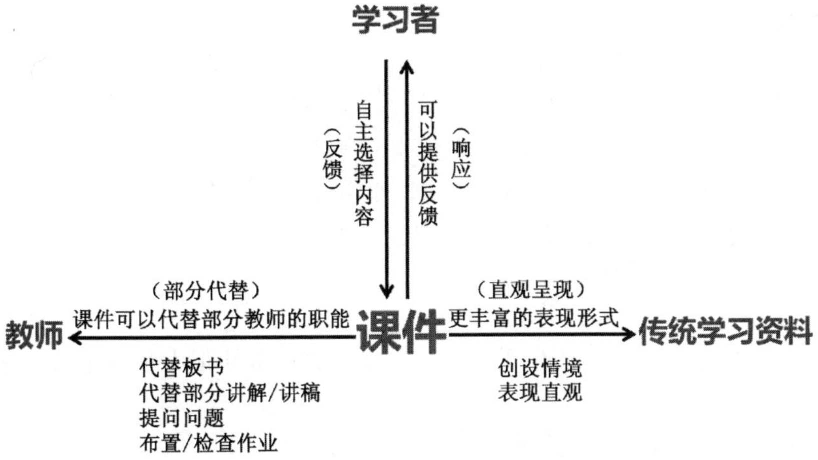

图 1-1　课件的作用

课件可以响应学习者特定的操作，为每一位学习者实现特定的学习反馈。在课件中集成一定的教学策略，可以代替教师的部分功能。课件有更丰富的表现形式，可以为学习者创设学习情境，直观化、多样化呈现知识。

对一个课件的评价应该是多方面的，主要应该考虑的是教育性、科学性、技术性和艺术性。

1. 教育性

教育性是课件评价的重要维度。优秀的课件可以实现教学设计及教学策略，其制作直观、形象，有利于学生理解知识；能够更好地体现因材施教的个别化教学方法，有利于调动学生学习的积极性和主动性。

在课件中如何体现教学设计，主要从以下几个方面考虑：

（1）课件是否对教学内容进行了有效组织，文字、图片、动画等表现形式的选用是否恰当；

（2）教学内容是否能够体现使用课件的优势；

（3）教学内容呈现的顺序是否符合学习者的认知规律；

（4）教学内容同一时间呈现量与学习者认知负担是否相符；

（5）是否解决了教学内容的重难点。

2. 科学性

科学性是指课件应该能够正确地表达学科的知识内容，没有教学内容方面的知识性错误，课件的表现形式符合科学规律。

课件的科学性主要体现在以下几个方面：

（1）课件的取材适宜，内容科学、正确、规范；

（2）课件中所有内容的表述准确无误；

（3）课件中引用的资料正确；

（4）课件中使用的所有素材、动画等符合科学规律；

（5）课件的演示符合现代教育理念。

3. 技术性

技术性是指课件的控制运行可靠、稳定。课件的技术性主要体现在以下几个方面：

（1）可移植性高，能在不同配置的机器上正常运行，字体、动画等能够正常显示；

（2）多媒体的运用恰当，课件的交互合理，响应迅速；

（3）课件在调试、运行过程不出现故障，操作简便、快捷；

（4）更新方便，利于交流、提高；

（5）适用于教师日常教学。

4. 艺术性

艺术性，简单地说，就是课件是否美观，课件的艺术性很大程度上决定了课件的表现力。

课件的艺术性主要体现在以下几个方面：

（1）课件的画面布局主体突出，构图均衡，界面统一、简洁，色彩搭配合理；

（2）课件所展示的语言文字应用规范、简洁、明了，字体统一；

（3）声音清晰，无杂音，对课件有充实作用。

以上评价标准只能说是从整体角度来评价，而在平时授课过程中，更主要的是考虑课件的实用性，明确教学目的。

课件是为了实现特定的教学目标而设计的，制作课件的最终目的是实现教学过程最优化且取得最佳的教学效果。课件的“教育性”是检验教育效果的主要标准；课件的“科学性”是“教育性”的基础；课件的“技术性”是确保课件教学有效开展的重要条件；课件的“艺术性”服务于“教育性”和“科学性”。

三、课件制作常见问题和误区

随着多媒体技术的普及，课件已经成为课堂教学比较常见的辅助手段。然而在课件制作过程中，特别是一些课件比赛中，很多人更刻意追求使用复杂的技术来制作炫丽的界面及特别动画等，而不考虑课件的教学设计与教学设计的实现如何。下面简单介绍一下目前课件制作中常见的误区及相应的解决方法。

➢ 误区 1　书本搬家

课件是教学内容的载体，但制作课件并不是简单地将教学内容从书本上转移到幻灯片上。把书本上的内容原样变成课件，并不能帮助学习者理解相应的内容，课件自然也起不到“优化”教学的效果，这样的课件反而会束缚教师的教学思路和方法。

解决方法和策略

造成课件照搬书本的根本原因是没有对教学内容进行加工，因此，可以从以下几方面改善课件：

（1）简化内容。对书本的内容进行简化提炼，在制作课件时，根据教学内容的知识结构图组织教学内容，也就是依据课堂教学环节和过程组织课件内容。

（2）转换内容的表现形式。课件可以借助文字、图片、声音、动画、视频等多种表现方式呈现教学内容，因此制作课件时应当发挥课件的多媒体特性，将原本抽象的、难以理解的文字内容转换形式，借助图片或动画等形式表达出来，化抽象为直观，帮助学习者更好地理解学习内容。

通过多媒体方式展现内容还具有以下优势：通过多样方式展现内容比使用单一方式展现内容更有效，多样化的内容展现方式适用于不同学习者的学习风格。

➢ 误区 2　滥用多媒体

在课件制作中另一个常见问题是过于追求课件的多媒体效果。出现这一问题的原因往往在于很多课件的评比标准过于看重课件的多媒体因素，强调要有动画、声音等多媒体要素，而忽略了实际教学内容的需求，这样做课件是“为了动画而使用动画，为了表现技术而使用技术”。

解决方法和策略

（1）树立课件界面以“简洁为美”为最基本原则，课件的主要作用在于传播教学内容，而不是展示制作技术。

（2）在课件中使用动画、声音、视频、图片等多媒体表达方式时，要符合内容的呈现认知规律，使用多媒体要有利于教学内容的表达。

➢ 误区 3　用课件代替备课与讲稿

图 1-2 所示课件文本框中显示的是语文课本《陋室铭》中的一段内容，如果教师直接用自己的语言来表述这段内容可能比放在幻灯片中效果更好。如果课件如此来做，那么教师上课就变成阅读幻灯片。

图 1-2　讲稿式课件示例

有很多人喜欢将教学目标、教学重点、教学难点等内容都放到课件中，这样的课件究竟是给谁用的？

课件是教师实现特定教学目标的一种方法，是更有效地呈现教学内容的一种途径，但在实际制作和使用过程中，很多教师只是将课件做成自己的备课稿、讲稿或板书，这样便无法充分发挥课件的优势。

解决方法和策略

（1）做课件前，应先取舍，不要想着把所有内容都放到课件里。如果教师能口头表达清楚、准确，就不需要全部放在课件里。

（2）分清课件的使用对象。教学用的课件是给学生看的，教师的课件设计思路、经验、心得等不要放到课件里，学生不需要知道这些。

四、PowerPoint 课件制作的流程与方法

制作多媒体课件需要考虑课件的三个核心要素包括：

（1）表现内容要素：课件所要传递的教学信息；

（2）表现形式要素：课件以什么样的形式表现教学信息，如音频 + 视频、文本 + 视频、音频 + 文本 + 图片等；

（3）技术实现要素：为把教学内容按照预定的表现形式表现出来，所采用的技术实现方案。

除此之外，想要制作出符合教学需要的课件，在课件设计时需要考虑以下三个问题：

（1）哪些内容需要借助多媒体方式表达，是使用图片还是动画，是否需要声音效果？

（2）哪些教学任务或活动需要通过计算机来实现？（通常创设学习情境、模拟实验过程等需要使用计算机）

（3）哪些内容更适合使用计算机来完成？（随机出题，提供个别学习指导，及时向学习者提供反馈信息，统计答题情况等更适合使用计算机）

完整的课件制作流程，除了考虑上述三个要求和三个问题外，还需要考虑课件制作的必要性、可行性，以及测试应用等方面的内容。一个完整的课件制作流程如图 1-3 所示。

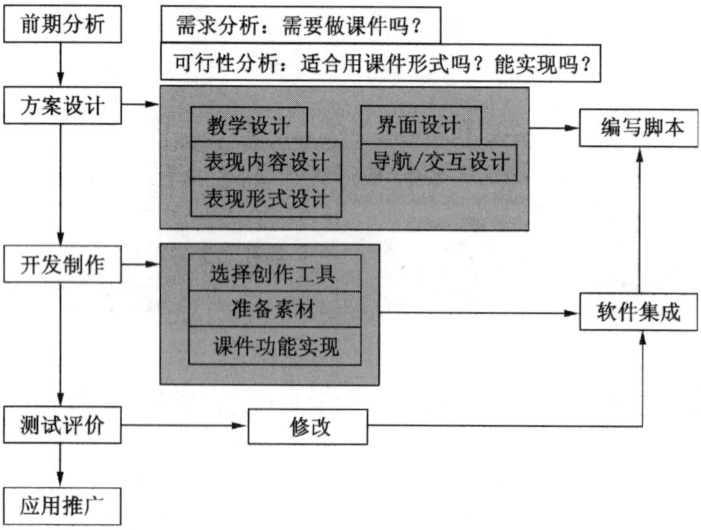

图 1-3　课件制作完整流程

在教师日常教学课件设计制作中，这个过程可以简化，将前期分析和方案设计融合到教学设计过程中，在分析教材时就要考虑本课是否使用课件，如果需要使用课件，那在教学设计的过程中就要思考哪些地方使用课件，课件以什么样的方式呈现出来等问题，并将这些地方标注出来。也就是说，在教学设计的同时对课件进行构思，这样教学设计做好的同时课件的构思也就基本出来了，而将这个构思表达出来的过程就是编写脚本。一般情况下课件制作流程如图 1-4 所示。

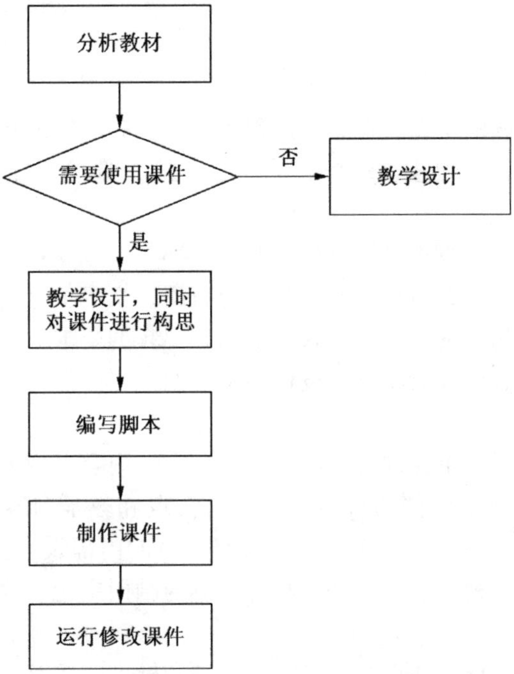

图 1-4　课件制作的一般流程

很多情况下，制作课堂教学课件并不需要我们去写课件制作脚本，但在做课件之前，一定要明确以下内容。

◆ 不要求全面

如果想制作一个在课堂教学中使用的课件，不要想着把所有的教学内容都做到课件中，有的老师甚至希望把自己在课堂介绍的语言都放到幻灯片中，如果这样做，那么课堂教学真的变成放幻灯片和看幻灯片的过程了。教师可以保证放完幻灯片，但不能保证学生一直看，更不能保证学生对写在课件中的内容都感兴趣。

那课件中要放哪些内容呢？概括起来主要有以下几方面：

（1）语言难以描述的内容和现象，利用幻灯片可以直观展示出来的；

（2）教学的重点内容与关键信息，但要注意简洁；

（3）一些事件和实验变化发展过程，可以用课件动画的方式呈现；

（4）学生不方便观看的实验现象、实物模型等。

◆ 明确问题是否能用课件解决及如何解决

这是课件教学设计中的策略部分，虽然教师都知道教学要由浅入深，由直观到抽象，化繁为简，但实现起来却并不简单，所以这也是使用课件的最基本的优势。

利用多媒体，如图片、视频、动画直观地组织、呈现教学信息，可以帮助学习者理解一些复杂的教学内容。除了直观地展示内容以外，课件还能通过模拟情境、设计游戏等方式解决教学中的一些问题。

提示　对于初学者而言，建议在课件制作之前先编写课件脚本。

五、设计课件脚本

设计脚本是一个连续的工作，在整个过程中，主要完成以下几个步骤：① 明确教学目的，分析教学内容，进行合理选题；② 结合教学内容，选择课件形式；③ 设计课件内容和操作过程。

课件的流程设计是整个脚本设计过程中的主要环节，也是最重要的环节，需要对课件的具体内容和操作进行研究，包括界面的元素与布局、文字信息的呈现、色彩的搭配、人机交互方式、页面的时间长度及切换方式、动画和视频的要求等。

脚本的设计可分为总体设计和具体设计两个方面。

1. 脚本的总体设计

脚本的总体设计是对整个课件的版面、图形文字、内容呈现方式、颜色和音乐等项目进行整体规划和设计，根据课件的目标、学生的特点和教学内容的需要，提出设计的标准、原则和方向，以保证课件中各媒体要素具有一致的内部设计。如屏幕画面中的字体、字形要协调一致，音频、视频、图像和动画等也应与画面主题一致等。

2. 脚本的具体设计

脚本的具体设计是根据总体设计所确定的原则和标准进行有关屏幕细节的设计，并通过脚本卡片给予准确地描述。这一段的工作通常称为屏幕设计。多媒体课件的屏幕设计应该做到布局合理、整洁美观、生动形象、符合教与学的需要。

六、撰写课件脚本

脚本编写就是将制作脚本的内容详细地记录在一张张脚本卡片上，在编写脚本时，要对链接关系做出明确具体的描述。例如，从“进入方式”和“出现方式”描述节点和节点（即屏幕与屏幕）之间的联系。

脚本是设计的具体体现，类似于影视拍摄中的剧本。将设计编写成思路清晰、内容精炼、重难点突出、规范和有效的脚本，是制作一个好课件的关键，能大大提高课件制作质量和开发效率。

脚本中应注明要在计算机屏幕上显示的内容（文字、图形、图像、动画、视频等），以及显示这些内容的时间与方式。

（1）文字脚本的编写：文字脚本相当于教案，用文字表达。文字脚本一般由学科老师编写。

文字脚本

课件名称：
课件简介：
教学对象：
教学目标：
教学内容：
教学策略：

（2）卡片式制作脚本的编写：以卡片的方式呈现，更具体地说明多媒体课件制作中的多媒体素材、交互方式。卡片式脚本通常用图形方式表达。

卡片式脚本

页面序号		页面内容 简要说明	目　录
屏幕显示			
说明	（主要描述页面一些无法绘制的内容及操作方法，如页面的切换方法等）		

项目实施

一、分析教学设计

本项目主要对将要制作的课件——幼儿园中班数学活动《认识时钟》的教学设计进行分析，教学设计如下：

幼儿园中班数学活动：认识时钟

王永珍

【活动目标】

1. 引导幼儿认识时钟，知道时针、分针的名称，初步了解时针、分针的运转规律；学习认识整点。

2. 在活动中，激发幼儿观察周围事物和探索问题的兴趣。

【活动准备】

1. 课件《蓝猫教你认识时钟》。

2. 老狼胸饰1个。

3. 时钟1个。

【活动过程】

一、演示课件，引出时钟

1. 师：今天老师给你们请来了一位小客人，一起来看看他是谁！（展示蓝猫）
蓝猫想请小朋友们听一听、猜一猜房子里面有什么？（小狗叫，打开；小猫叫，打开；小鸭叫，打开；时钟，打开）

2. 师：你见过的时钟是什么样的？
幼：……
师：原来你们见过这么多不同形状的时钟啊，今天，老师还带来了很多时钟呢！我们一起来看看它们是什么样子的！

二、认识时钟

1. 师：小朋友你们看，每个时钟都有钟面，钟面上什么地方是一样的呢？（钟面上的数字与指针）
师：对，每个钟面上都有数字宝宝和针宝宝。

2. 师：钟面上有哪些数字宝宝？数字宝宝们是怎样排队的？（围成一个圆形）排在最上面的是谁？和它相对的是数字几？

3. 师：钟面上有几根针宝宝？两根粗的针宝宝的名字是什么呢？（长的叫分针，短的叫时针）
4. 师：针宝宝是怎么跑的？它们跑得一样快吗？（分针像一个小孩子跑得比较快，时针像个老爷爷跑得比较慢，分针跑一圈时针才跑一大格）

三、认整点、玩游戏

1. 师：你们知道现在是几点吗？你是怎么知道的？（告诉幼儿怎样认整点：分针指到 12 时，时针指到几就是几点）
2. （待幼儿基本掌握后，引入游戏）
   师：老狼要和大家玩个游戏，你们敢不敢？我来做老狼，我拨一个时间，小朋友来认，如果认错，就要被我吃掉。我们在玩游戏的时候可以说：老狼老狼几点了？
3. 教师戴胸饰扮老狼进行游戏，直到幼儿基本认识整点。

四、延伸活动：制作时钟

1. 师：刚才我们一起认识了时钟，小朋友们都很聪明，一下子就能说出是几点整，现在我们一起来做一个漂亮的时钟，你们说好不好？（好）
2. 师：我们都知道时钟上有 12 个数字，在时钟最上面的是数字 12，和数字 12 相对的是数字 6，时针和分针在最中间，然后把数字都贴上，用牙签把两根针固定好。这样一只时钟就做成了。（幼儿进行操作，教师指导）

分析上述教学设计，对课件初步设计如下：

（1）本课件拟分为“听一听”、“看一看”、“想一想” 和 “玩一玩” 四大模块。

（2）“听一听” 部分将蓝猫作为主人，通过听声音认识蓝猫请来的客人，从而引出时钟。

（3）“看一看” 部分展示生活中不同外观的时钟。

（4）“想一想” 部分在观察时钟的基础上认识时针和分针，并借助观察时钟走动情况，了解时针和分针的走时情况。

（5）“玩一玩” 部分通过随机整点时间玩游戏。

（6）为了方便操作者，课件要有操作帮助部分。

二、编写脚本

根据对教学设计的分析和对课件设计的基本思考，编写课件脚本。

《认识时钟》课件脚本

课件题目	幼儿园中班数学活动《认识时钟》
教学目标	1. 引导幼儿认识时钟，知道时针、分针的名称，初步了解时针、分针的运转规律；学习认识整点。 2. 在活动中，激发幼儿观察周围事物和探索问题的兴趣。
创作平台	PowerPoint 2010
创作思路	课件从幼儿熟悉的动画对象蓝猫入手，以介绍蓝猫客人的手法引入本课主体——时钟，然后通过展示生活中各种外观的时钟让幼儿观察它们的共同点，引出时针和分针，通过模拟时钟运动让幼儿认识时针和分针走动的特点，最后通过模拟随机整点，老师和幼儿一起玩经典游戏“老狼老狼几点了”，巩固幼儿对时针和分针的认识。
内容简介	该课件由“听一听”“看一看”“想一想”“玩一玩”四个模块组成，每个模块都有操作说明及返回目录功能。
课件整体结构图	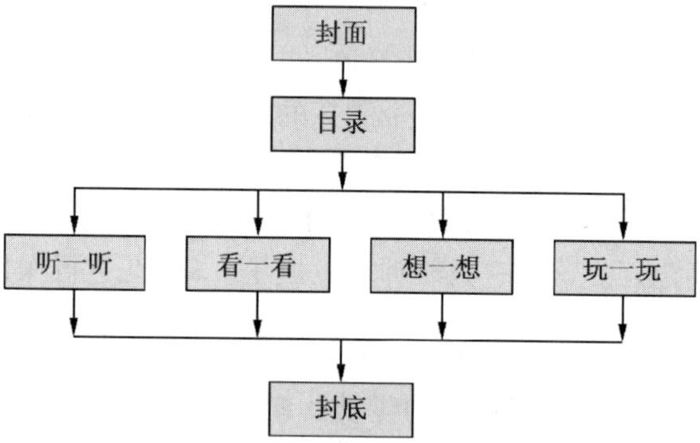

页面序号	1	页面内容简要说明	课件封面
屏幕显示			
说明	1. 几个卡通时钟依次出现； 2. 标题及副标题依次出现； 3. 同步播放背景音乐。		

<table>
<tr><td>页面序号</td><td>2</td><td>页面内容
简要说明</td><td>目录</td></tr>
<tr><td>屏幕显示</td><td colspan="3">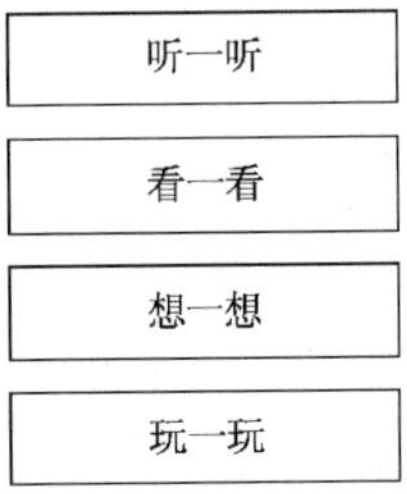
</td></tr>
<tr><td>说明</td><td colspan="3">1. 单击目录中各按钮可进入相应内容的第一个页面。</td></tr>
</table>

<table>
<tr><td>页面序号</td><td>3</td><td>页面内容
简要说明</td><td>听一听：新朋友</td></tr>
<tr><td>屏幕显示</td><td colspan="3">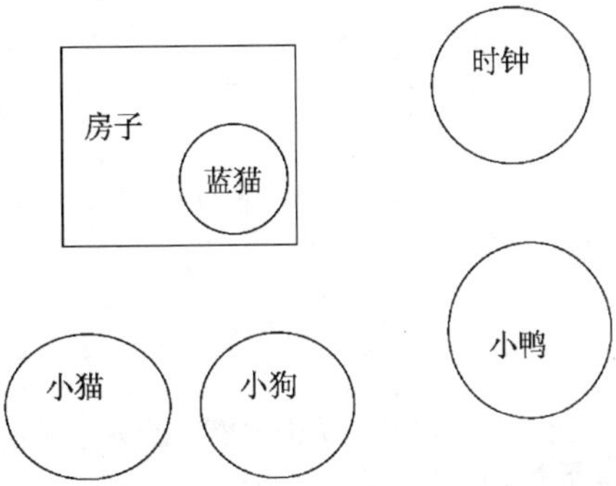
</td></tr>
<tr><td>说明</td><td colspan="3">1. 单击房子，蓝猫出现；
2. 再次单击房子，听到小猫叫；
3. 再次单击房子，出现小猫；
4. 同样的方法处理小狗、小鸭和时钟；
5. 单击左下角的房子返回目录；
6. 单击右下角的“?”出现操作提示，再次单击“?”操作提示消失。</td></tr>
</table>

<table>
<tr><td>页面序号</td><td>4</td><td>页面内容
简要说明</td><td>看一看</td></tr>
<tr><td>屏幕显示</td><td colspan="3">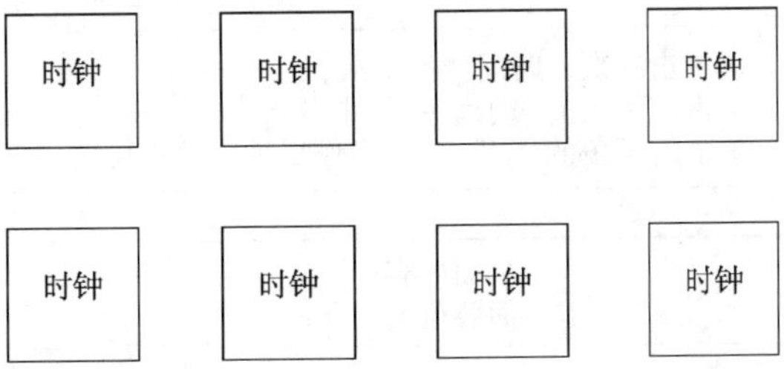
</td></tr>
<tr><td>说明</td><td colspan="3">1. 依次出现生活中的钟表，最后全部停留在页面；
2. 单击左下角的房子返回目录；
3. 单击右下角的“?”出现操作提示，再次单击“?”操作提示消失。</td></tr>
</table>

页面序号	5	页面内容简要说明	想一想：认识时钟
屏幕显示	时钟 数字宝宝： 1 2 3 4 5 6 7 8 9 10 11 12 时针： 时针图 分针： 分针图		
说明	1. 单击，数字闪烁，并在右侧出现相关提示； 2. “？”出现； 3. 再次单击，时钟闪烁，并在右侧出现相关提示； 4. 第三次单击，分钟闪烁，并在右侧出现相关提示； 5. 单击右下角的“？”出现操作提示，再次单击“？”操作提示消失。		

页面序号	6	页面内容简要说明	想一想：认识时钟
屏幕显示	时钟 走得快：分针　分针图 走得慢：时针　时针图		
说明	1. 单击，模拟时钟运动； 2. “？”延迟5秒出现，单击“？”，出现右侧的文字； 3. 单击左下角的房子返回目录； 4. 单击右下角的“？”出现操作提示，再次单击“？”操作提示消失。		

页面序号	7	页面内容简要说明	玩一玩：游戏
屏幕显示	时钟		
说明	1. 每单击一次，时间变换一次； 2. 单击左下角的房子结束课件； 3. 单击右下角的“？”出现操作提示，再次单击“？”操作提示消失。		

页面序号	8	页面内容简要说明	结束页
屏幕显示	再见，小朋友！		
说明	单击，结束课件的播放。		

项目二 PowerPoint课件界面设计

一个赏心悦目的课件界面，不仅影响用户对课件的印象，还可以激发学习者的兴趣，大大提高学习的积极性。对于教学课件而言，在界面设计时应尽量做到简洁和易操作，要让使用者一看便知道如何操作。

课件界面是影响课件艺术性最为关键的因素，课件是否“好看”、有吸引力，很大程度上取决于整个界面是否美观。课件界面设计主要考虑三个方面：教学性，即课件内容的设计标准；友好性，即课件交互的设计标准；艺术性，即课件的界面设计标准。

项目向导

本项目是为课件《认识时钟》设计界面，使得整个课件风格一致，界面友好，为课件内容的制作打下基础。

需要完成的主要操作：

◆ 为课件确定一个主题；

◆ 设计课件的整体风格；

◆ 确定封面、导航页及内容页的样式。

需要掌握的主要技能：

◆ 使用主题模板修饰全文，并修改主题颜色、字体等效果；

◆ 对幻灯片母版及各版式进行排版、修饰；

◆ 幻灯片母版的重命名及增加、删除。

相关知识

一、界面设计的基本原则

1. 一致性

在课件界面设计时，要控制好使用的字体、颜色、排版等，要尽量使用统一字体、统一颜色，并注意文字的排列；控制元素、导航等放在固定位置；同一类的提示要使用同样的提示词；边界空白和段落安排要统一，符合常规。

提示 **统一字体、统一颜色并不是说只有一种字体、一种颜色，而是字体和颜色的使用要相对统一，相同内容使用相同字体和颜色。**

2. 简洁

课件界面设计的一个基本原则就是简洁，精心编写标题、提示词、菜单项、按钮名称等文字内容，使它们简短、准确、清楚；合理选择和分解教学内容，控制每页的信息量；图标、按钮、菜单等控制元素样式简洁。

在界面设计时要保持每张幻灯片上一个视觉兴趣中心。比较经典的方法就是“三分构图法”，即在进行界面设计时，应当将重要的信息置于线或点的附近区域，如图 2-1 所示。

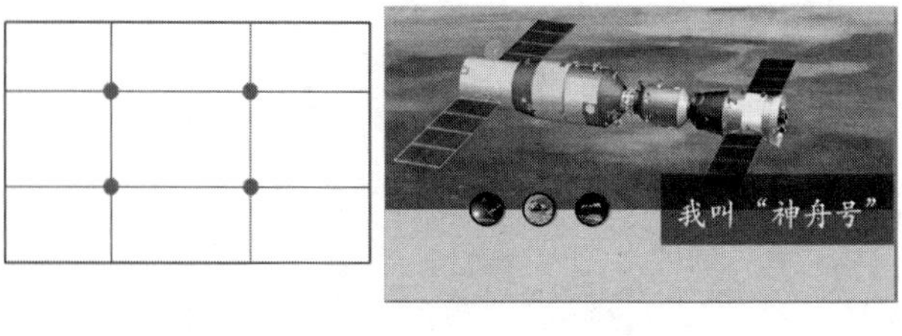

图 2-1　三分构图法及案例

值得注意的是，简洁不代表简

单，课件界面设计不能违背教学规律和学习者的认知。

3. 留白

俗话说，“画留三分空，生气随之发”，一个界面如果不留空白就会让人觉得压抑，也不符合课件界面设计的简洁原则。必要的空白会使结构合理，条理清晰，密密麻麻的显示会损害学习者的视觉，不利于学习者把注意力集中到有用的信息上。在界面设计时，要拒绝“满”和“挤”，不要紧靠边缘，尤其是段落，要与边缘保持距离，图 2-2 所示是留白原则的一种体现。

图 2-2 留白原则

4. 预期

所谓预期是指界面设计时遵循用户使用习惯，称为习惯操作，是以用户为中心设计的一种体现。预期包括位置预期、形式预期及变化预期。

位置预期是指课件界面中各对象的位置相对统一，但这种统一在某些场合下可以适当改变，前提是配合整体设计风格；形式预期是指界面中各对象的外观及操作方法保持相对一致；变化预期是指让学习者能够猜测到后面出现的内容会是什么样的形式。当然，有时候多一些变化，可以让界面变得耳目一新。

在界面设计中还需要注意根据实际情况去调整对象的排列、间距、组合等，让界面上的信息有序，一目了然。

二、界面设计的主要内容和方法

课件的界面设计，主要包括整体风格、主题颜色、结构布局、封面、封底等几个方面的设计。

1. 整体风格

每一课件都有自己独特的风格，但同一课件风格应该保持一致，这样，无论是课件的设计制作、教学表达，还是使用者的学习和操作使用，都有一定的规律可循，因而可以大幅度地提高制作和学习使用的效率。课件整体风格的确定主要考虑学习者和内容，图 2-3 是针对不同学习对象的课件风格示例。

(a) 幼儿园课件风格（封面+内容）

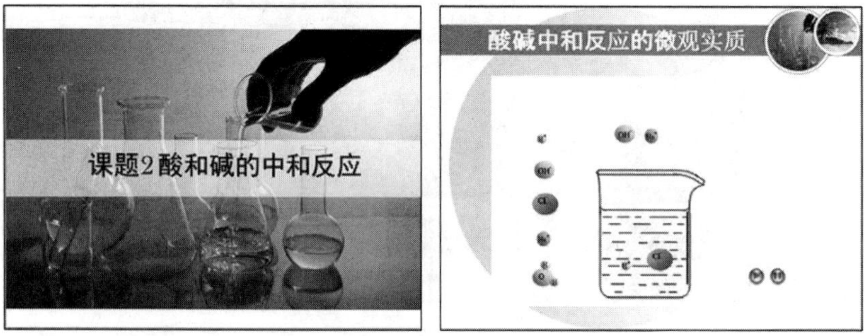

(b) 中学课件风格（封面+内容）

图 2-3　课件整体风格示例

PowerPoint 课件的整体风格可以借助主题来实现，如图 2-4 所示。

图 2-4　演示文稿的主题

2. 主题颜色

在课件中，借助色彩可以逼真地反映客观世界，增强屏幕的吸引力，激发学习者的兴趣。色彩要为塑造的形象、创造的意境和表现的主题服务；色彩如果使用不合理，就会让人产生视觉疲劳等，但过分渲染则会分散人的注意力。

课件界面设计中颜色使用的原则：背景与所衬媒体的色调要基本一致，整幅界面要保持一个主色调，同时，相互之间在颜色的深浅度上要形成反差，以使媒体（主要是字幕）在和谐的背景衬托下显得清爽明亮，整幅页面从色彩上达到和谐美观。计算机屏幕常见颜色搭配见表 2-1。

表 2-1　计算机屏幕常见颜色搭配方案

背景色	图形和文本颜色	强调色
白色	深蓝色	红色、橙色
浅灰色	蓝色、绿色、黑色	红色
蓝色	浅黄色、白色	红色、黄色
浅蓝色	深蓝色、深绿色	红橙色
浅黄色	紫色、棕色	红色

3. 结构布局

课件中的每幅画面的布局既影响整体效果，也影响学习者的学习效果。课件界面结构布局需要做到：重点集中，视点明确；简洁明了，层次清晰；动静结合，促进教学。图 2-5 所示是小学数学课件《轴对称图形》的结构。

图 2-5　课件结构示例

4. 封面、封底

课件封面一般是课件开始使用时展示给用户的第一个界面，其最大的功能是容易引起使用者注意，告诉使用者一些基本信息。像书的封面一样，课件封面要力求设计新颖，有创意，给人耳目一新的感觉。

封面一般不用包含太多的元素，否则就会显得喧宾夺主，所以封面主要在于主题文字与图片的选择、位置的搭配等，只要能充分发挥想象力，就能做出有创意的封面，如图 2-6所示。

图 2-6　课件封面示例

课件封底通常在课件结束时呈现对观众的感谢语，在公开课的课件、报告讲座中出现较多。

三、PowerPoint 主题与母版的应用

PowerPoint 主题是一组预定义的颜色、字体、效果。通过幻灯片母版定义它们。主题为演示文稿设计高质量的外观——协调的颜色及匹配的背景、颜色、字体。也可以将主题应用于表格、SmartArt 图形、形状或幻灯片中的图表。

母版就是幻灯片的模具，虽然 PowerPoint 课件里的幻灯片各不相同，但有很多幻灯片会使用相同的背景、相同的导航结构、相同的提示信息、相同的字体格式等，为什么不把这些相同的东西做到模具（母版）里呢?

PowerPoint 中一共有三种母版类型，如图 2-7 所示。

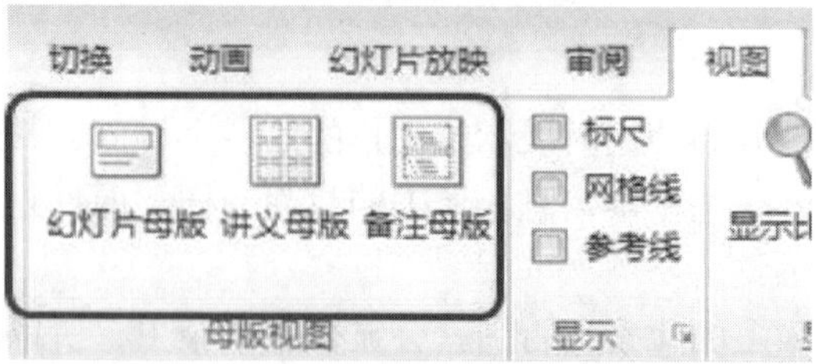

图 2-7　母版类型

可以利用幻灯片母版来对整个课件的背景、导航、文字格式等进行统一设计。也就是说，将课件各页面相同的元素直接添加到母版中，通过对母版进行编辑来编辑课件的统一界面。单击“视图”选项卡“母版视图”组中的“幻灯片母版”按钮，进入幻灯片母版编辑状态，如图 2-8 所示。

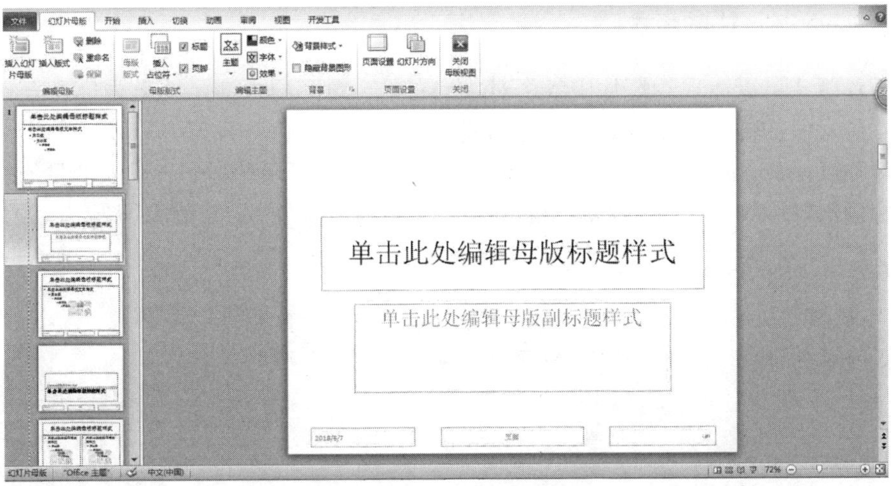

图 2-8　幻灯片母版编辑视图

四、PowerPoint 中各元素精确调整技巧

在课件界面设计中，经常需要调整界面各元素的位置，下面就介绍如何精确移动各元素并实现对齐。

1. 网格线和参考线

网格线在幻灯片中提供了位置参考，可以根据线框的位置，合理安排对象的位置。在 PowerPoint 中，可以按要求设置网格线之间的间距大小。

网格线的设置方法：选定调整对象，单击“格式”选项卡“排列”组中的“对齐”按钮，在下拉列表中选择“网格设置”命令，弹出“网格线和参考线”对话框，如图 2-9 所示，根据需要进行设置，比如设置网格间距的大小和是否在屏幕上显示网格等。

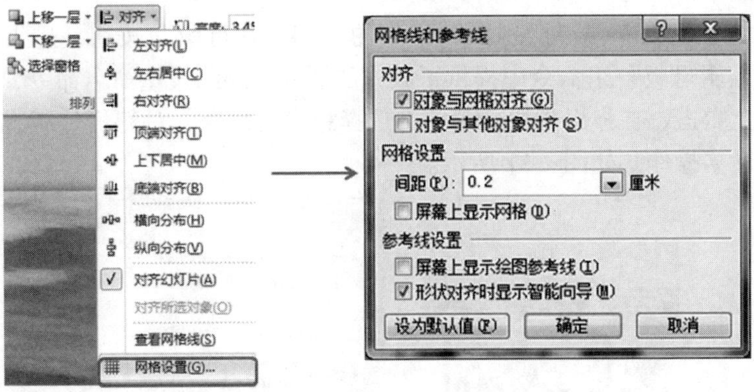

图 2-9　“网格线和参考线”对话框

2. 对齐命令

对齐命令可以非常方便地设置多个对象的位置，如对齐、分布等，该命令的使用将在项目四详细讲述。

五、PowerPoint 中的版式

幻灯片版式可以体现幻灯片中各个对象的布局。对不同的演示文稿内容，合理安排幻灯片中各种对象的位置，可以起到很好的演示效果。

新建并打开 PowerPoint，可以看到幻灯片是如图 2-10 所示的样子，默认的是幻灯片版式中的“标题幻灯片”，可以添加标题和副标题，而标题和副标题所在的框就称为“占位符”。

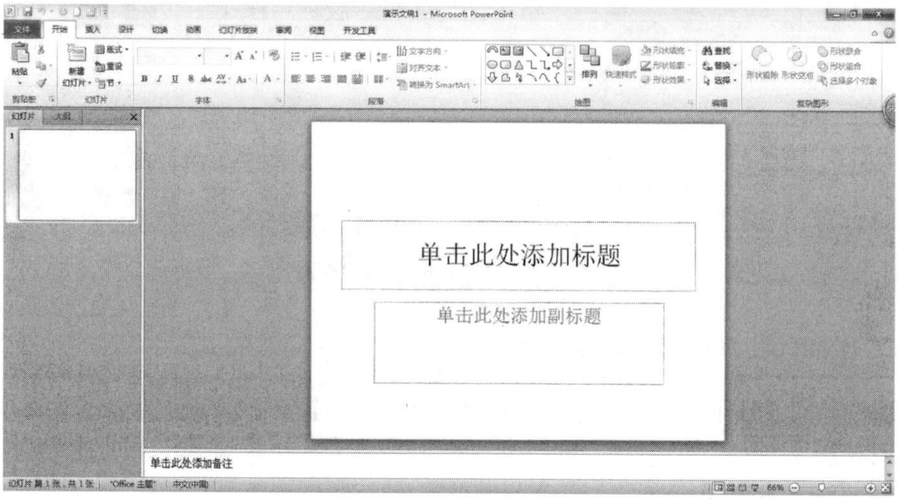

图 2-10　标题幻灯片版式

默认情况下，PowerPoint 给用户提供了 11 种幻灯片版式：标题幻灯片、标题和内容、节标题、两栏内容、比较、仅标题、空白、内容与标题、图片与标题、标题与竖排文本、垂直排列标题与文本。幻灯片版式可以在母版编辑状态下增加或删除。为某张幻灯片应用某个版式的方法：单击“开始”选项卡“幻灯片”组中的“版式”按钮，在下拉列表中选择需要的版式单击即可。

单击“视图”选项卡“母版视图”组中的“幻灯片母版”按钮，进入编辑幻灯片母版界面，在“编辑母版”组命令中提供了版式的插入、删除及重命名命令，还可以在幻灯片版式缩略图上右击，在弹出的快捷菜单中选择相应的命令，对幻灯片版式进行增加、删除、复制或重命名操作，如图 2-11 所示。

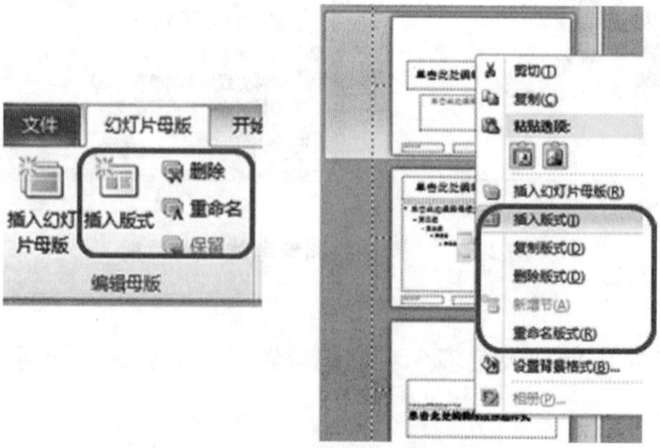

图 2-11　幻灯片版式编辑命令

项目实施

本项目为课件《认识时钟》设计界面，包括封面、目录及内容页的样式。

一、为课件定下基调

步骤 1　启动 PowerPoint 应用程序，新建空白演示文稿文件，并命名为“认识时钟.pptx”。单击“设计”选项卡“主题”组中的“其他”按钮，在主题列表中，选择“气流”，如图 2-12 所示。

图 2-12　选择一个主题

步骤 2　单击“颜色”按钮，在下拉列表中选择“凸显”，为课件设定一个统一的颜色，如图 2-13 所示。

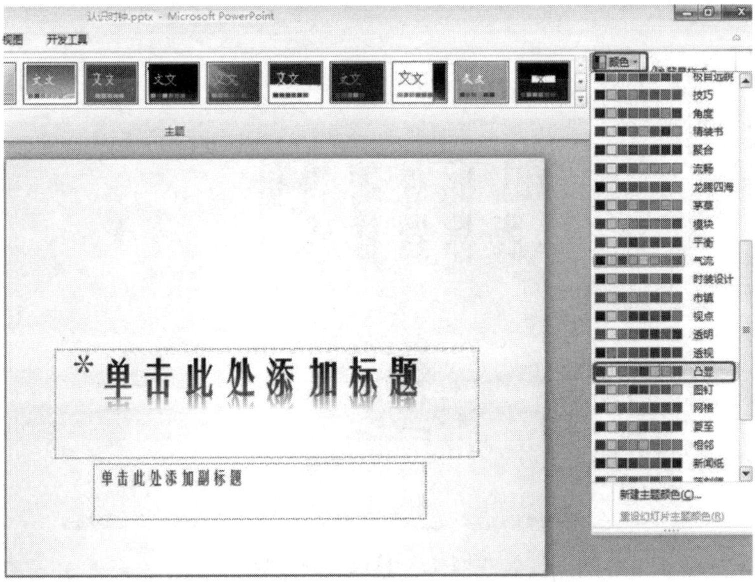

图 2-13　为课件确定一个配色方案

步骤 3 单击“视图”选项卡“母版视图”组中的“幻灯片母版”按钮，进入编辑幻灯片母版界面。选择 1 号母版，单击“插入”选项卡“图像”组中的“图片”按钮，打开“插入图片”对话框，将素材文件夹下“草地 . png”插入幻灯片并调整位置到幻灯片下方，单击“图片工具—格式”选项卡“排列”组中的“下移一层”按钮 5 次，将图片下移 5 个图层，使其不遮盖界面中的文本信息，如图 2-14 所示。

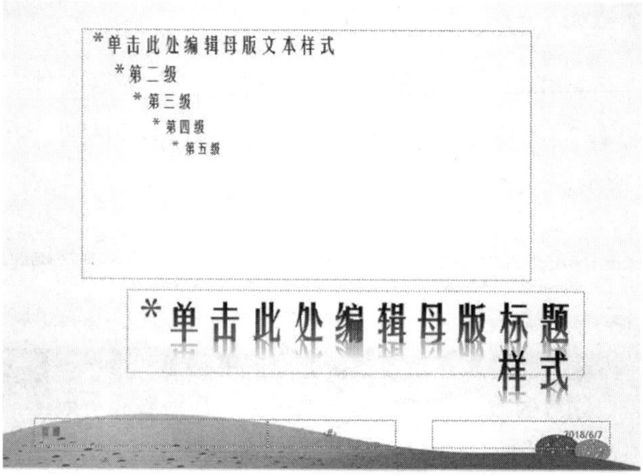

图 2-14 设计课件界面

二、设计课件封面

步骤 1 选择“标题版式”母版，插入彩虹及蓝猫图片，调整图片位置和图片的层次关系，让图片位于文本占位符下面。

步骤 2 删除标题占位符，调整副标题占位符的位置，使其布局合理，如图 2-15 所示。

图 2-15 修改标题母版

三、添加课件导航页

步骤 1　选择“节标题”版式，插入“时钟 . jpg”作为背景，单击“下移一层”的“置于底层”命令，将图片移到所有对象的后面作为页面背景。

步骤 2　删除标题及副标题占位符，插入图片“导航 . png”。

步骤 3　单击“幻灯片母版”选项卡“母版版式”组中的“插入占位符”按钮，在下拉列表中选择“文本”命令，移动鼠标在导航图片“*I*”后面绘制文本占位符并修改占位符提示信息为“单击此处输入小标题”，然后单击“开始”选项卡“字体”组中的“加粗”按钮，将文本设置为加粗字体，单击“段落”组中的“项目符号”按钮，取消项目符号，单击“居中”按钮，设置文本段落居中，如图 2-16 所示。

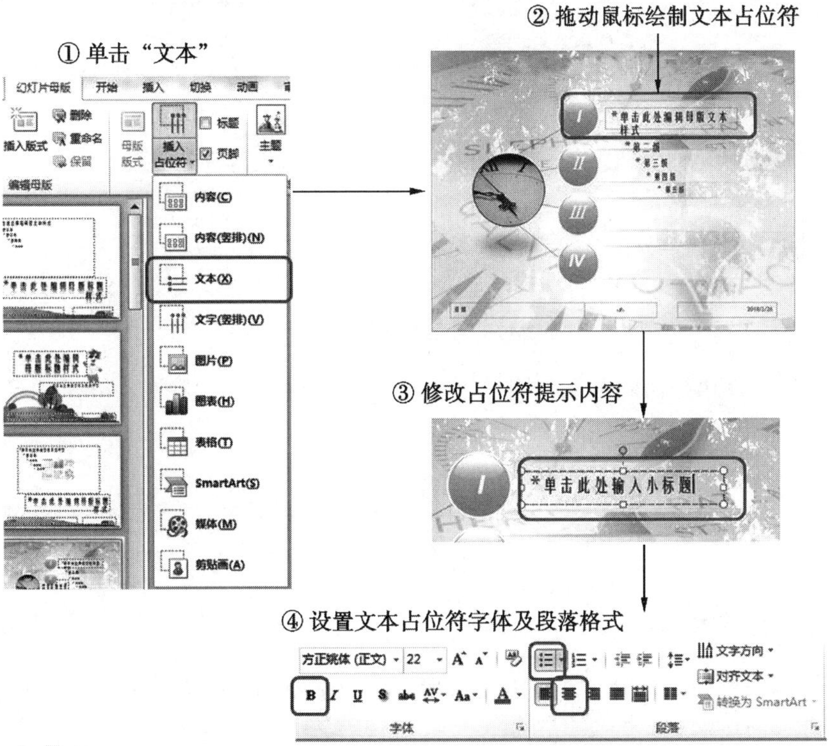

图 2-16　绘制文本占位符并进行设置

步骤 4　复制 3 份刚刚绘制的占位符，将最后一个移动到“*IV*”后面，同时选择 4 个文本占位符，单击“绘图工具—格式”选项卡“排列”组中的“对齐”按钮，在下拉列表中先后选择“左右居中”和“纵向分布”命令，对文本占位符进行排列，如图 2-17所示。

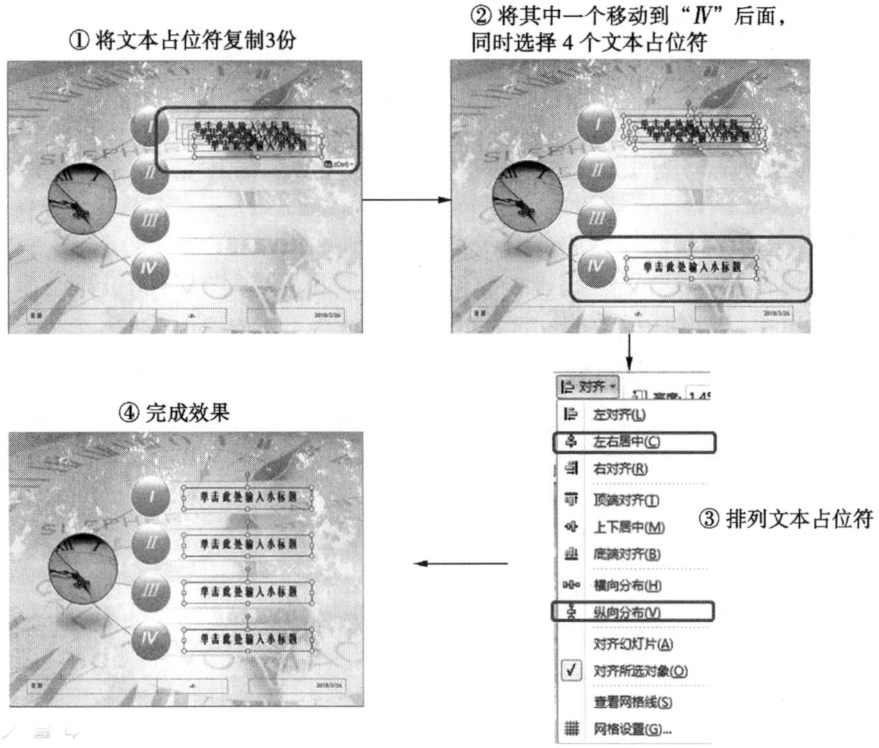

图 2-17　添加并排列文本占位符

步骤 5　在快速访问工具栏中单击“保存”按钮，保存课件。

拓展视野

一、多母版技术

在课件制作过程中有时会遇到需要使用两种以上不同风格界面的课件，如何实现同一课件中多种界面风格呢？

1. 设计思路

借助 PowerPoint 多母版技术实现。

2. 主要操作步骤

步骤 1　启动 PowerPoint 应用程序，新建空白演示文稿。

步骤 2　单击“设计”选项卡“主题”组中的“其他”按钮，在主题列表中选择一个主题。

步骤 3　单击“视图”选项卡“母版视图”组中的“幻灯片母版”按钮，进入编辑幻灯片母版编辑界面。

步骤 4　单击“编辑母版”组中的“插入幻灯片母版”按钮或者在幻灯片母版缩略

图上右击，在弹出的快捷菜单中选择“插入幻灯片母版”命令（如图 2-18 所示），都可以为演示文稿添加一个新的母版。

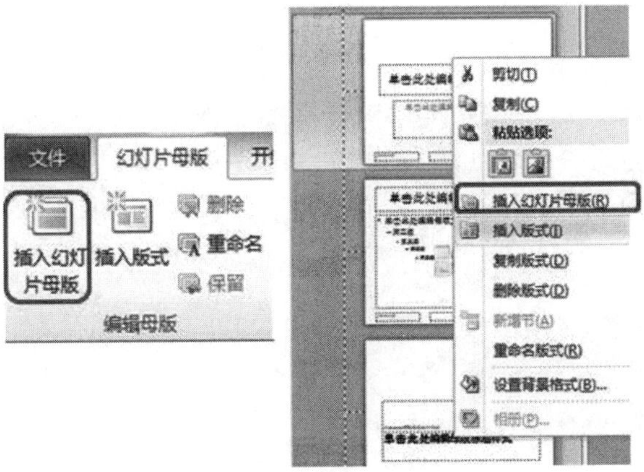

图 2-18　插入幻灯片母版

步骤 5　如果要为新的母版应用某个内置主题，可选中母版后单击“编辑主题”组中的“主题”按钮，在下拉列表中选择一个主题并右击，在弹出的快捷菜单中选择“应用于所选幻灯片母版”命令，如图 2-19 所示。

图 2-19　为母版选择一个主题

提示

1. 如果幻灯片的多个母版都使用内置主题，在幻灯片编辑状态下，选中某张幻灯片，在主题列表中选择需要的主题右击，选择“应用于选定幻灯片”，可增加一个新的主题母版。

2. 在幻灯片母版编辑状态下，也可以单击“主题”按钮，在下拉列表中选择一个主题即可增加一个主题母版。

二、优秀课件界面赏析

1. 封面

课件封面如图 2-20 所示。

图 2-20　课件封面案例

2. 目录及转场目录界面

课件目录页如图 2-21 所示。

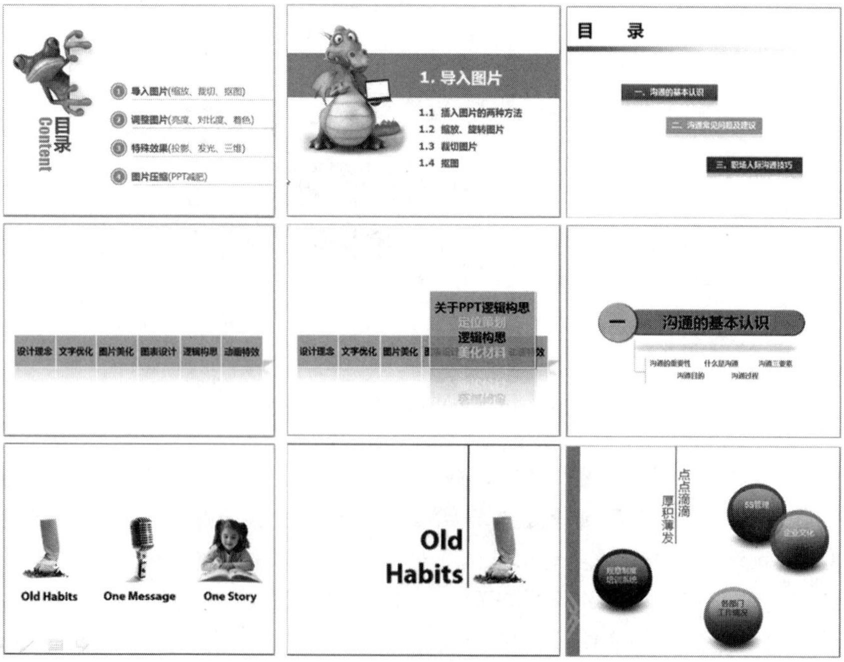

图 2-21　课件目录页案例

3．内容页

课件内容页如图 2-22 所示。

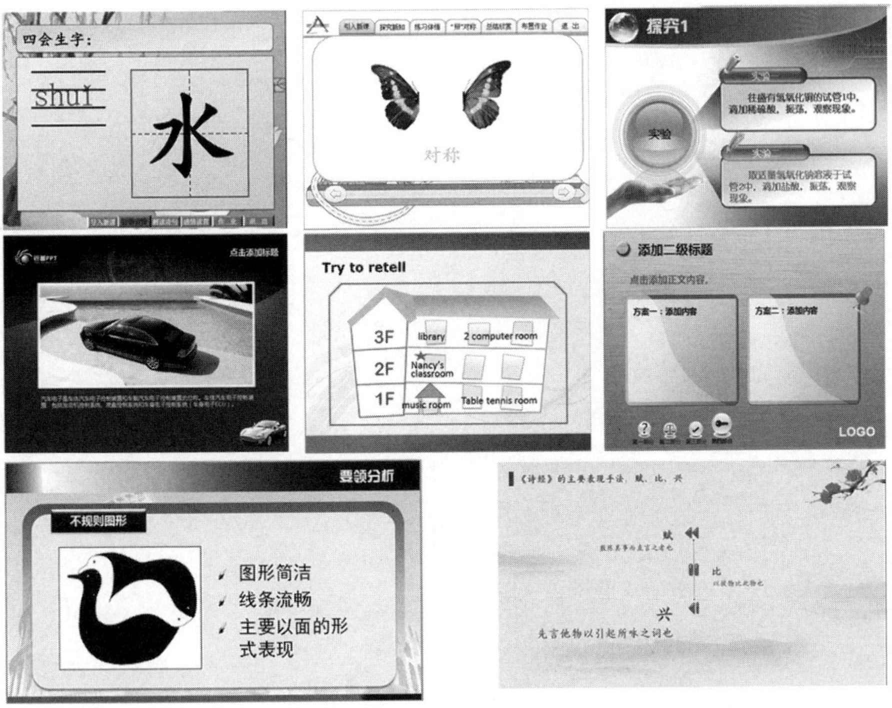

图 2-22　课件内容页案例

项目三 为PowerPoint课件添加文字

PowerPoint 课件的功能是向学生传递信息，信息的基本表现形式是文字。直观明了的文字是多媒体可见的重要组成部分，一段简洁而富有感染力的文字是制作一张优秀幻灯片的前提。

在 PowerPoint 课件中，文字是呈现信息的主要载体，无论是课件的标题，还是学习内容的概念、原理或对事物的描述，使用文字都是十分恰当的。

项目向导

本项目是为课件《认识时钟》添加文字，初步完成课件基本结构。

需要完成的主要操作：

♦ 为封面添加艺术字标题；

♦ 为内容幻灯片添加文字。

需要掌握的主要技能：

♦ 艺术字的添加及设置；

♦ 课件中文字使用的基本原则；

♦ 文本框的使用与排列；

♦ 文字的美化。

相关知识

一、PowerPoint 中占位符的应用

在 PowerPoint 中不能直接在幻灯片上输入文字，只有在预设的占位符中或插入的文本框中才能输入文字。占位符是包含文字、图形等对象的容器，其本身是构成幻灯片内容的基本对象，具有自己的属性。用户可以对其中的文字进行操作，也可以对占位符本身进行大小调整、移动、复制、删除等操作。

1. 占位符的选择

要在幻灯片中选中占位符，可以使用如下方法：

➢ 在文本编辑状态下，单击其边框，即可选中该占位符。

➢ 在幻灯片中拖动鼠标可以选择占位符。当鼠标指针处在幻灯片的空白处时，按下鼠标左键并拖动，此时将出现一个虚线框，释放鼠标时，处在虚线框内的占位符都会被选中。

➢ 在按住键盘上的【Shift】键或【Ctrl】键时依次单击多个占位符，可同时选中它们。

> 提示
>
> 按住【Shift】键和按住【Ctrl】键的不同之处在于：前者只能选择一个或多个连续的占位符，而后者除了可以同时选中多个不连续的占位符外，还可拖动选中的占位符，实现对所选占位符的复制。

占位符的文本编辑状态与选中状态的主要区别是边框的形状，如图 3-1 所示。

单击占位符内部，在占位符内部出现一个光标，此时占位符处于编辑状态。单击占位符边缘，此时占位边缘线变成实线，即处于选中状态。也可以通过以下方法选中占位符：单击“开始”选项卡，在功能区的“编辑”组中单击“选择”按钮，单击弹出的快捷菜

单中的“选择窗格”命令，打开“选择和可见性”任务窗格。在该窗格中选择相应的占位符，如图 3-2 所示。

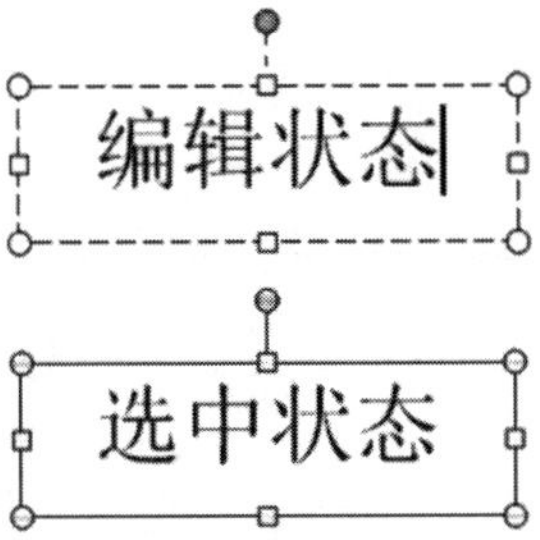

图 3-1　占位符的编辑与选中状态

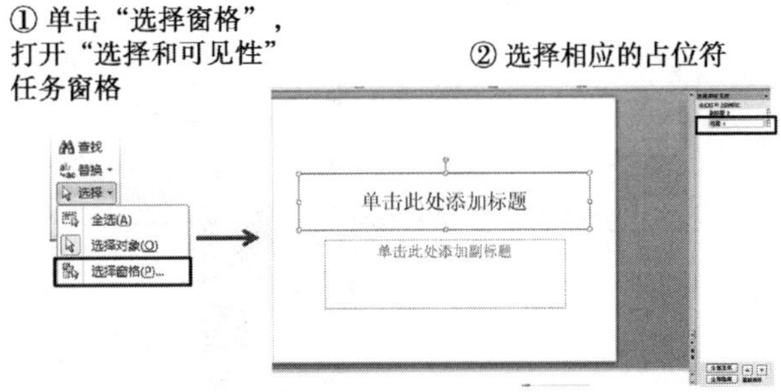

图 3-2　选择占位符

2. 添加占位符文本

占位符文本的输入主要在普通视图中进行，而普通视图分为幻灯片和大纲两种视图方式，在这两种视图方式中都可以输入文本。

（1）在幻灯片视图中输入文本

在普通视图下，在左侧窗格选择“幻灯片预览”模式，然后在右侧幻灯片编辑窗格中单击占位符内部，进入编辑状态，即可开始输入文本，如图 3-3 所示。

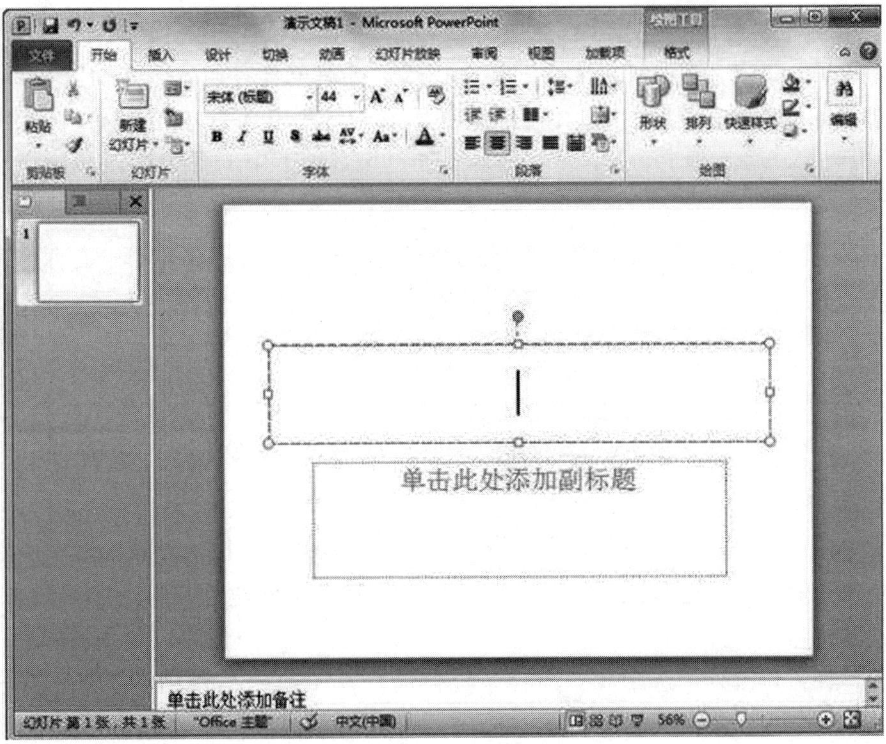

图 3-3　在幻灯片视图中输入文本

（2）在大纲视图中输入文本

在普通视图下，在左侧窗格选择“大纲”模式，将光标定位在要输入文本的幻灯片图标下，直接输入文本即可，如图 3-4 所示。

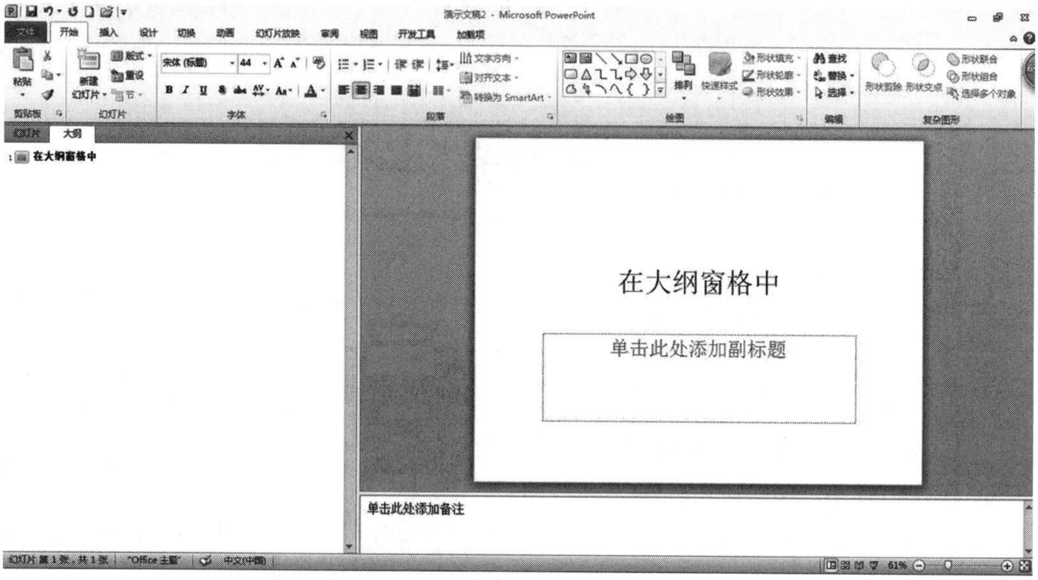

图 3-4　在大纲视图中输入文本

3. 设置占位符属性

在 PowerPoint 中，占位符、文本框及自选图形等对象具有相似的属性，如对齐方式、颜色、形状等，设置它们属性的操作是相似的。在幻灯片中选中占位符时，功能区将出现“绘图工具—格式”选项卡，如图 3-5 所示。通过该选项卡中的各个按钮和命令，即可设置占位符的属性。

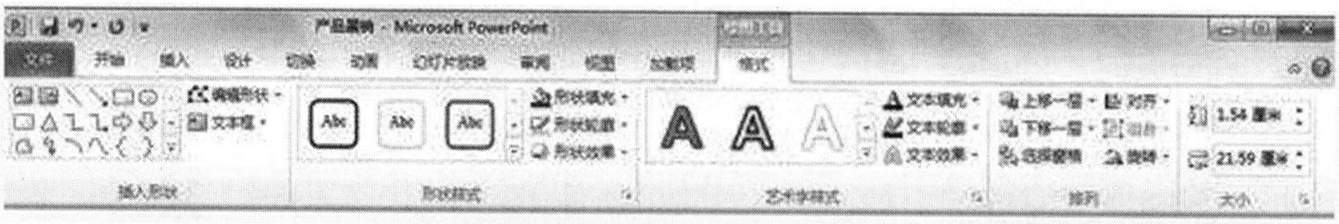

图 3-5　占位符的“绘图工具—格式”选项卡

（1）调整占位符

调整占位符主要是指调整其大小。当占位符处于选中状态时，将鼠标指针移动到占位符右下角的控制点上，此时鼠标指针变为✥形状，按住鼠标左键并向内拖动缩小占位符，向外拖动放大占位符。

另外，在占位符处于选中状态时，系统自动打开“绘图工具”的“格式”选项卡，在如图 3-5 所示的“大小”组的“形状高度”和“形状宽度”文本框中可以精确地设置占位符大小。

提示

当占位符处于选中状态时，将鼠标指针移动到占位符的边框时将显示✥形状，此时按住鼠标左键并拖动文本框到目标位置，释放鼠标即可移动占位符。

当占位符处于选中状态时，可以通过键盘方向键来移动占位符的位置；使用方向键移动的同时按住【Ctrl】键，可以实现占位符的微移。

（2）旋转占位符

在幻灯片中，占位符可以任意角度旋转。当占位符处于选中状态时，其周围会出现8个控制点，其中上面一条边的中间控制点上方还有一个绿色的旋转控制点。鼠标移动到该控制点上时会变成一个带箭头的圈，按下鼠标左键拖动，可以自由旋转占位符。

另外，选中占位符后单击“格式”选项卡“排列”组中的“旋转”按钮，在下拉列表中可以选择相应的旋转命令。

（3）形状设置

选中占位符，可通过“绘图工具—格式”选项卡“形状样式”组中的命令对占位符的填充、轮廓及效果进行设置，也可使用内置形状样式效果，如图 3-6 所示。

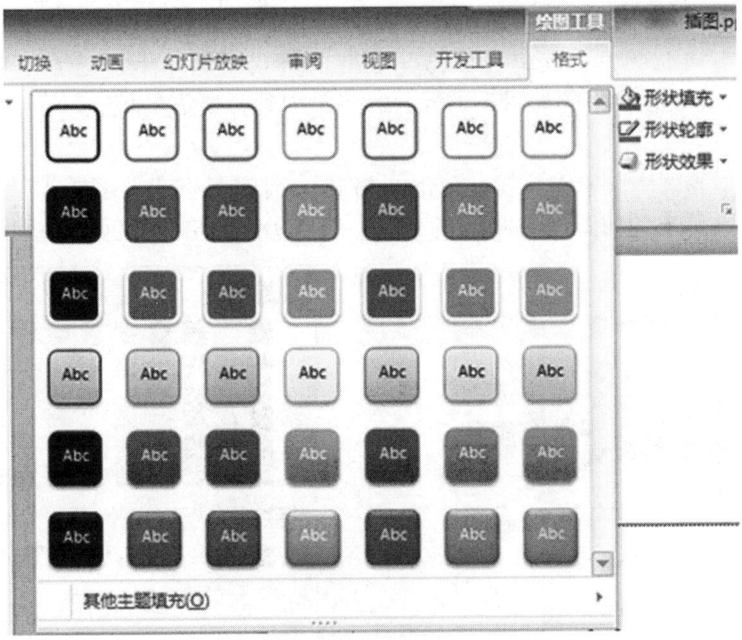

图 3-6　设置占位符的形状样式

（4）设置艺术字样式

占位符的文本可以是普通文字，也可以是艺术字。设置占位符文本艺术字样式包括更改艺术字样式、文本效果、文本填充颜色、文本轮廓等操作。通过在“格式”选项卡的“艺术字样式”组中单击相应的按钮，执行对应的操作。

➢ 更改艺术字样式：选中占位符，单击“格式”选项卡“艺术字样式”组中的“其他”按钮，在下拉列表中选择一种艺术字样式即可，如图 3-7 所示。

➢ 更改文本效果：选中占位符，单击“格式”选项卡“艺术字样式”组中的“文本效果”按钮，从下拉列表中选择需要的文本效果。图 3-8 所示是艺术字发光效果。

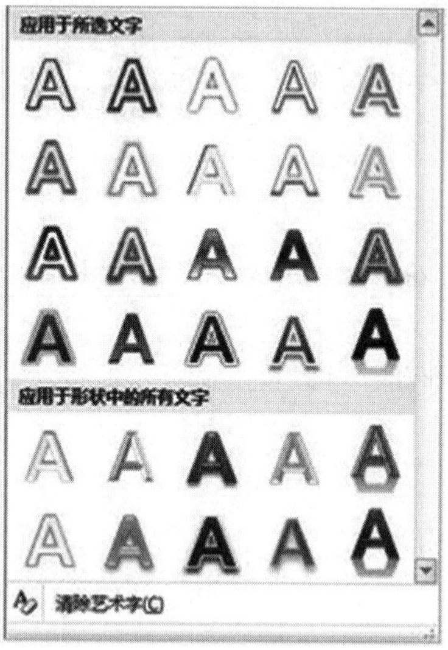

图 3-7 设置艺术字样式

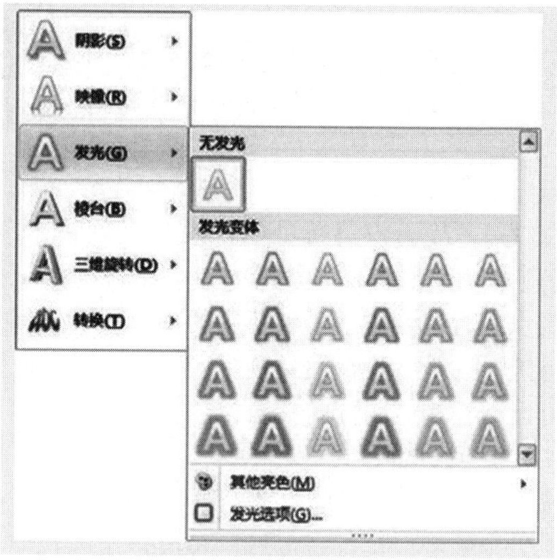

图 3-8 艺术字发光效果

➢ 更改文本填充颜色：选中占位符，单击“格式”选项卡“艺术字样式”组中的“文本填充”按钮，在弹出的如图 3-9 所示的菜单中选择所需的填充颜色，或者选择渐变和纹理填充效果。

➢ 更改文本轮廓：选中占位符，单击“格式”选项卡“艺术字样式”组中的“文本轮廓”按钮，在弹出的如图 3-10 所示的菜单中选择所需的轮廓颜色及轮廓线条样式。

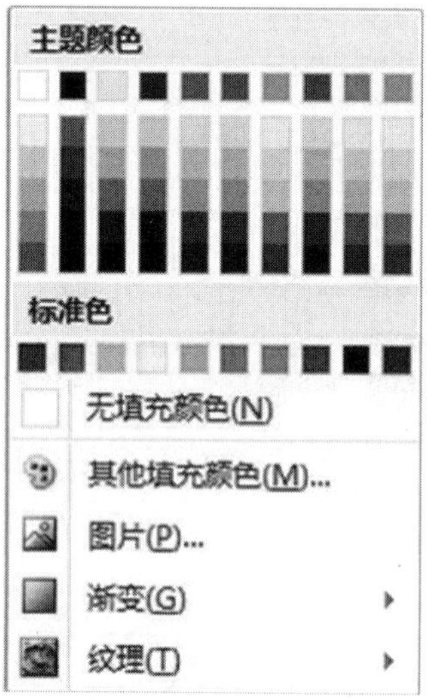

图 3-9 设置文本填充色

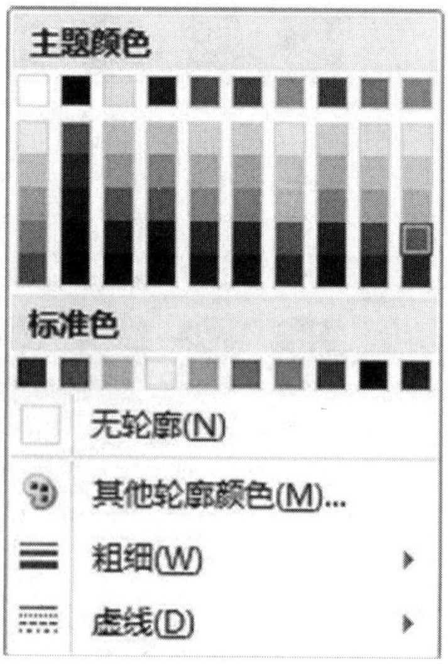

图 3-10 设置文本轮廓

（5）设置形状样式

设置形状样式包括更改艺术字形状样式、形状填充颜色、艺术字边框颜色和形状效果等操作。通过在“格式”选项卡的“形状样式”组中单击相应的按钮，执行对应的操作。

二、PowerPoint 中文本框的应用

文本框是一种可移动、可调整大小的文字容器，它与文本占位符非常相似。使用文本框可以在幻灯片中放置多个文字块，使文字按照不同的方向排列。也可以突破幻灯片版式的制约，实现在幻灯片中任意位置添加文字信息的目的。

1. 添加文本框

PowerPoint 提供了两种形式的文本框：横排文本框和垂直文本框，分别用来放置水平方向的文字和垂直方向的文字。

单击“插入”选项卡“文本”组中的“文本框”按钮，在下拉列表中选择“横排文本框”命令，移动鼠标指针到幻灯片的编辑窗口，按住鼠标左键并拖动到合适大小的矩形框后，释放鼠标完成横排文本框的插入；绘制完文本框后，光标自动定位在文本框内，即可开始输入文本。竖排文本框的绘制方法相同。

2. 设置文本框属性

文本框中新输入的文字没有任何格式，需要用户根据演示文稿的实际需要进行设置。当文本框处于选择状态时，系统会自动打开“绘图工具—格式”选项卡，其设置方法与占位符完全相同。

三、艺术字

艺术字是一种特殊的图形文字，常被用来表现幻灯片的标题文字。用户既可以像对普通文字一样设置其字号、加粗、倾斜等效果，也可以像对图形对象那样设置它的边框、填充等属性，还可以对其进行大小调整、旋转或添加阴影、三维效果等操作。

1. 插入艺术字

艺术字是一个文字样式库，可以将艺术字添加到文档中，从而制造出装饰性效果。在 PowerPoint 中单击“插入”选择卡“文本”组中的“艺术字”按钮，打开如图 3-11 所示的艺术字样式列表。

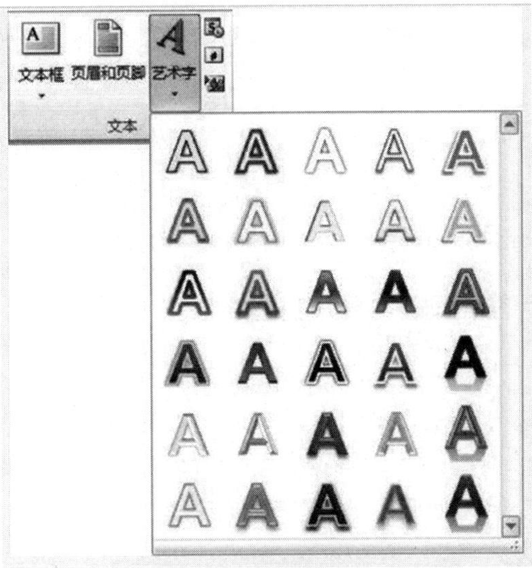

图 3-11　艺术字样式列表

单击需要的样式，幻灯片中将会插入内容为“请在此放置您的文字”的艺术字，修改艺术字文本内容，即可完成艺术字的添加，如图 3-12 所示。

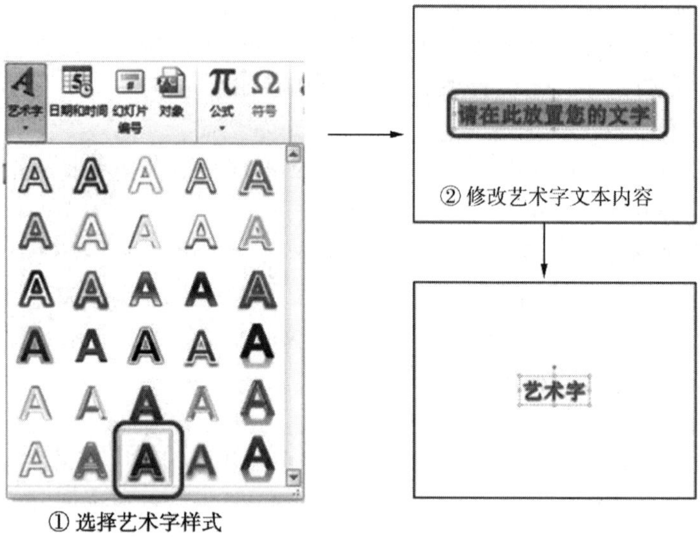

图 3-12　插入艺术字

> **提示** 除了直接插入艺术字外，用户还可以将文本转换成艺术字。方法很简单：选择要转换的文本，在“插入”选项卡的“文本”组中单击“艺术字”下拉按钮，从弹出的艺术字样式列表中选择需要的样式即可。

2. 设置艺术字格式

插入艺术字后，当艺术字处于选择状态时，系统自动打开“绘图工具—格式”选项卡，如图 3-13 所示。为了使艺术字的效果更加美观，可以对艺术字格式进行相应的设置，如艺术字的大小、艺术字样式、形状样式等属性，设置方法与占位符相同。

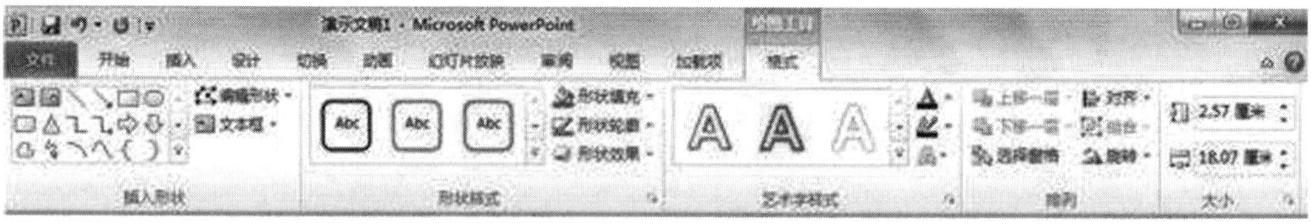

图 3-13　艺术字“绘图工具—格式”选项卡

四、课件中文本使用常见问题与解决方法

1. 满

课件制作时，不少人喜欢在一张幻灯片上放过多的内容。实际上，幻灯片内容并非越多越好，内容太多不仅影响美观，也影响阅读者的信息接收效果。如图 3-14 所示，幻灯片上文字密密麻麻，但效果如何呢？

解决页面太满的方法：

（1）对文字内容进行精简。不能简单地将教材上的内容照搬到课件里，内容要取舍增删，形式要适当合理，要充分发挥课件的优势。

（2）把文字内容分散到更多的幻灯片上。把原本在一张幻灯片上展示的内容，用两张、三张或者更多张幻灯片来展示。

（3）利用动画方式。虽然在一张幻灯片上放置了很多文字，但可以利用自定义动画，控制它们出现与消失的顺序，不让文字内容给人太挤的感觉。

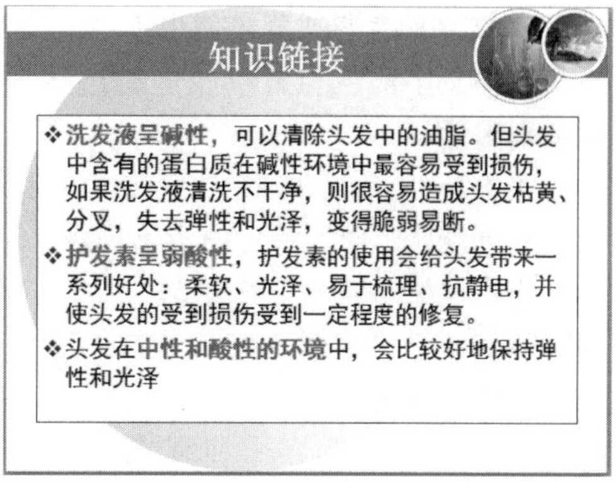

图 3-14 文字过满

2. 乱

如图 3-15 所示，通过课件的这几页内容，可以看到不同的字体、不同的颜色、不同的排版方式，但并不能从这些不同中获取要强调的信息，反而让人感觉版面不统一，比较乱。

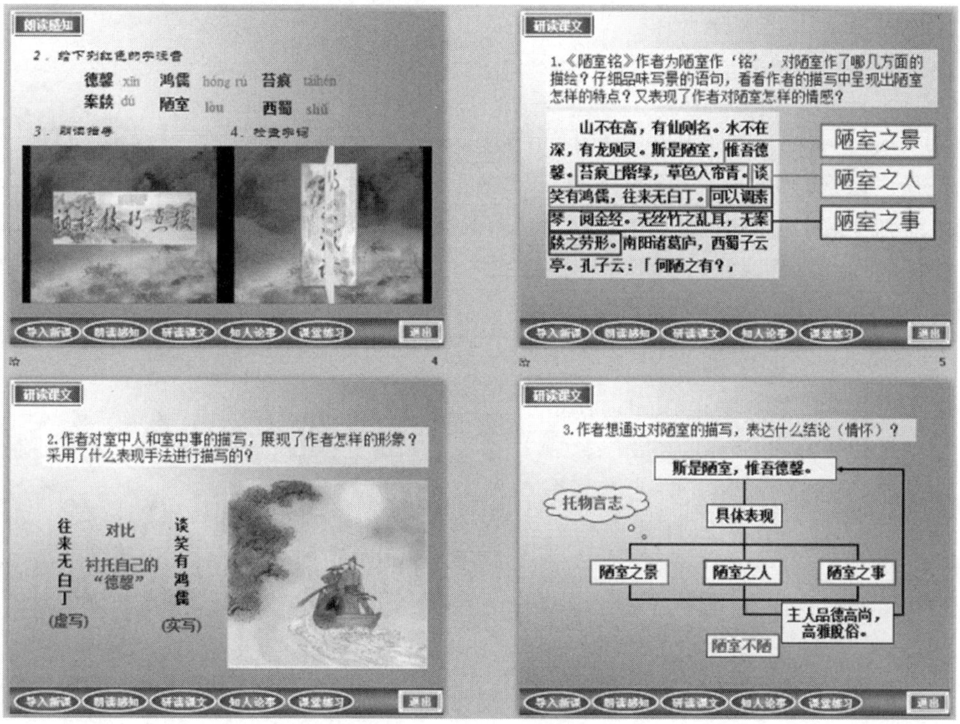

图 3-15 文字排版混乱

解决文字排版混乱问题的方法：

（1）相同内容的文字，使用相同的字体；

（2）尽可能使用相对统一的颜色与字号；

（3）排列有序，注意对齐，文字之间的间距要统一，还可以添加序号或分隔线条等元素，使文字看起来有条理。

3．文字的色彩或背景使用不当

课件文字颜色与背景相近时，学习者难以辨别阅读。

图 3-16 所示课件中，文字与背景图案混杂，很难辨认，对课件的内容呈现带来干扰。

解决这类问题有三种方式：

（1）更改文字颜色；

（2）更换背景；

（3）在文字下方添加纯色填充的自绘图形。

图 3-16　文字颜色与背景相近

项目实施

一、为课件封面添加艺术字及文本

步骤 1　启动 PowerPoint 应用程序，打开“认识时钟 . pptx”演示文稿，由于之前创建演示文稿时已经自动添加了一张标题幻灯片，因此封面不需要添加新的幻灯片。

步骤 2　单击“插入”选项卡“文本”组中的“艺术字”按钮，在下拉列表中选择样式为“填充—红色，强调文字颜色 3，粉状棱台”的艺术字单击，如图 3-17 所示，在幻灯片中插入艺术字，修改艺术字文本为“认识时钟”。

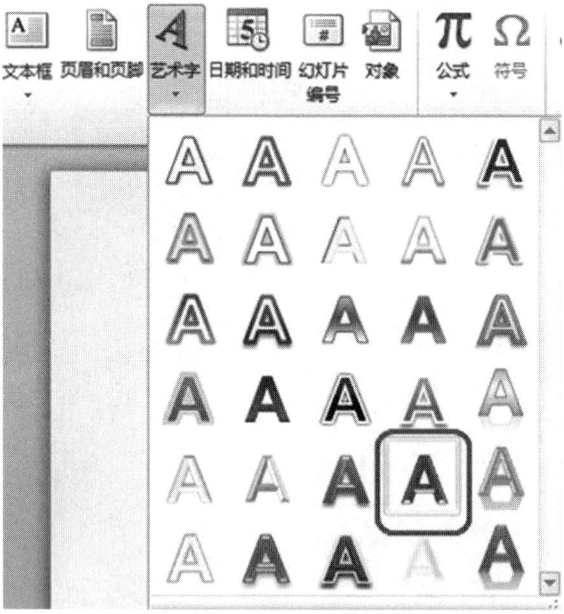

图 3-17　选择艺术字样式

步骤 3　选择艺术字“认识时钟”，在“开始”选项卡中设置艺术字大小为 96 磅。

步骤 4　保持艺术字选择状态，单击“绘图工具—格式”选项卡“艺术字样式”组中的“文本效果”按钮，在下拉列表中选择“转换—跟随路径—上弯弧”，如图 3-18 所示，移动艺术字到合适的位置。

步骤 5　单击副标题占位符，输入课件副标题，完成效果如图 3-19 所示。

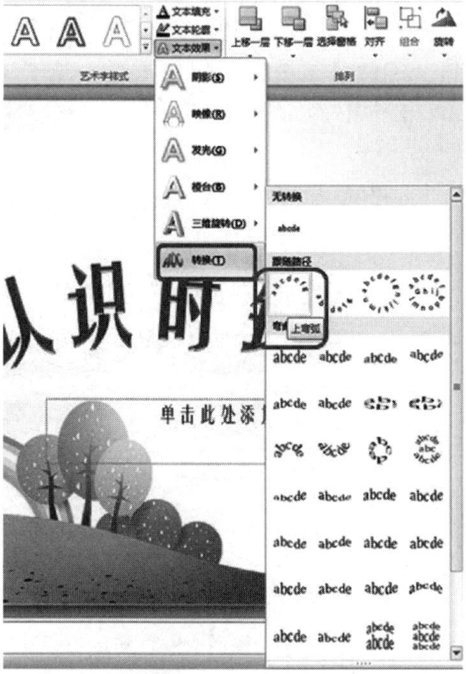

图 3-18　设置艺术字效果

图 3-19　课件封面文字设置完成效果

二、为内容页输入文本

步骤 1　单击“开始”选项卡“幻灯片”组中的“新建幻灯片”按钮，在下拉列表中选择“内容”版式，在演示文稿中插入一张新幻灯片，如图 3-20 所示。

图 3-20　插入新幻灯片

步骤 2 单击“插入”选项卡“文本”组中的“文本框”按钮，在下拉列表中选择“横排文本框”，鼠标移动到幻灯片中拖动，绘制一个横排文本框，输入文本“数字宝宝:”，设置为“黑体，32 磅”。用同样的方法在幻灯片中添加文本“时针:”和“分针:”，调整文本位置。

步骤 3 再次插入一个文本框，输入数字“1”，设置为“28 磅，加粗，红色，居中对齐”。

步骤 4 选中数字“1”所在文本框，单击“开始”选项卡“剪贴板”组中的“复制”按钮，将文本框数字“1”复制到剪贴板中，再单击“粘贴”按钮 11 次，复制出 11 个相同的数字，如图 3-21 所示。

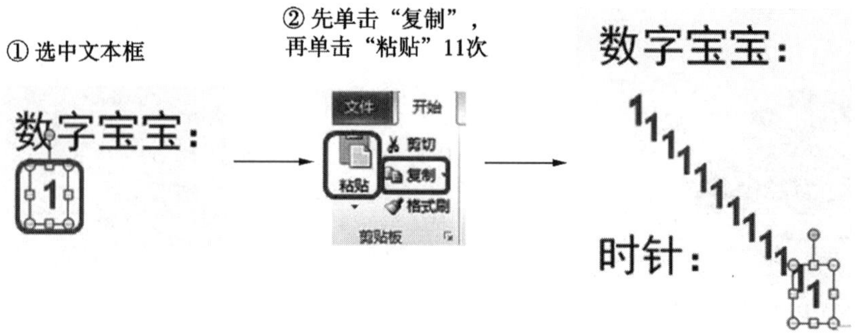

图 3-21 复制文本框

步骤 5 将其中一个文本框移动到与第一个文本框右后方合适的位置，然后按住【Shift】键同时选中第一个文本框及其他任意 4 个文本框，单击“绘图工具—格式”选项卡“排列”组中的“对齐”按钮，在下拉列表中先选择“顶端对齐”再选择“横向分布”命令，对被选中的 6 个文本框进行排列，如图 3-22 所示。

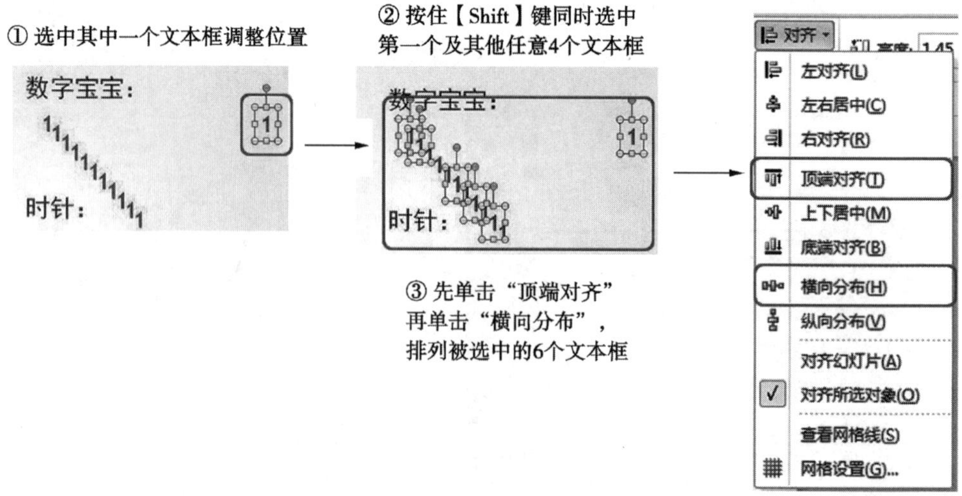

图 3-22 排列文本框

步骤 6 选中未排列的文本框中任意一个和已经排列的文本框中的第一个，单击

“对齐”按钮下拉列表中的“左对齐”命令，使其与已经排列的第一个文本框处于同一垂直线上。

步骤 7　再次选择未排列的文本框中任意一个和已排列文本框的最后一个，单击“对齐”按钮下拉列表中的“右对齐”命令，使其与已经排列的最后一个文本框处于同一垂直线上。

步骤 8　同时选择除了第一排已经排列好的文本框以外的 6 个文本框，先后单击“对齐”按钮下拉列表中的“顶端对齐”和“横向分布”命令，对其进行排列，排列好后按键盘上下键对其位置进行微调，修改第一个文本框以外文本框内容为“2” “3”…“12”，完成效果如图 3-23 所示。

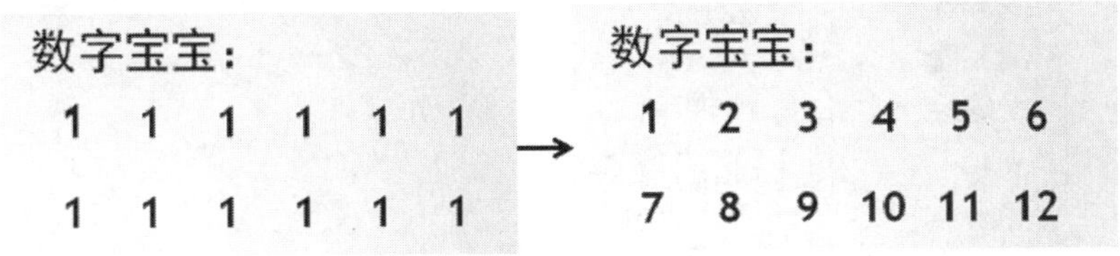

图 3-23　完成数字输入及排列

步骤 9　新建一个“内容”版式幻灯片，插入文本框及艺术字，并进行相应的设置，完成效果如图 3-24 所示。

图 3-24　完成内容页

三、完成封底文本输入

步骤 1　新建“仅标题”版式幻灯片，在标题占位符处输入文本“再见，小朋友们!”。

步骤 2　在快速访问工具栏中单击“保存”按钮，完成《认识时钟》课件的文字输入。

拓展视野

一、渐变特效文字

在课件中经常能看到如图 3-25 所示的渐变色的特殊文字，这些文字是如何实现的呢？

图 3-25　渐变特效文字

1. 设计思路

这些特效文字的特效都体现在文字的颜色上，因此可以考虑使用特效对文字进行填充，即创建文本后，修改文本填充为渐变色。

2. 主要步骤

步骤1 在幻灯片中输入文本。

步骤2 选中文本框，打开“设置文本效果格式”对话框，如图3-26所示，将文本填充设置为“渐变填充”，修改填充类型、方向、角度、渐变光圈、颜色、亮度等参数。

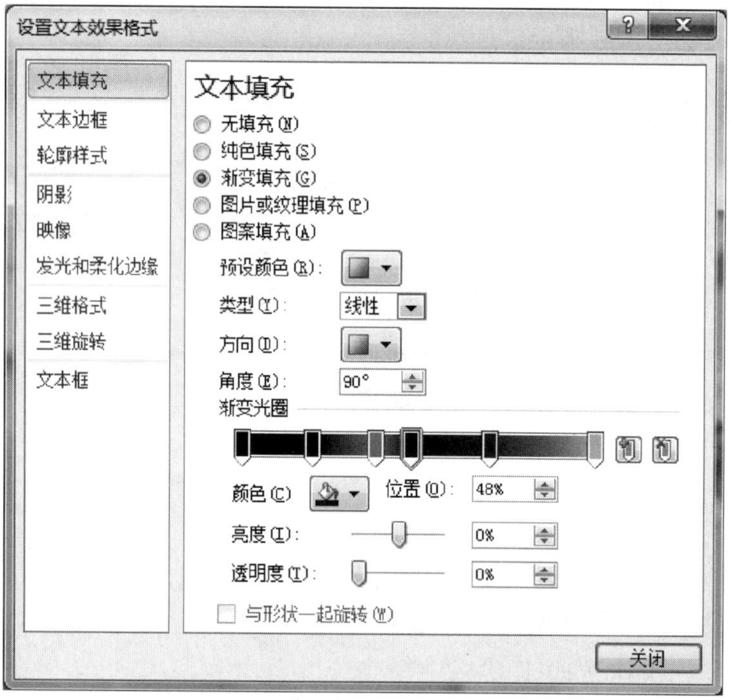

图3-26 “设置文本效果格式”对话框

3. 应用拓展

使用图片或纹理对文本进行填充，就可以得到图案字。

二、为古诗添加拼音

语文课件，特别是小学语文课件，经常需要为汉字添加拼音，如何实现?

1. 设计思路

PowerPoint与Word不同，没有“拼音指南”功能。要在PowerPoint中输入拼音，可以考虑将Word中的拼音复制过来，或者使用特殊符号输入，或者借助某些输入法的拼音功能。

2. 主要步骤

➢ **方法一**

步骤1 启动Word，在空白文档中输入古诗“相思”。选中古诗标题“相思”，单击“开始”选项卡“字体”组中的“拼音指南”按钮，弹出“拼音指南”对话框，单击“组合”按钮，让标题文字的拼音一起显示在“拼音文字”列，如图 3-27 所示。

图 3-27　为文字添加拼音

步骤 2　在“拼音文字”下选中拼音并复制，打开 PowerPoint 并粘贴。

步骤 3　用同样的方法，分别将四句诗句的拼音复制到 PowerPoint 中，如图 3-28 所示。

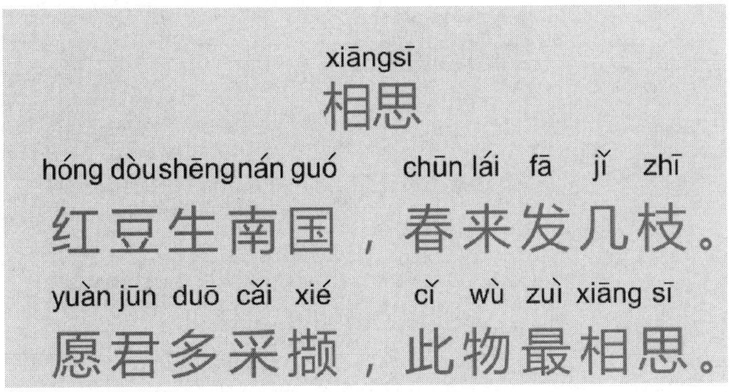

图 3-28　为古诗添加拼音

举一反三，既然可以从 Word 中复制拼音，那就可以从其他任何能够获得拼音的地方进行复制，比如通过网络搜索到相应的拼音后复制到 PowerPoint 中。

➢ **方法二**

步骤 1　在 PowerPoint 中插入一个文本框，输入需要注音但不带声调的字母。

步骤 2　将插入点光标放置到需要输入带音调字母的位置，单击“插入”选项卡“符号”组中的“符号”按钮，打开“符号”对话框，在“字体”下拉列表中选择“（普通文本）”选项，在“子集”下拉列表中选择“拉丁语扩充—A”选项。在对话框的列表中选择需要的字符，单击“插入”按钮，如图 3-29 所示。

图 3-29　插入拼音字符

➢ 方法三

步骤 1　在 PowerPoint 中插入一个文本框，输入需要注音但不带声调的字母。

步骤 2　切换到“微软拼音”输入法，单击语文栏“功能菜单”按钮，在弹出的菜单中单击“软键盘—拼音字母”，打开拼音软键盘，对照软键盘上即或实现拼音输入，如图 3-30 所示。

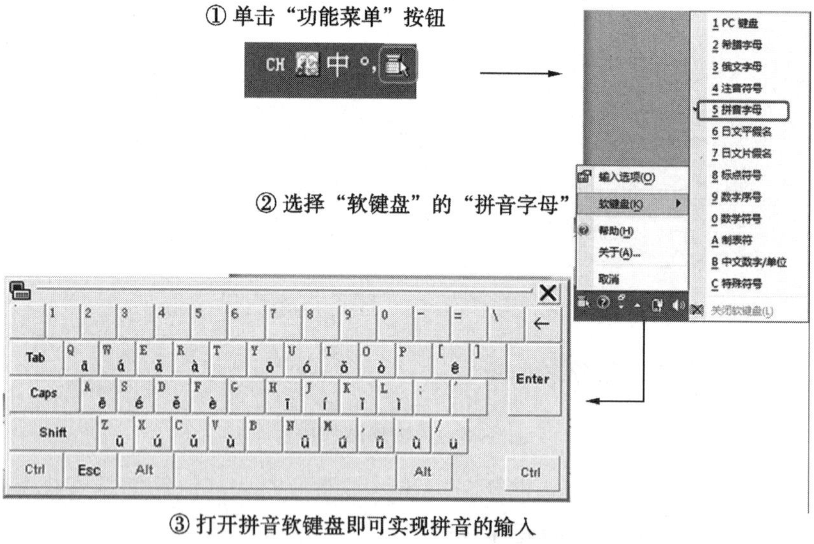

图 3-30　利用“微软拼音”实现拼音输入

➢ 方法四

步骤 1　在 PowerPoint 中插入一个文本框，输入需要注音但不带声调的字母。

步骤 2　将输入法切换到“搜狗拼音”输入法，单击输入法浮动面板最右侧“工具箱”按钮，打开“搜狗工具箱”对话框，单击该对话框中“符号大全”按钮，打开“符号大全”对话框，在左侧列表中选择“拼音/注音”，然后在右侧选择需要的拼音符号单击即可，如图 3-31 所示。

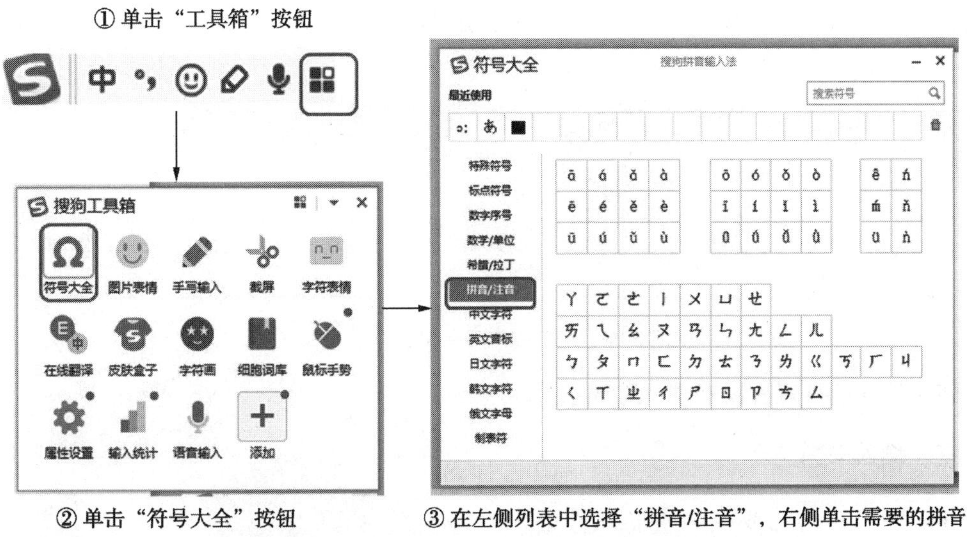

图 3-31　利用“搜狗拼音”符号大全实现拼音输入

3. 应用拓展

（1）英语音标

在英语类课件中经常需要用到音标，音标的输入与汉语拼音类似，可以通过插入符号实现，如图 3-32 所示，字体选择“Arial Unicode MS”或“Lucida Sans Unicode”，子集选择“国际音标扩充”即可。

图 3-32　英语音标输入

同样，英语音标也可以借助微软拼音或搜狗拼音输入法输入。

（2）数学公式

公式是理科课件中常见的内容，如果使用 PowerPoint 2010 以前的软件版本，在课件中插入公式一般使用插入对象（Microsoft 公式 3.0）或使用绘图工具绘制公式的方法。PowerPoint 2010 公式的功能得以强化，可以直接利用功能区中的命令来创建并美化公式。

在 PowerPoint 2010 中单击“插入”选项卡“符号”组中的“公式”按钮，在功能区中将打开“公式工具—设计”选项卡，并且在幻灯片中插入一个公式文本框，如图 3-33 所示。

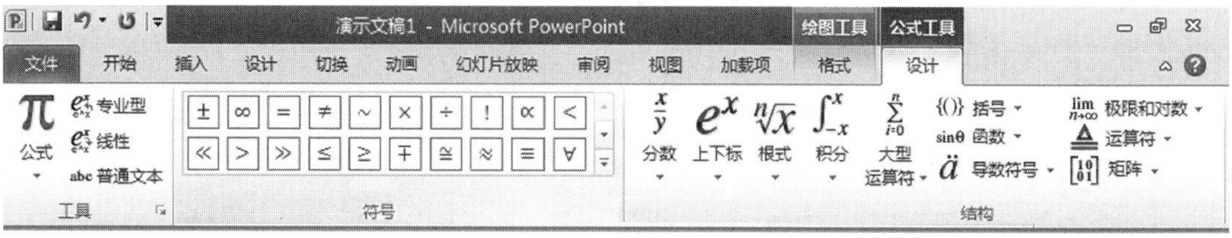

图 3-33 “公式工具—设计”选项卡

使用该功能可以轻松地输入数学公式。

三、输入卡通文字

在一些面对幼儿或小学生的课件中，经常会出现如图 3-34 所示比较卡通的字体，它是如何实现的呢？

图 3-34 卡通字体

1. 设计思路

这类字体的设置通过添加非系统字体即可实现。

2. 主要步骤

步骤 1 从网络上下载需要的字体文件。

步骤 2 双击打开“字体”预览窗口，单击字体预览窗口的“安装”按钮，如图 3-35所示，将新字体安装到电脑上。

图 3-35 字体安装

步骤 3　启动 PowerPoint，新安装的字体将会出现在字体名称列表中，可以直接为文本设置该字体样式。

如果课件使用了系统预设字体以外的字体，那么换台电脑演示时，课件可能就会出现因缺乏字体而全部显示为宋体的情况，这样课件效果就会大打折扣。解决这一问题的方法就是保存文件时嵌入字体，其操作步骤如图 3-36 所示。

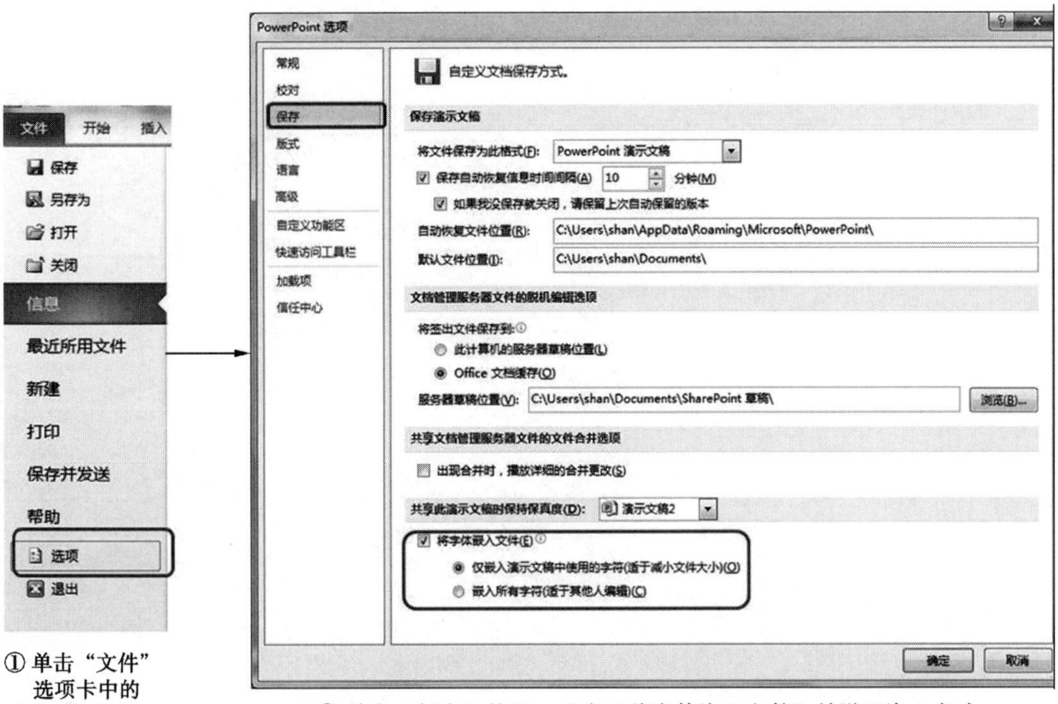

① 单击“文件”选项卡中的“选项”按钮

② 单击“保存”按钮，选定“将字体嵌入文件”并设置嵌入方式，单击“确定”即可

图 3-36　嵌入字体

PowerPoint 提供了两种字体嵌入选项：

不完全嵌入——仅嵌入演示文稿中使用的字体，文件比较小，在任何电脑中都能正确预览字体，但缺乏其中某些字体的电脑只能观看，无法编辑。

完全嵌入——嵌入所有字体，在任何电脑中都能观看和编辑。但文件会非常大，保存时间也会比较长。

项目四 为PowerPoint课件添加图片

人们常说“一图胜千言”，可见图片有着独特的表现力和感染力。在 Powerpoint 课件中，借助图片高度的暗示性和象征性，能更快地传递信息和感情，可以更加生动地阐述主题和表达思想，可以说图片是课件表现力的核心。因此，一个有图有文、图文结合恰当的课件才有血有肉又有神。

项目向导

本项目是为课件《认识时钟》添加和绘制图像，使得课件更为丰满、形象，借助课件将不可能带到课堂的钟表用图片的方式呈现，达到辅助学生认识时钟的目的。

需要完成的主要操作：

◆ 添加教师无法一一带入课堂的生活中的时钟；
◆ 对图片进行处理；
◆ 利用形状功能绘制时钟。

需要掌握的主要技能：

◆ 获取高质量图片；
◆ 插入剪贴画和来自文件的图片；
◆ 对图片进行简单处理；
◆ 运用形状功能绘制图形；
◆ 对图形进行排列。

相关知识

一、如何获取高质量的图片

制作课件时往往需要很多高质量的图片素材，如何获取这些高质量的图片素材呢？下面简单介绍几种常用方法。

1. 利用数码设备进行拍摄或扫描

随着科技的发展，数码设备已经普及，拍摄数码照片变得非常简单，当我们需要某个常见物品或人物、风景等的图片素材时，可以利用身边的数码设备（手机、数码相机等）进行拍摄。若某张照片或图片是我们需要的，但没有其电子文档时还可以利用扫描仪进行扫描。

2. 利用截图软件截取电脑中浏览的界面

当需要使用电脑屏幕上的某些画面作为图片时，可以利用截图软件进行截屏。比如利用【PrintScreen】键截取整个屏幕或利用 Windows 的截图工具、搜狗输入法的截屏功能、QQ 的截屏功能等截取图片。如果课件制作使用的是 PowerPoint 2010 及以上版本，还可以使用 PowerPoint 的屏幕截图功能截取屏幕图片。

3. 利用图像制作软件绘制

如果需要使用比较个性化的图片，不能通过拍摄、扫描或截取屏幕获得，也可以使用一些图像处理制作软件进行绘制或处理：大众类的图像处理软件包括美图秀秀等；专业类的图像处理软件包括 Illustrator、PhotoShop 等。在 PowerPoint 课件制作中，简单的图形也可以使用 PowerPoint 软件本身的图形功能进行绘制。

4. 通过网络获取

随着网络应用的普及，很多图片都可以直接通过网络获取。通过网络获取图片，主要有以下途径：

➢ 利用出版社网站（如人民教育出版社、高等教育出版社等）获取素材；

➢ 借助搜索引擎（百度、谷歌、搜狗、必应等）的图片搜索功能获取素材；

➢ 在一些专业的图像网站利用内部搜索引擎搜索获取素材。

二、在 PowerPoint 中添加图像

1. 插入剪贴画/联机图片

（1）剪贴画

PowerPoint 2010 及以前的版本都附带有包含 Web 元素、保健、背景、标志、地点、地图、动物、符号、概念、工具、工业、幻想、艺术、运动、天气等内容的非常丰富的剪贴画库，所有的图片都经过专业设计，能够表达不同的主题，可用于制作不同风格的演示文稿。

插入剪贴画的方法：单击“插入”选项卡“图像”组中的“剪贴画”按钮（如图 4-1 所示），打开“剪贴画”任务窗格。然后在“搜索文字”文本框中输入要插入剪贴画的关键字，单击“搜索”按钮可查找需要的剪贴画，在“结果类型”的下拉列表中可以将搜索结果限制于特定的媒体文件类型。例如，搜索关键字“运动”，即可得到与运动相关的剪贴画（如图 4-2 所示），当鼠标移动到某个剪贴画对象上时，会显示该剪贴画相关信息摘要，单击鼠标则可将该剪贴画插入幻灯片。

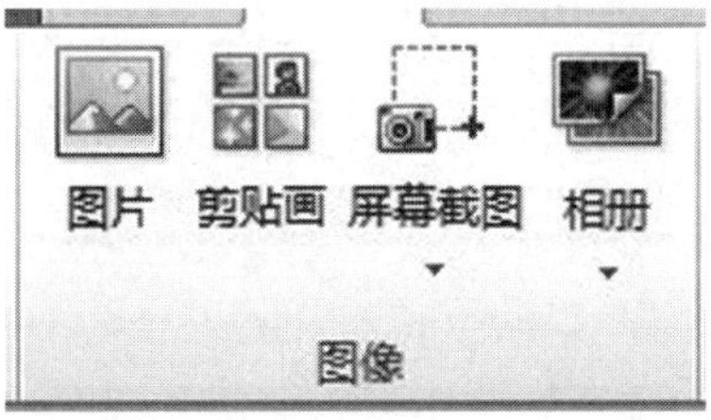

图 4-1　“剪贴画”按钮

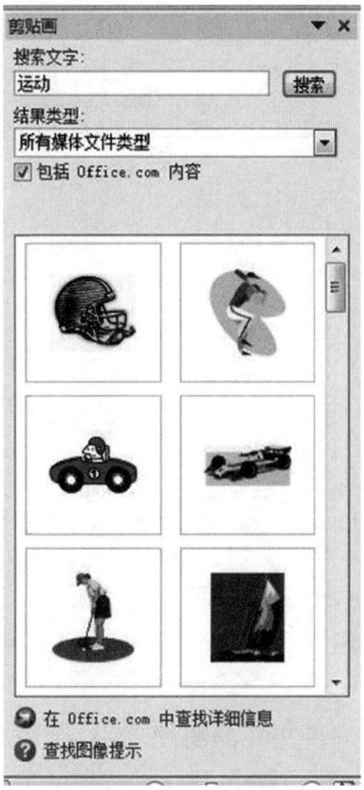

图 4-2　搜索并查看剪贴画

提示

1. Office Online 已经停止为 Office 2007 和 Office 2010 提供在线剪贴画库，因此 PowerPoint 2010 及更早版本的剪贴画库任务窗格中单击“在 Office. com 中查找详细信息”功能将不能够获取在线剪贴画资源。

2. 单击剪贴画任务窗格右上角的“关闭”按钮，可以关闭剪贴画任务窗格。

（2）联机图片

由于人们更多地依赖于利用搜索引擎查找要在 Office 文档中使用的插图，剪贴画的使用率持续下降。所以，Office 2010 以后停用了剪贴画功能，并同时终止了在线剪贴画库，改为使用联机图片。在 Office 2013 及以上版本中，工具栏上的“剪贴画”按钮已被替换成“联机图片”按钮，如图 4-3 所示。此按钮使用必应搜索引擎提供可供选择的图像（插图和照片），新功能的优点是可以获得外观更新、质量更高的图像，缺点是使用需慎重，对于每一个图像，都需要考虑是否具有使用权。

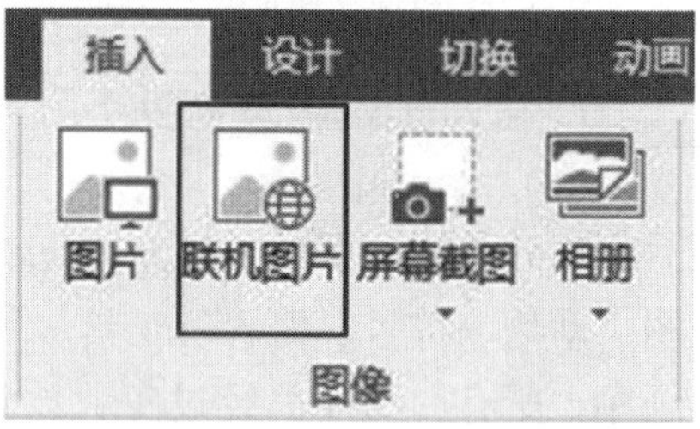

图 4-3　“联机图片”按钮

在 PowerPoint 2016 中插入联机图片的方法：单击“插入”选项卡“图像”组中的“联机图片”按钮，系统将弹出如图 4-4 左图所示必应图像搜索对话框，在搜索文本框内输入要搜索图像的关键字，单击文本框后用放大镜进行搜索，即可从网络上搜索出相应的图片，如图 4-4 右图所示。

图 4-4　“搜索联机图片”对话框

提示

1. 利用“联机图片”功能插入网络图片，可借助“尺寸”“类型”“颜色”选项卡设置缩小搜索范围，得到更为接近需求的图片。

2. 在选用图片时，选择“仅知识共享”类的图片，则不会存在使用权问题。

2. 插入来自文件的图片

用户除了可以插入 Office 自带的剪贴画作为图片外，还可以引用外部图片文件。PowerPoint 可以接受的图片文件类型比较多，如 BMP、JPG、GIF、PNG 等各类图形文件，基本上各类常见图片文件都可以添加到 PowerPoint 幻灯片中。

为幻灯片添加来自文件的图片的方法：单击“插入”选项卡“图像”组中的“图片”按钮，打开“插入图片”对话框，搜索图片存储位置，选定所需图片，如图 4-5 所示，单击“插入”按钮就可以将指定图片插入幻灯片。

> **提示**　**第一次打开“插入图片”时默认搜索当前用户的 Pictures 文件夹，可以通过地址栏或左侧窗格改变搜索位置，找到需要的图片文件，再次使用“插入图片”功能时，系统将会自动打开上次插入图片所在的文件夹。**

图 4-5　选择需要的图片文件

3. 截取屏幕作为图片

PowerPoint 从 2010 版本开始，添加了屏幕截图功能，如图 4-6 所示。这一功能使得用户能够方便地获取电脑屏幕全部或部分图片，以及正在播放的视频的某一画面图片。

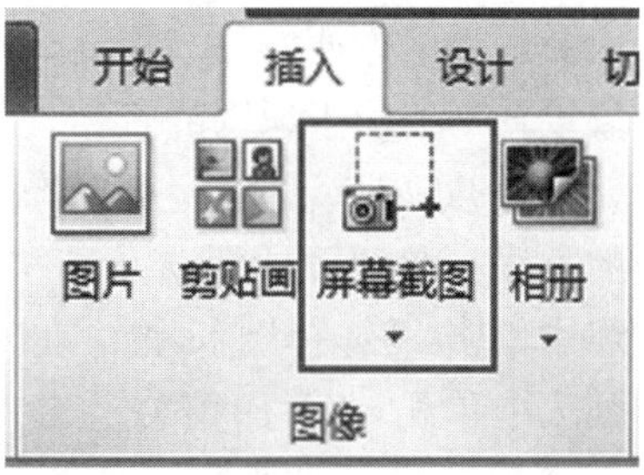

图 4-6　“屏幕截图”按钮

屏幕截图功能可以截取 Windows 多任务中的某个窗口或者选取 PowerPoint 之前的一个活动窗口的部分内容。

例如，需要截取动画片《小猪佩奇》的某一画面图片，操作方法如下：打开视频播放软件，调整播放进度到需要画面后暂停播放，然后回到 PowerPoint 中，单击“插入”选项卡“图像”组中的“屏幕截图”按钮，在下拉列表中的“可用视窗”中选择《小猪佩奇》的播放窗口，则可将该窗口截取到 PowerPoint 中，如图 4-7 所示；如果选择“屏幕剪辑”命令，则 PowerPoint 将会自动最小化，稍等片刻后，Windows 窗口会变成半透明状，鼠标也随之变成“十”字形，此时拖动鼠标可选择需要的区域，松开鼠标后，选择区域将自动添加到 PowerPoint 幻灯片中。

图 4-7　截取正在播放的视频窗口

4. 为图片对象重命名

在 PowerPoint 的幻灯片中不论插入哪类图片，插入图片都与其原来的位置和名称无关，系统都会自动给每一个对象一个相应的名称。剪贴画插入幻灯片后，默认名称为 Picture1、Picture2、……，图片插入幻灯片后，默认名称为图片 1、图片 2、……，如果需要对这些图片对象进行动画设置，特别是需要将某个对象设置为触发器时（动画相关操作参见项目五），就会很难对应到相应的对象上。因此，为了方便操作，需要为图片对象设置一个便于识别的名称。

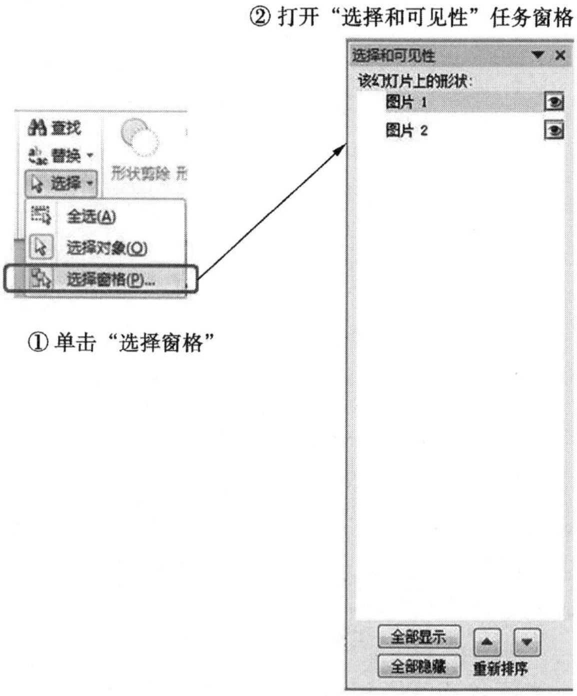

图 4-8　打开“选择和可见性”任务窗格

在 PowerPoint 中为对象修改名称的方法：在“开始”选项卡“编辑”组中单击“选择”按钮，在其下拉列表中单击“选择窗格”命令，打开“选择和可见性”任务窗格，如图 4-8 所示；在幻灯片中选择对象，然后在右侧“选择和可见性”任务窗格中单击相应对象名称进入名称修改状态，删除对象名，输入新的对象名即可，如图 4-9 所示。

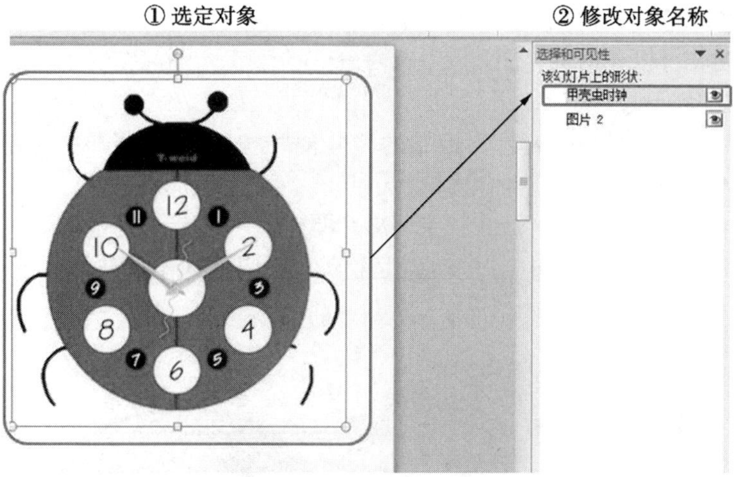

图 4-9　修改图片对象名称

5. 编辑、美化图片

用户在幻灯片中插入图片后，可以调整图片的大小和位置，也可以根据需要对图片进行裁剪、添加边框、调整图片效果、修改图片颜色、增加艺术效果、删除图片背景等编辑和美化操作，使得图片与文档更为匹配。

对图片进行编辑和美化操作时，需要先选中图片，然后通过功能区的“图片工具—格式”选项卡完成相关操作，如图 4-10 所示。

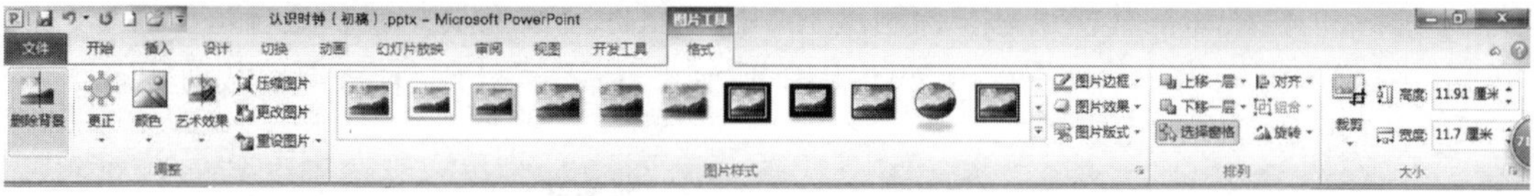

图 4-10　选中图片后出现的“图片工具—格式”选项卡

（1）调整图片大小

选中插入到幻灯片中的图片时，图片周围将出现 8 个控制点，将鼠标移动到控制点上，当鼠标变为双箭头形状时，按下鼠标左键拖动控制点即可调整图片的大小。另外，还可以通过在“格式”选项卡“大小”组中的“高度”或“宽度”微调框中输入具体数值对图片的大小进行调整，这样可以等比例地改变图片的大小。

提示

1. 当拖动图片 4 条边框中间的控制点时，可以改变图片的高度或宽度。
2. 当拖动图片 4 个角上的控制点时，将自动保持图片的长宽比例不变。
3. 按住【Ctrl】键调整图片大小时，将保持图片中心位置不变。

（2）调整图片位置

要调整图片的位置，只需将鼠标移动到图片上并按下左键拖动鼠标即可，也可以选中图片后使用键盘上、下、左、右光标键对图片位置进行微调。

（3）旋转图片

在选中幻灯片中的图片时，图片周围将出现 8 个控制点，其中上面一条边的中间控制点上方还有一个绿色的旋转控制点。鼠标移动到该控制点上时会变成一个带箭头的圈，按下鼠标左键拖动，可以自由旋转图片。

（4）应用图片样式

可选中图片后单击“图片样式”组中的“其他”按钮，在展开的列表中选择一种图片样式，如图 4-11 所示。

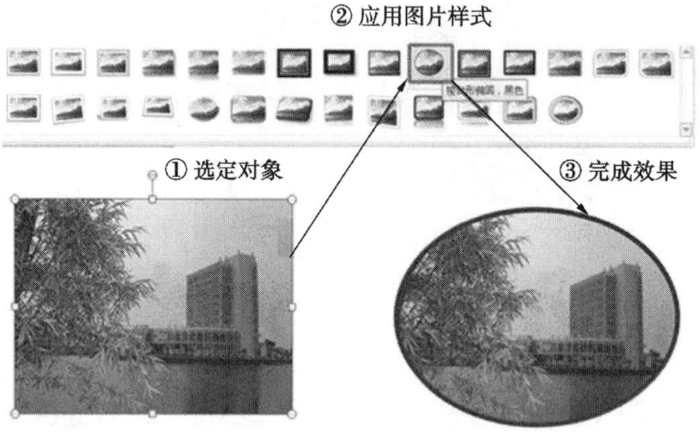

图 4-11　应用图片样式

（5）裁剪图片

选中图片，单击“图片工具—格式”选项卡“大小”组中的“裁剪”按钮，或单击“裁剪”按钮下方的三角按钮，在展开的列表中选择“裁剪”项，此时图片四周出现8 个裁剪控制点，将鼠标指针移至某一控制点上，按住鼠标左键拖动，调整至合适位置后再次单击“裁剪”按钮确认裁剪操作（如图 4-12 所示），或者按【Esc】键取消裁剪状态。

图 4-12　裁剪图片

在裁剪图片时，也可以选择如图 4-13 所示的“裁剪为形状”按钮中所示的某一形状，将图片裁剪为指定形状。

（6）调整图片的颜色

要调整图片的颜色，如颜色饱和度、色调，以及对图片重新着色等，可选中图片后单击“调整”组中的“颜色”按钮，在展开的列表中选择所需选项即可，如图 4-14 所示。

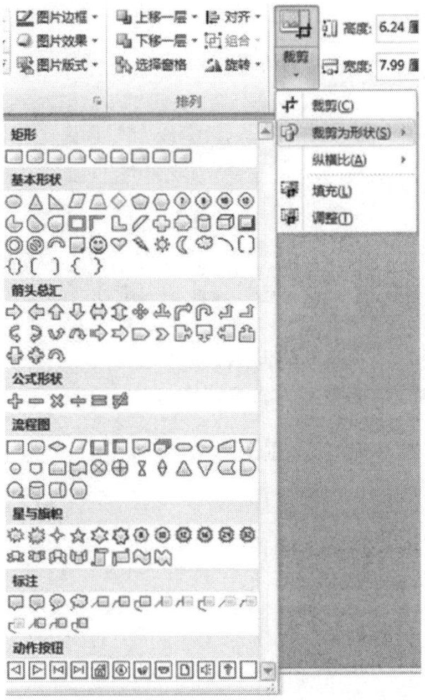

图 4-13 “裁剪为形状”选项

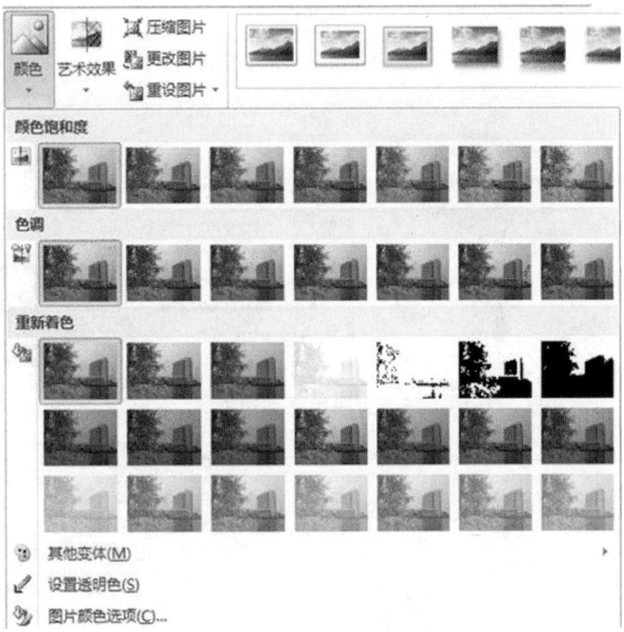

图 4-14 调整图片的颜色

调整图片的锐化和柔化程度、亮度和对比度，以及为图片添加艺术效果的操作，与调整图片的颜色相似，选择图片后通过相应按钮选择合适的效果即可。

（7）为图片添加边框

选中图片后单击“图片样式”组中的“图片边框”按钮，在展开的列表中选择边框线颜色、粗细、线型等，可为图片添加边框，如图 4-15 所示。

（8）设置图片效果

选中图片后单击“图片样式”组中的“图片效果”按钮，在展开的列表中选择指定的效果，可为图片添加特效效果，包括阴影、发光、映像、柔化边缘、棱台、三维旋转等，如图 4-16 所示。

提示

还可以通过“图片工具—格式”选项卡“图片样式”组右下角的“设置形状格式”按钮打开如图 4-17 所示的“设置图片格式”对话框，通过该对话框对图片格式进行详细设置，以达到用户想要的效果。

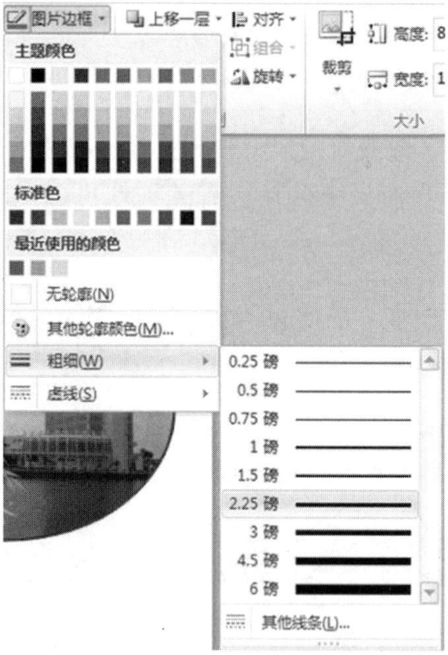

图 4-15　为图片添加边框

图 4-16　设置图片效果

图 4-17　“设置图片格式”对话框

（9）删除图片背景

在课件制作过程中，经常需要将图片放置到某一背景中，与背景和其他图片组合，构成一种独特的情景。不同的图片背景不同，或者图片的背景与课件的风格不一致，想要达到更好的融合效果，就需要将图片的背景去除。PowerPoint 中提供了删除背景的方法，特别是 PowerPoint 2010 以上版本，不仅能够处理单一背景，也能够将比较复杂的背景删除，其效果基本可以满足常规课件制作的需要。

在 PowerPoint 2010 及以上版本中，删除图片背景的方法：首先选中要去除背景的图片，单击“图片工具—格式”选项卡“调整”组中的“删除背景”按钮，此时被选中的图片就会有一部分变成紫红色并出现一个删除框，同时自动打开“背景消除”选项卡，如图 4-18 所示。

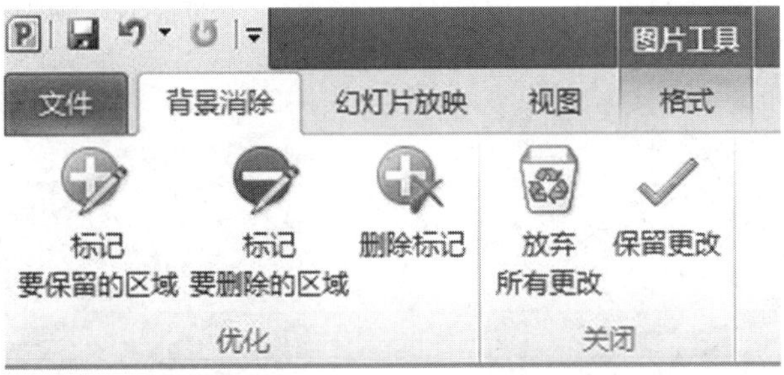

图 4-18　“背景消除”选项卡

图 4-19 删除框中为要删除的区域，调整删除框的大小可以改变要删除区域的大小，然后单击“放弃所有更改”或“保留更改”按钮取消“删除背景”或确认“删除背景”，如图 4-19 所示。

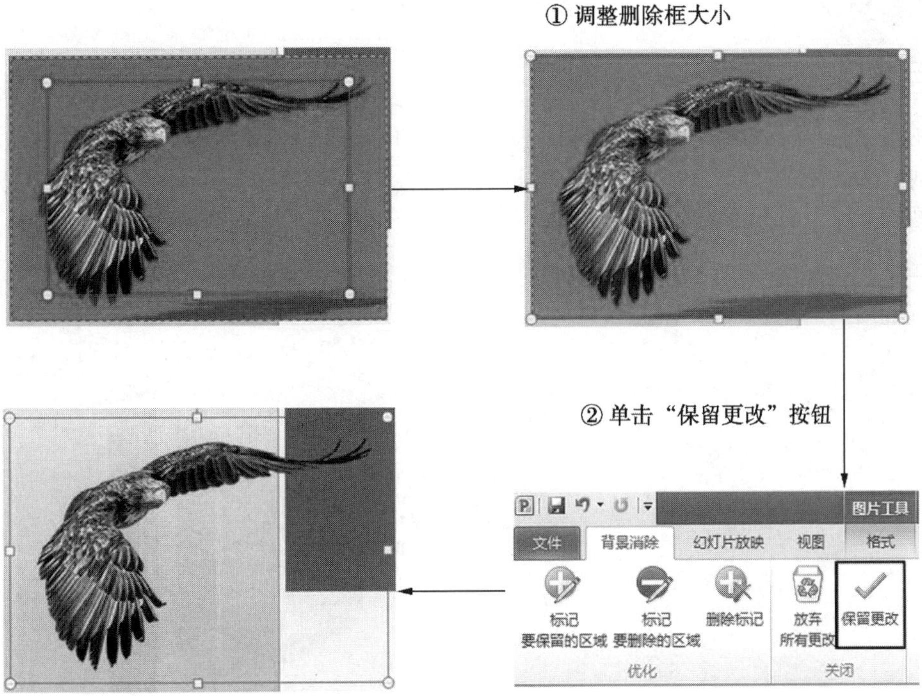

图 4-19　删除图片背景

有时候使用删除区域调整完成后，图片中还会存在一些需要删除的区域未删除或是需要保留的区域被删除的情况，这时就需要使用“背景消除”选项卡“优化”组中的“标记要保留的区域”或“标记要删除的区域”命令，将需要保留的保留下来，需要删除的删除，如图 4-20 所示。如果修正有误的话，则可以使用“删除标记”命令将其删除。

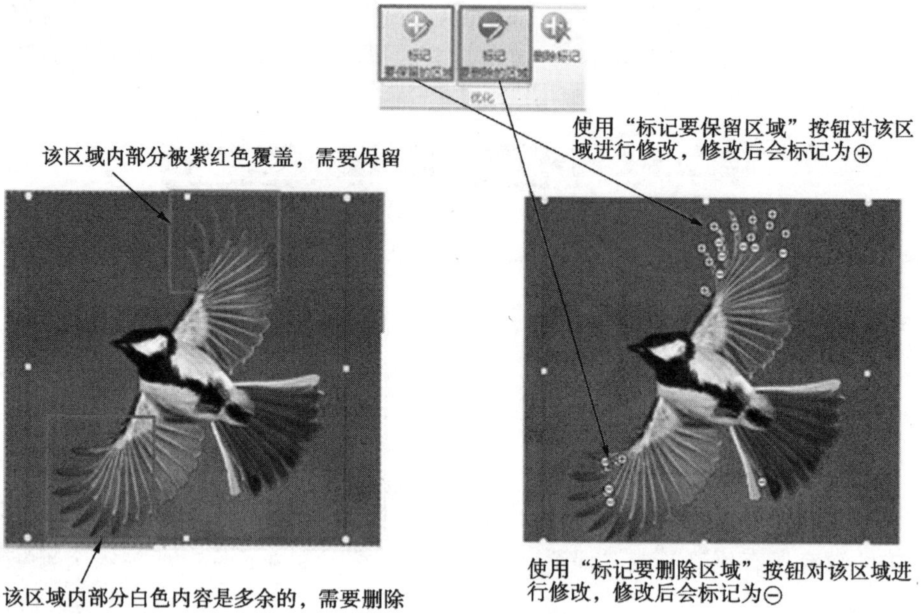

图 4-20　优化消除背景

三、绘制图形

在课件制作过程中，一些特殊图形如数学中的几何图形等，往往比较个性化，需要自行绘制，PowerPoint 的形状功能可以满足这一需求。在 PowerPoint 中绘制图形非常简单，具体操作方法为：在“插入”选项卡“插图”组中单击“形状”按钮，在弹出的下拉列表中选择需要的形状，然后将鼠标移动到幻灯片工作区需要绘制图形的位置，单击或拖动鼠标绘制相应图形，如图 4-21 所示。

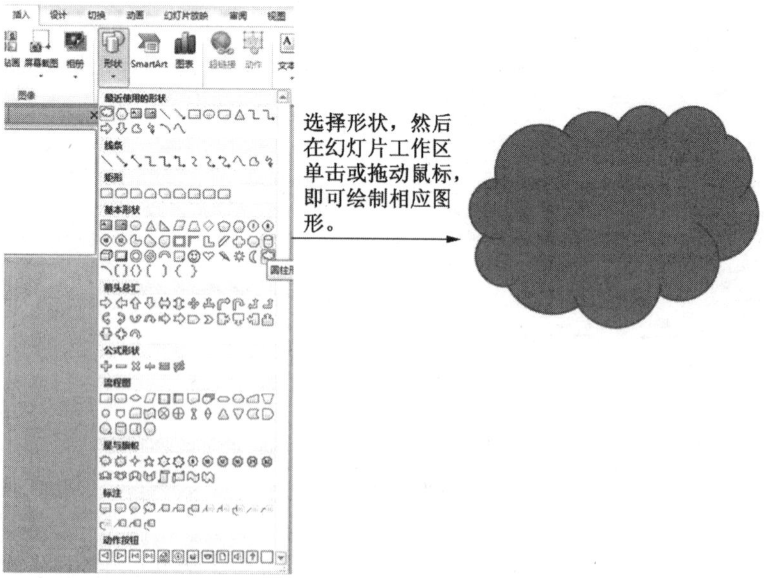

图 4-21　绘制图形

提示

1. 选择“形状”工具后直接在幻灯片中单击，可以绘制高度和宽度均为 2.54 厘米的相应图形。

2. 在绘制图形的过程中按住【Shift】键，可绘制比较规则的图形，如正圆、正方形、正多边形、正星形，以及水平或垂直直线等。

3. 在绘制图形的过程中按住【Ctrl】键，图形的绘制将会以鼠标位置为中心点向外绘制。

绘制好形状后，可进行调整大小、移动、复制、旋转等操作，还可以通过“绘图工具—格式”选项卡（如图 4-22 所示）对绘制的图形进行如改变图形的填充色、边框、效果等图形美化操作，这些操作方法均与前文所讲图片相关操作类似。

图 4-22　“绘图工具—格式”选项卡

有些图形处于选择状态时除了有 8 个调整控制点和一个旋转控制点外，还会出现一个或多个黄色菱形控制点，这些控制点是用来调整图形形状的，如调整圆角矩形圆角的大小、平行四边形的倾斜度等。图 4-23 所示是调整平行四边形和太阳形的过程。

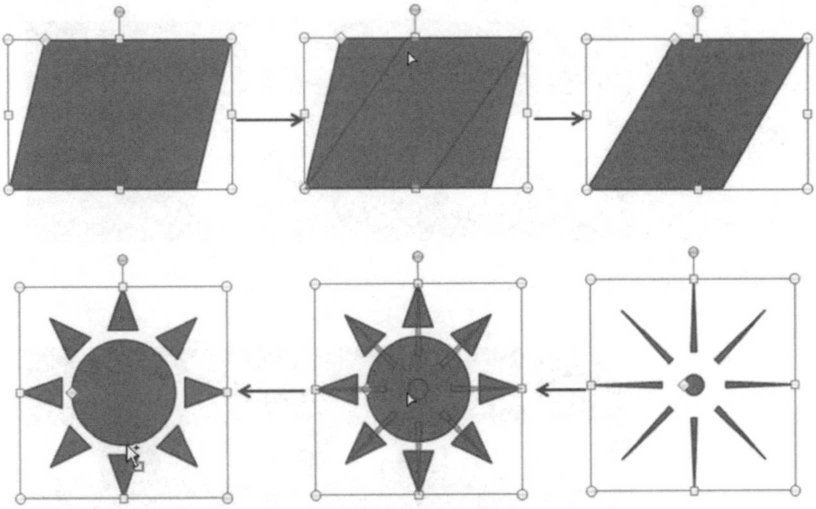

图 4-23　形状的调整

（1）改变对象的叠放次序

在绘制图形的过程中，图形的层次关系跟绘制的先后相关，最先绘制的图形将处于最下方，最后绘制的图形处于最上方，如果要调整图形的上下关系，可以通过“绘图工具—格式”选项卡“排列”组中的“上移一层”或“下移一层”命令调整图形的顺序，如图 4-24 所示，将选定的中间层图形通过“上移一层”命令调整到最上面。

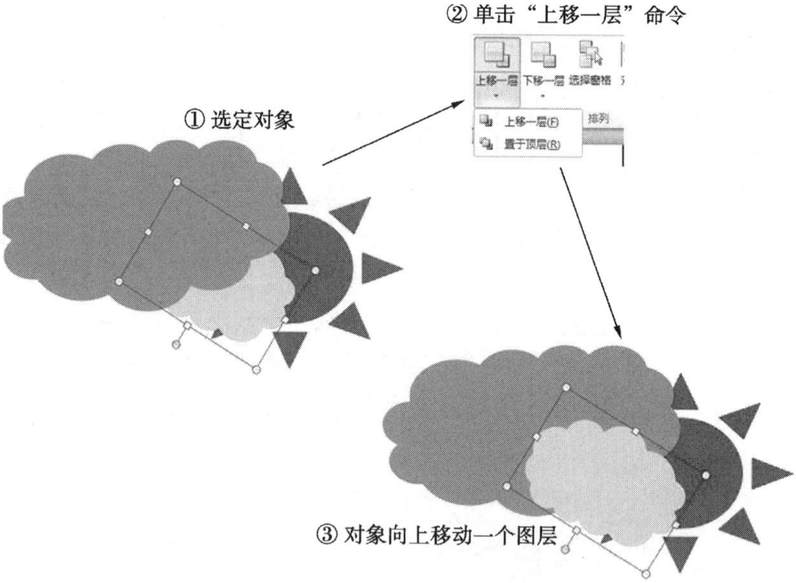

图 4-24　调整图形对象的层次关系

（2）对齐形状

先选中要设置对齐的对象，然后单击“绘图工具—格式”选项卡“排列”组中的“对齐”按钮，在展开的列表中选择一种对齐方式，即可将选定对象按照指定方式对齐，如图 4-25 所示。

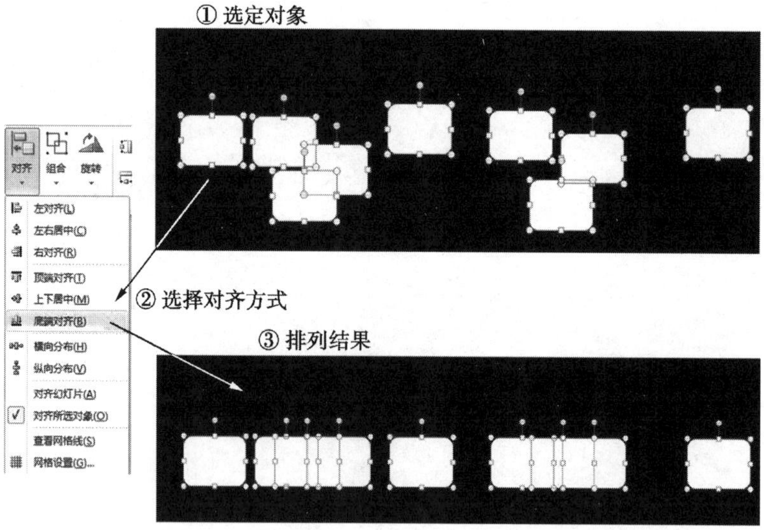

图 4-25　对齐形状

（3）分布对象

要对指定的多个对象进行水平或垂直方面的平均分布时，可首先同时选择需要平均分布的多个对象，然后单击“绘图工具—格式”选项卡“排列”组中的“横向分布”或“纵向分布”命令，使所选对象在水平或垂直方向上平均分布，即距离相等，如图 4-26 所示。

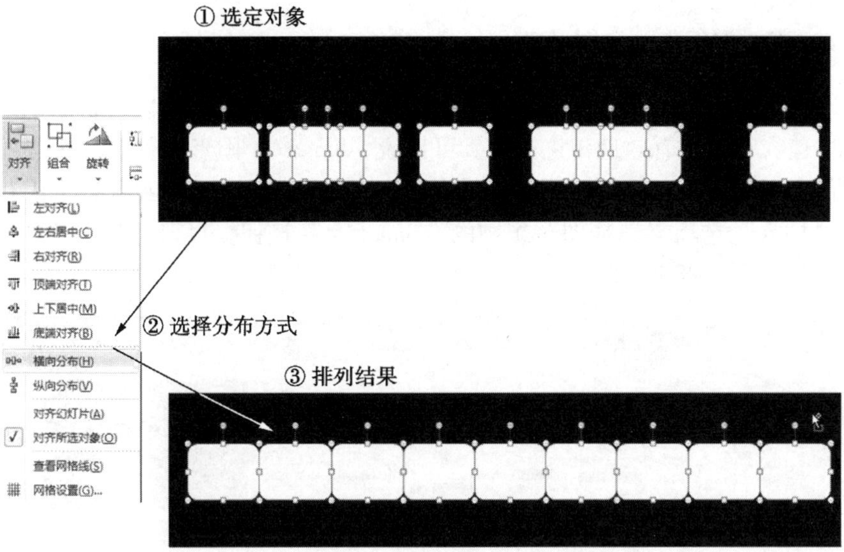

图 4-26　分布形状

提示　在幻灯片中选择多个对象可以使用【Ctrl】键和鼠标结合操作，也可以使用鼠标拖动框选的方法。

（4）在形状中添加文字

绘制好形状后，可以在其中添加文字并对文字进行格式设置，操作方法为：右击需要添加文本的形状，从弹出的快捷菜单中选择“编辑文字”命令，此时即可在形状中输入文本，文本输入完成后利用“开始”选项卡“字体”组中的按钮可设置文本的字符格式，如图 4-27 所示。

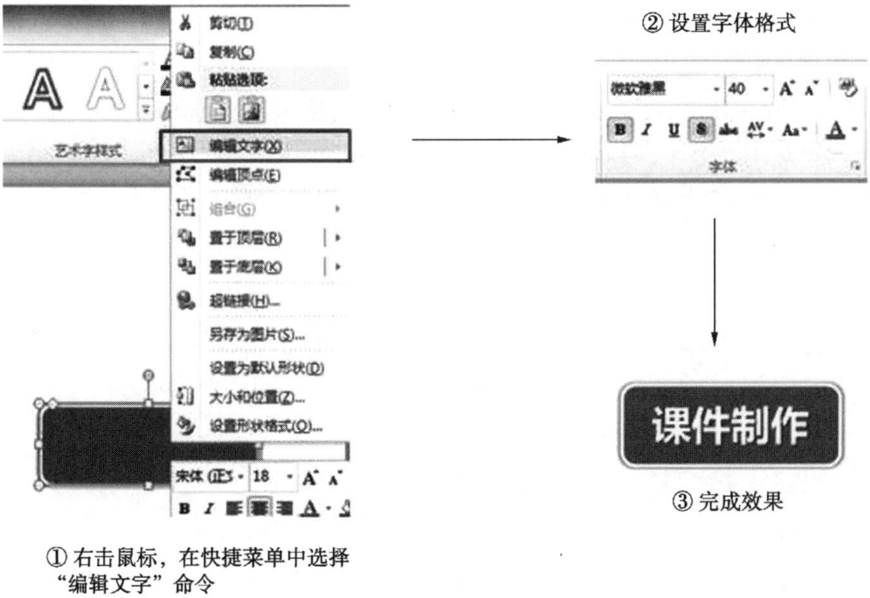

图 4-27　在形状中添加文字

四、在课件中使用 SmartArt 图形

PowerPoint 2007 已经增加了 SmartArt 图形功能，使用该功能可以轻松创建各种图形图表，从而快速、轻松、有效地传达信息。可以说，SmartArt 图形是信息和观点的视觉表示形式。课件中可以借助 SmartArt 图形来制作导航、编辑照片、演示流程、美化幻灯片等。

单击“插入”选项卡“插图”组中的“SmartArt”按钮，可以打开“选择 SmartArt 图形”对话框，如图 4-28 所示。

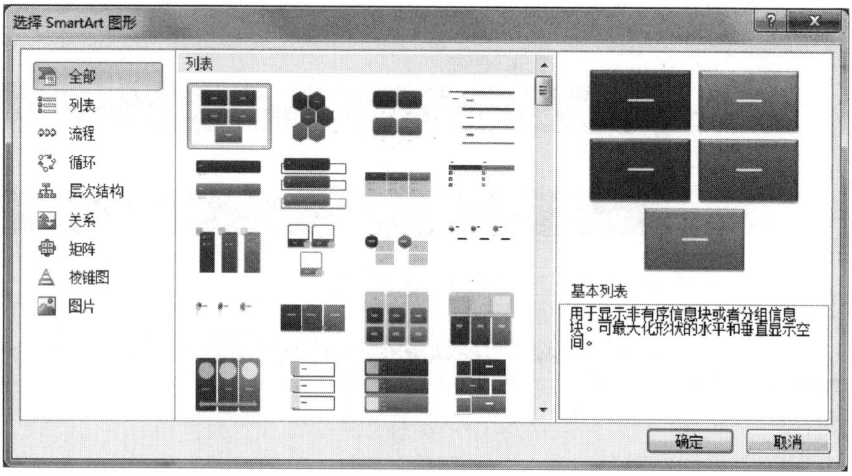

图 4-28 “选择 SmartArt 图形”对话框

该对话框左侧列表显示了 PowerPoint 提供的 SmartArt 图形种类标签；对话框中间的列表分类列出 SmartArt 图形示意图，在左侧列表中单击不同标签时，对话框中间将显示与之对应的 SmartArt 图形；对话框的最右侧为图形预览区，在中间列表单击某一个示意图时，该预览区将显示该图形的详细信息。

1. 编辑美化形状

插入 SmartArt 图形后可通过“SmartArt 工具”选项卡对 SmartArt 图形进行编辑和美化，如图 4-29 所示，其中“设计”选项卡可以修改 SmartArt 图形的布局和样式，“格式”选项卡主要对 SmartArt 图形进行格式设置，包括形状填充、轮廓、效果、文本等，其操作方法与形状格式设置相似。

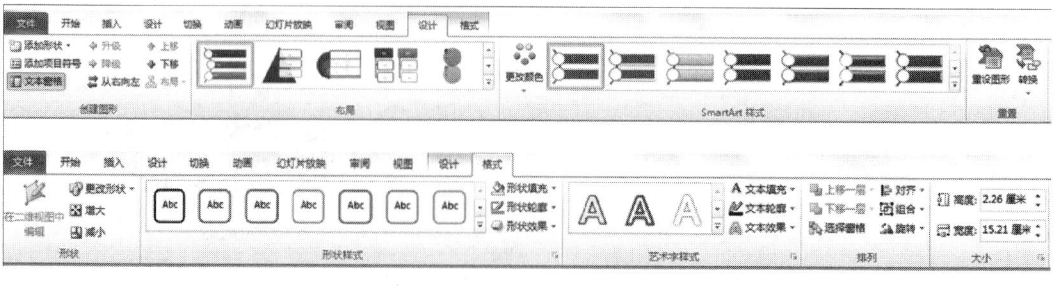

图 4-29 “SmartArt 工具”选项卡

拖动 SmartArt 图形外边框可放大或缩小 SmartArt 图形，还可以选中 SmartArt 图形后通

过“SmartArt 工具—格式”选项卡“大小”组中的相应按钮调整高度和宽度。

2. 在形状中添加文字

插入 SmartArt 形状后，会自动打开形状文本框，可以在文本窗格中输入文字，也可以直接在形状文本位置输入文本，如图 4-30 所示。

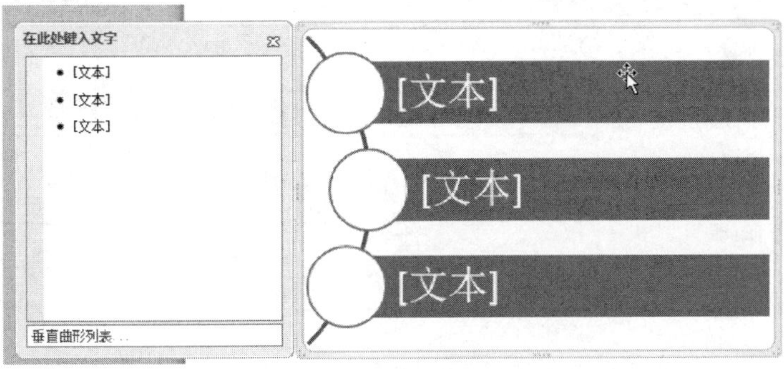

图 4-30　为 SmartArt 图形添加文本

3. 添加或者删除形状

添加形状可以通过“SmartArt 工具—设计”选项卡“创建图形组”中的“添加形状”按钮下拉列表添加所需形状，也可以在形状上右击，在弹出的快捷菜单中选择“添加形状”命令，如图 4-31 所示，还可以通过在文本窗格添加文本的方法添加形状。

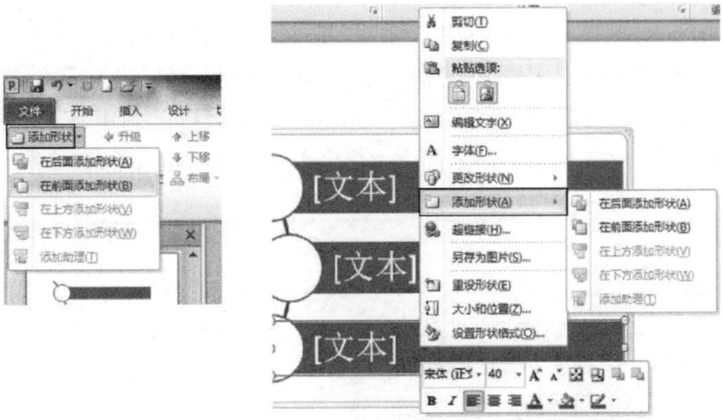

图 4-31　为 SmartArt 图形添加形状

SmartArt 中每一个形状都是独立的，需要删除其中任何一个形状时只需要选中该形状后按【Delete】键即可，或者借助文本窗格删除形状。

> **提示**　可以借助“开始”选项卡“段落”组中的“转换为 SmartArt”按钮将文本快速转换为 SmartArt 图形。

五、使用图表

与文字、数字相比，图表以其形象、简单、直观的方式更好地展示出各种数据间的关系。课件中需要表示数据对比、数据变化等关系时，可以考虑使用图表，这比文字、数字表达都更为形象、直观。

单击“插入”选项卡“插图”组中的“图表”按钮，可以打开“插入图表”对话框，如图 4-32 所示。

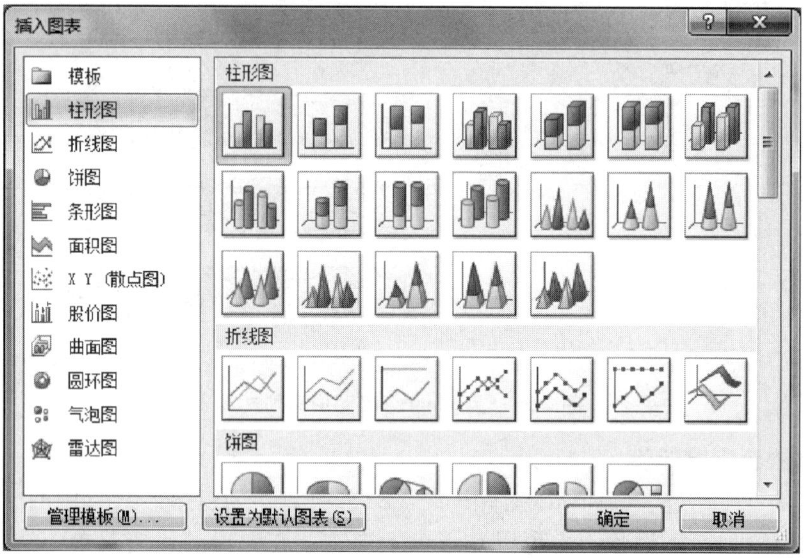

图 4-32 “插入图表”对话框

该对话框左侧列表显示了 PowerPoint 提供的图表种类标签；对话框右侧的列表分类列出图表示意图，在左侧列表中单击不同标签时，右侧将显示与之对应的图表。

选择需要的图表类型单击“确定”后，PowerPoint 会自动打开 Excel 软件，在 Excel 中编辑数据，PowerPoint 中会自动生成相应类型的图表，如图 4-33 所示。

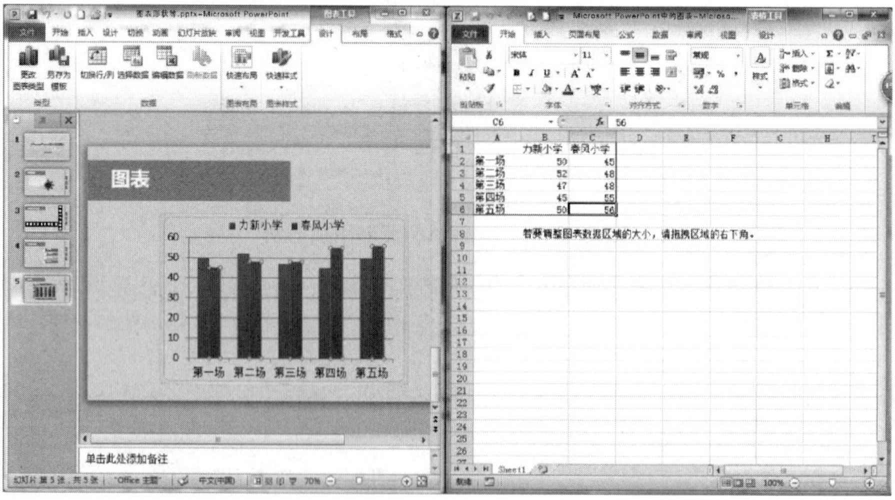

图 4-33 编辑图表

完成数据编辑后关闭 Excel 回到幻灯片编辑状态，此时可通过“图表工具”选项卡对图表进行编辑和格式设置，如图 4-34 所示。

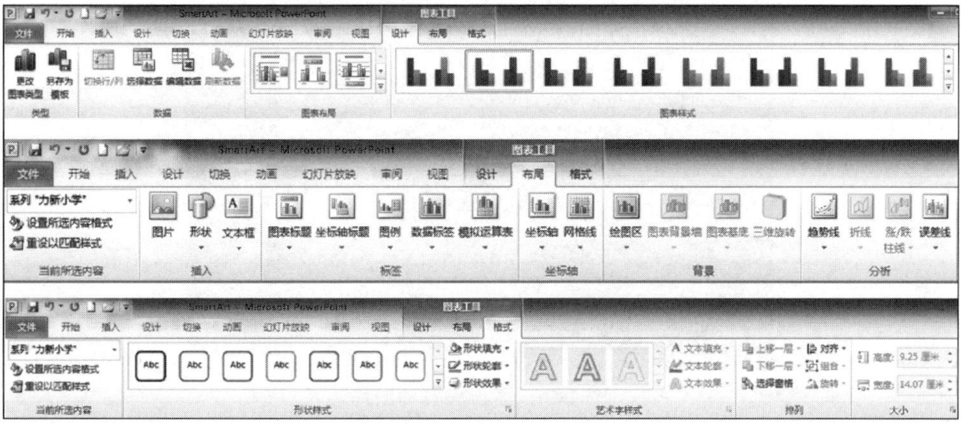

图 4-34　“图表工具”选项卡

六、课件制作中使用图片常见问题与解决方法

在课件中使用的图片如果选择恰当，不仅能够美化课件，也能够很好地吸引学生的注意力并产生强烈的震撼力。在课件中使用图片时经常容易出现以下几种问题：

1. 图片与课件主题无关

有时候课件制作者觉得课件的某些页面没有图片会显得“空洞”，为了弥补这种“空洞”就找一幅漂亮的图片添加到该页面，也不管这张图片与课件主题之间有没有关联，如图 4-35 所示。

图 4-35　图片与主题无关

解决方法

在课件的某个页面中如果没有合适的图片，那宁可不使用图片，也不要为了填补空白而选择不恰当的图片。课件中一定要选择能够表达课件主题思想的图片。

2. 变形失真

有些课件的创作者在使用图片时，只注意到照顾幻灯片的版面，在调整图片的大小时，不注意图片的比例，把图片拉长或压宽，造成图片变形失真，或者把像素较小的图片放大到模糊不清，这样看上去非常不舒服，如图 4-36 所示。虽然变形图片照顾了课件版面布局，但这种变形失真却让课件的美感失衡，影响视觉效果。

图 4-36　变形失真的图片

解决方法

选择高像素的大图片，调整图片大小时尽量等比例调整，不改变图片比例。

3. 风格不一

图片的类型很多，有写实的，有卡通的，有线条的，有中国风的，有西洋风的，不管何种风格，在同一课件中应当使用同一风格的图片。如图 4-37 所示，在一个课件中使用多种风格的图片，会让课件画面显得凌乱。在课件制作过程中，不仅同一画面不可以使用不同风格的图片，整个课件也需要使用同一风格的图片，这样课件的整体风格才能统一。

图 4-37　图片风格不一

解决方法

根据课件内容和课件使用对象，选择适合表达课件思想的图片类型，为整个课件选择同一风格图片，以保持整个课件的整体风格。

4. 信息多余

从网上下载的图片有时候会有水印或其他无关信息，有时候图片中只有一部分内容是课件所需要的，有些制作者没有对图片进行任何处理就把整个图片直接插入课件中，如图 4-38 所示，导致图片的多余信息影响课件效果或表现力。

图 4-38　图片信息多余

解决方法

使用 PowerPoint 的裁剪或删除背景功能，去除图片上的多余信息。如果 PowerPoint 不能处理，就使用其他图片处理软件，如美图秀秀、PhotoShop 等软件对有多余信息的图片进行先期处理，然后再使用。

项目实施

本项目为课件“认识时钟”添加图片，为课件绘制时钟，完善并丰富课件内容，使得课件更为丰满。

一、给课件封面添加修饰图片

为了使课件封面更丰满，更贴合课题，需要在封面页添加时钟相关图片。

步骤 1　启动 PowerPoint 应用程序，打开“认识时钟 . pptx”演示文稿。

步骤 2　选择第一张幻灯片，单击“插入”选项卡“图像”组中的“剪贴画”按钮，打开“剪贴画”任务窗格，在“搜索文字”文本框中输入文字“时钟”并单击“搜索”按钮，搜索出与时钟相关的剪贴画，选择适合本课件风格的第一幅剪贴画单击，将其插入幻灯片中，调整图片大小、角度及位置，如图 4-39 所示。

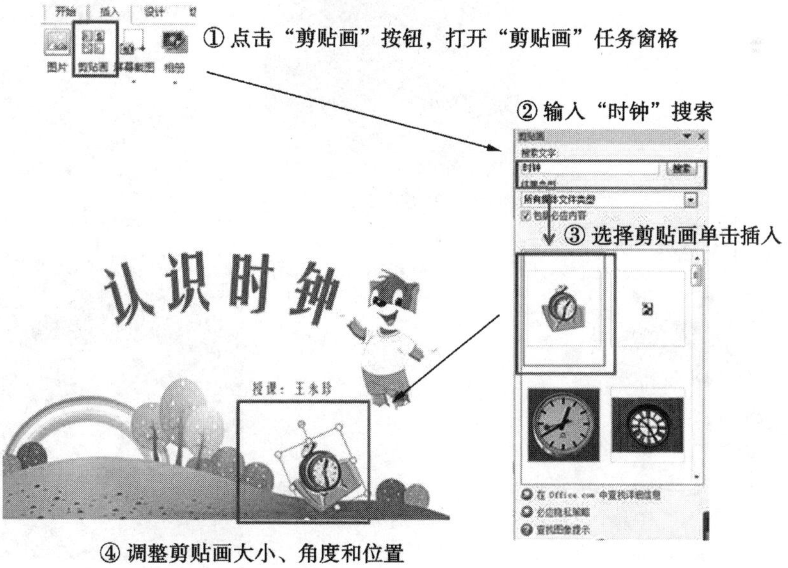

图 4-39　为封面添加剪贴画

步骤 3　单击“插入”选项卡“图像”组中的“图片”按钮，打开“插入文件”对话框，在“素材”文件夹下按住【Ctrl】键选择“闹钟”和“时钟 5”两幅图片，单击“打开”按钮，将这两幅图片同时插入幻灯片中，如图 4-40 所示。

图 4-40 插入图片

步骤 4 选择甲壳虫形状钟表图片，单击“图片工具—格式”选项卡“调整”组中的“删除背景”按钮，进入背景消除工作界面，调整删除区域大小，然后在“背景消除”选项卡的“优化”组中选择“标记要保留的区域”按钮，鼠标形状变成笔形，按下鼠标左键在要保留的区域上拖动，标记出要保留的区域，最后单击“保留更改”按钮，得到删除背景后的甲壳虫时钟，如图 4-41 所示。

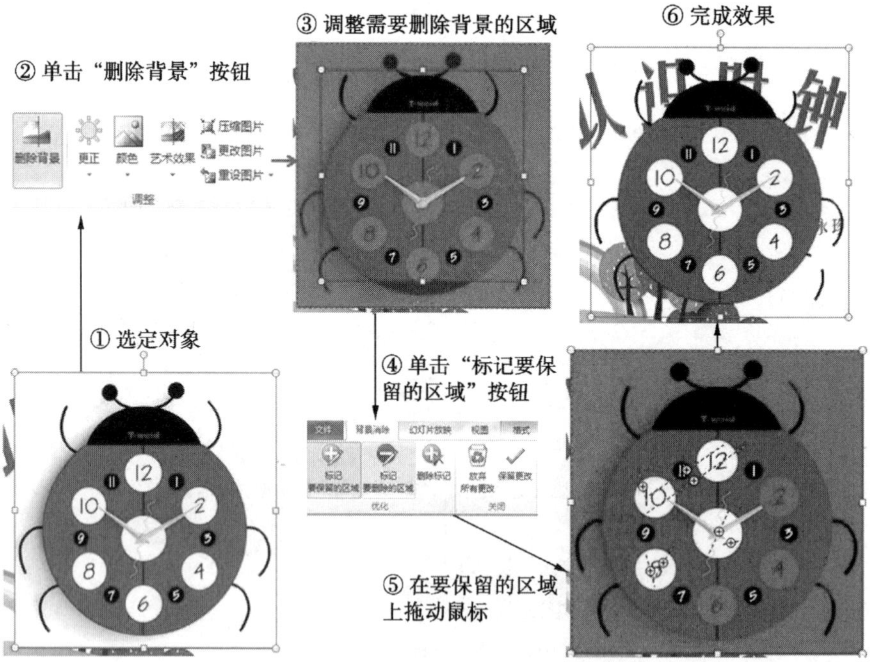

图 4-41 删除甲壳虫时钟的背景

步骤 5 调整甲壳虫形状时钟图片的大小、角度和位置，如图 4-42 所示。

图 4-42　调整图片的大小、角度和位置

步骤 6　重复步骤 4 和步骤 5，调整卡通形状时钟图片，使其背景透明，并调整大小、方向和位置，使得整张幻灯片布局合理，美观。

步骤 7　单击“开始”选项卡“编辑”组中的“选择”按钮，在下拉列表中选择“选择窗格”命令，打开“选择和可见性”任务窗格，将甲壳虫形状时钟、卡通形状时钟和通过剪贴画插入的时钟分别命名为“甲壳虫时钟”、“卡时钟”和“闹钟”，如图 4-43 所示。

图 4-43　为图片对象命名

二、设计制作“听一听”幻灯片

步骤 1　鼠标在 PowerPoint 工作区左侧窗格第一张幻灯片的缩略后单击，然后单击“开始”选项卡“幻灯片”组中的“新建幻灯片”命令下拉列表中的“内容”版式，插入一张新幻灯片。

步骤 2 单击“插入”选项卡“图像”组中的“图片”按钮，打开“插入图片”对话框，将“素材”文件夹下的“蓝猫”“房子”“小猫”“小狗”“时钟”几幅图片插入幻灯片中。依次将这些图片的背景消除并调整图片的位置和大小，使得整张幻灯片的布局如图 4-44 所示。

图 4-44　完成“听一听”页面

三、设计制作“看一看”幻灯片

步骤 1 在第二张幻灯片后插入一张“内容”版式的新幻灯片。

步骤 2 依次插入“素材”文件夹下“钟表 1”到“钟表 8”的图片，并根据需要裁剪去多余信息或删除背景，调整大小至合适，并对图片位置进行排列，如图 4-45 所示。

图 4-45　钟表图片展示布局

步骤 3　为了后期动画设置的方便，将幻灯片上所有图片重新命名，按照图片从左到右、从上到下的顺序将图片命名为图片 1、图片 2、……、图片 8。

四、绘制时钟

本案例中需要让模拟时钟运转，因此在模拟时钟运动页面，时钟需要自行绘制，这样便于利于 PowerPoint 动画功能实现模拟时钟运转方式。

步骤 1　在左侧窗格选择第四张幻灯片，进入该幻灯片的编辑状态。

步骤 2　单击“插入”选项卡“插图”组中的“形状”按钮，在下拉列表中单击“椭圆”工具，按住【Shift】键拖动鼠标在工作区绘制一个正圆，设置图形的填充色为“橙色，强调文字颜色 1，淡色 80%”，轮廓色“灰色—50%，强调文字颜色 6，深色 50%”，轮廓粗细 4.5 磅，如图 4-46 所示。

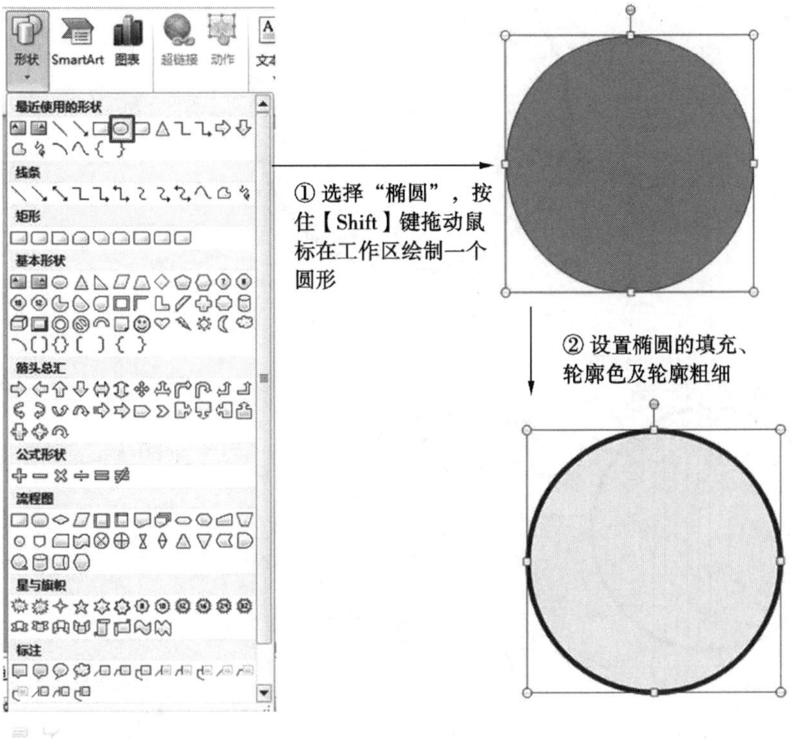

图 4-46　绘制圆形

步骤 3　单击“绘图工具—格式”选项卡“插入形状”组中的“直线”形状，按住【Shift】键拖动鼠标在圆形内部绘制一条垂直的线，设置线条的轮廓色为“灰色—50%，强调文字颜色 6，深色 50%”，轮廓粗细 2.25 磅，如图 4-47 所示。

步骤 4　复制 5 条相同的直线，选中其中一条直线，单击“绘图工具—格式”选项卡“排列”组中“旋转”按钮下拉列表中的“其他旋转选项”命令，打开“设置图片格式”对话框，设置旋转角度为 30°，关闭“设置图片格式”对话框。用同样的方法把其他 4 条直线分别旋转 60°，90°，120°，150°，如图 4-48 所示。

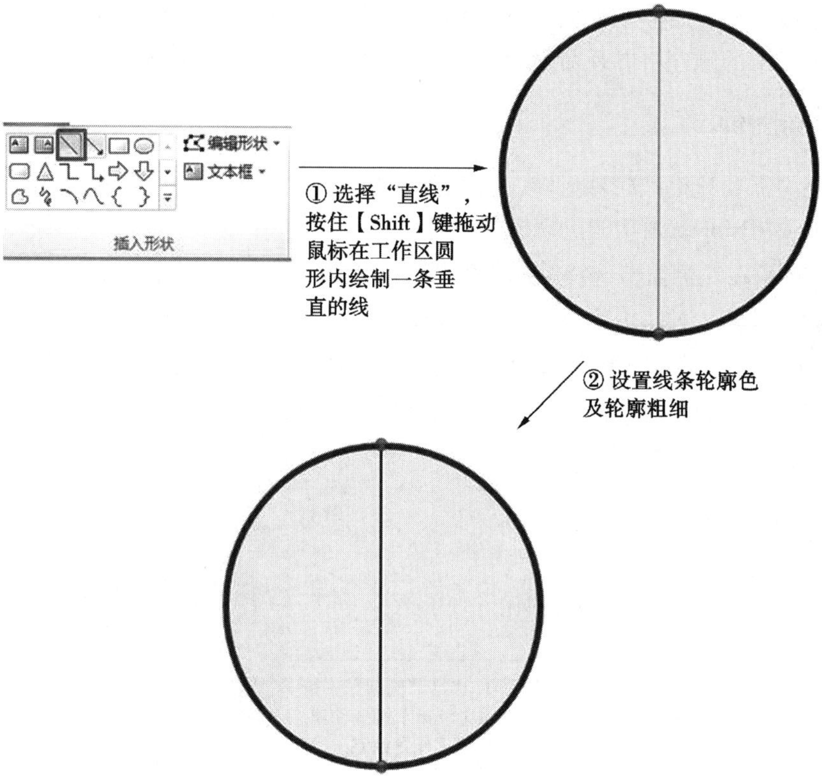

图 4-47　绘制直线

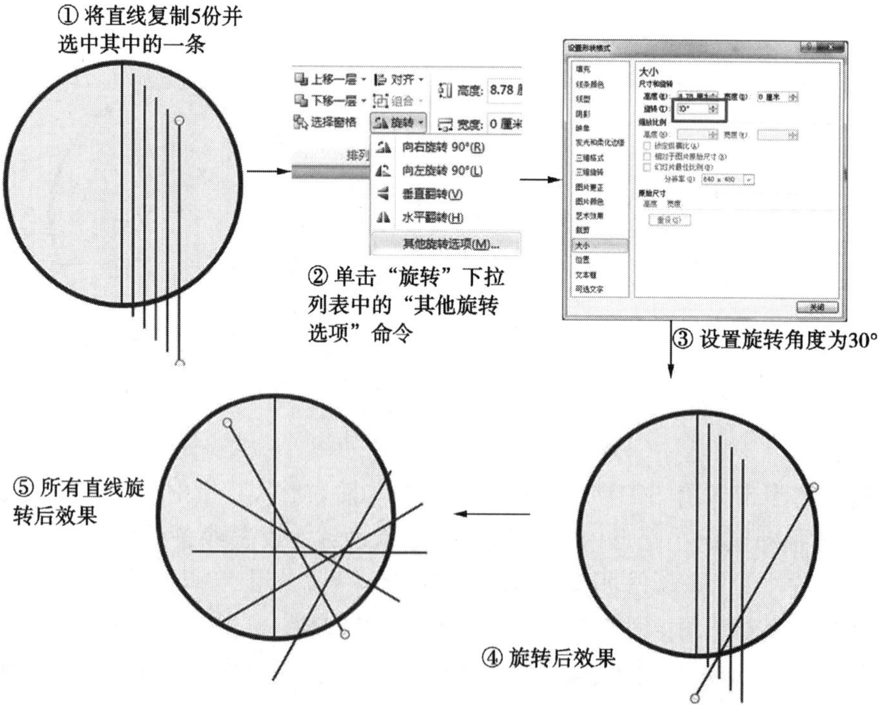

图 4-48　旋转直线

步骤 5　同时选择 6 条直线，单击“排列”组中的“对齐”按钮，在下拉列表中先后单击“左右居中”和“上下居中”命令，将直线排列整齐作为时钟刻度，如图 4-49 所示。

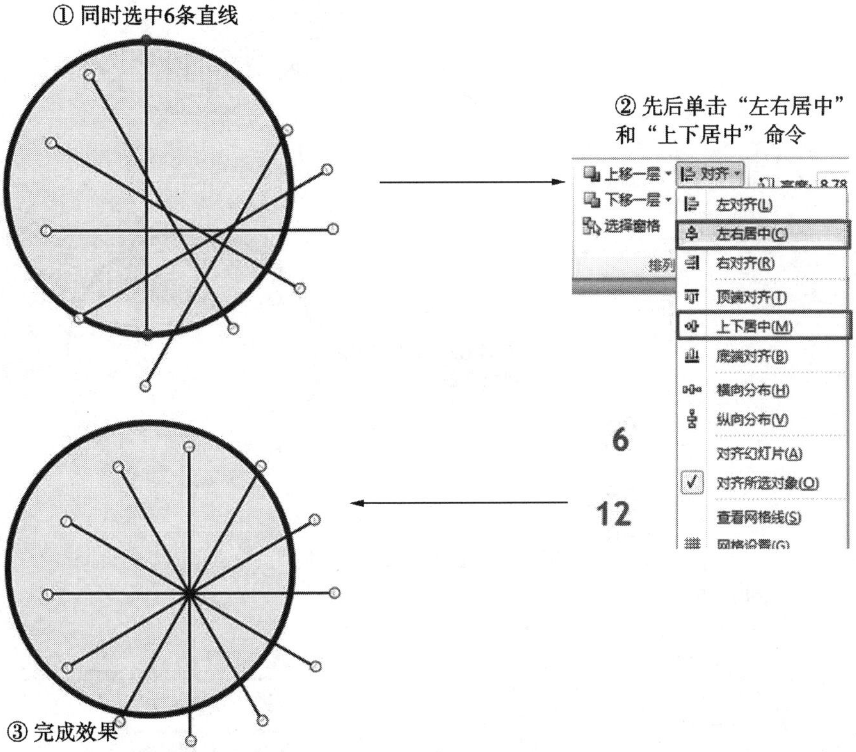

图 4-49　对齐直线

步骤 6　单击“绘图工具—格式”选项卡“插入形状”组中的“椭圆”形状，鼠标移到之前绘制好的圆形中心位置，同时按住【Ctrl】键和【Shift】键并拖动鼠标在圆形内部绘制一个圆形，比之前的圆形稍小，设置该圆的填充色为“橙色，强调文字颜色 1，淡色 80%”，无轮廓色，如图 4-50 所示。

步骤 7　同时选择大圆、直线组合对象和小圆，单击“排列”组中的“对齐”命令，在下拉列表中先后选择“左右居中”和“垂直居中”，把所有对象上下左右对齐，如图 4-51 所示。

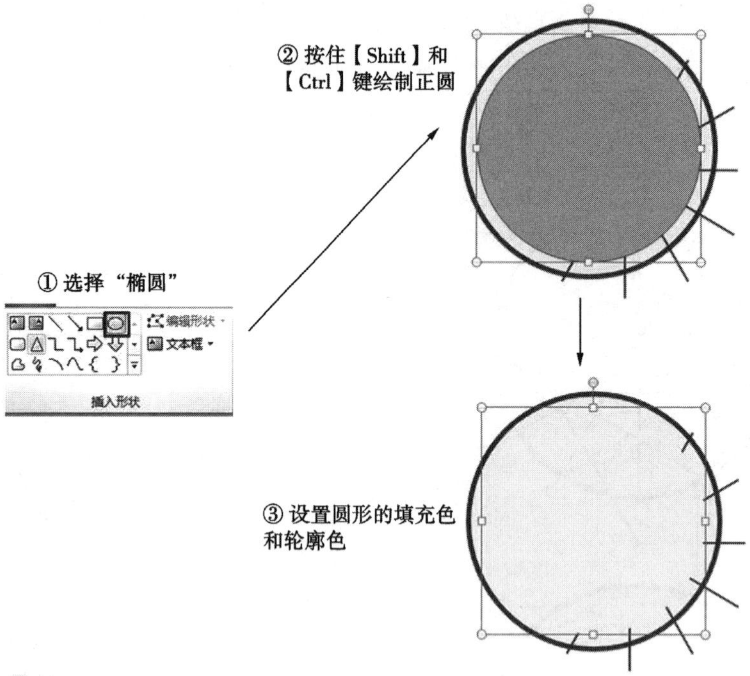

图 4-50　绘制圆形形成钟面

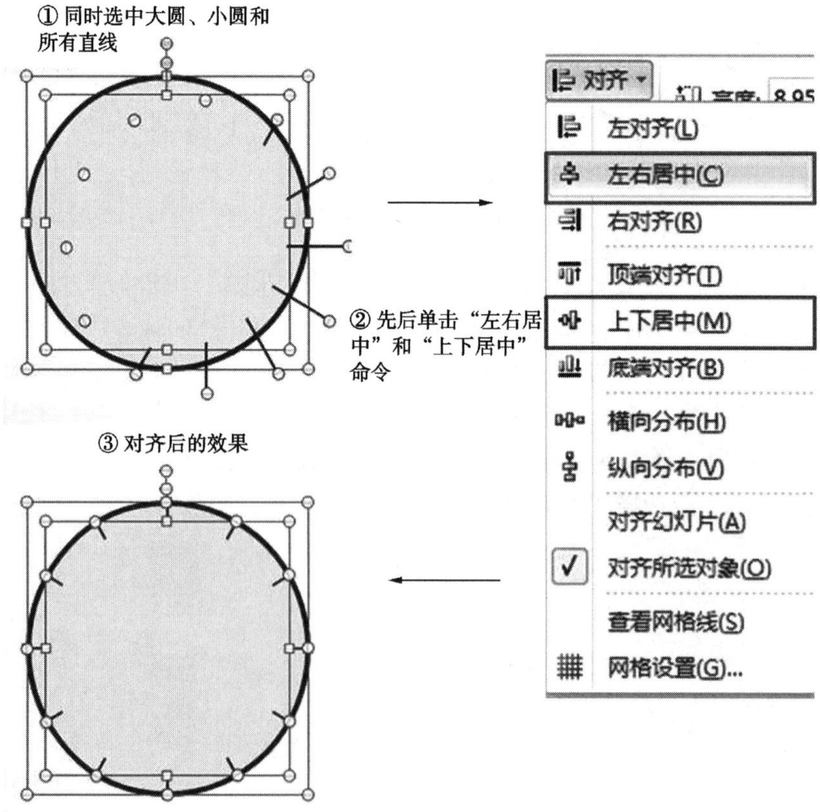

图 4-51　对齐所有对象

步骤 8　保持各对象的选择状态，单击“排列”组中的“组合”按钮，在下拉列表中单击“组合”命令，将所有直线、圆形等组合成一个对象，命名为“钟面”，这样有利于后面对图形的排列。

步骤 9　接下来要为钟面添加数字指针了。单击“插入”选项卡“插图”组中的“形状”按钮，在下拉列表中单击“等腰三角形”对象，在钟面上绘制一个三角形，为三角形设置填充色为“灰色—50%，强调文字颜色 6，深色 50%”，无轮廓色，作为分针。

步骤 10　同时选择分针和已经组合成整体的钟面，单击“绘图工具—格式”选项卡中的“排列”按钮，在下拉列表中选择“左右对齐”命令，将分针与表面左右对齐，如图 4-52 所示。

图 4-52　绘制并对齐分针

步骤 11　用同样的方法绘制时针并调整角度。

步骤 12　使用椭圆形工具结合【Shift】键绘制一个小圆，设置小圆的填充色为“白色”，轮廓色为“灰色—50%，强调文字颜色 6，深色 50%”，调整位置至钟面的中心。

步骤 13　使用文本框分别书写 1—12 共 12 个数字，设置文字字体颜色为“橙色，强调文字颜色 1，深色 50%”，调整每个文本框的位置到时钟刻度附近，完成效果如图 4-53 所示。

图 4-53　时钟完成效果

步骤 14　使用等腰三角形对象，绘制一大一小两个三角形，设置其填充色为标准色的红色，无轮廓色，将其分别放置在文本框“时针:”和“分针:”下面，完成效果如图 4-54 所示。

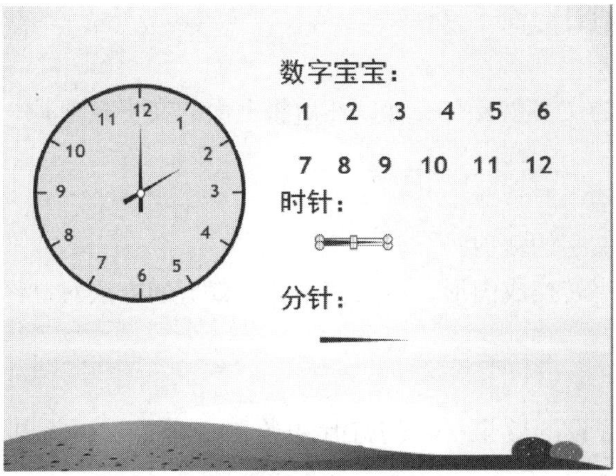

图 4-54　“认识时钟”页面完成效果

步骤 15　选中第 4 张幻灯片中的时钟，将其复制到紧接其后的两张幻灯片中，调整到合适的位置，并适当调整时针和分针的位置及颜色，如图 4-55 所示。

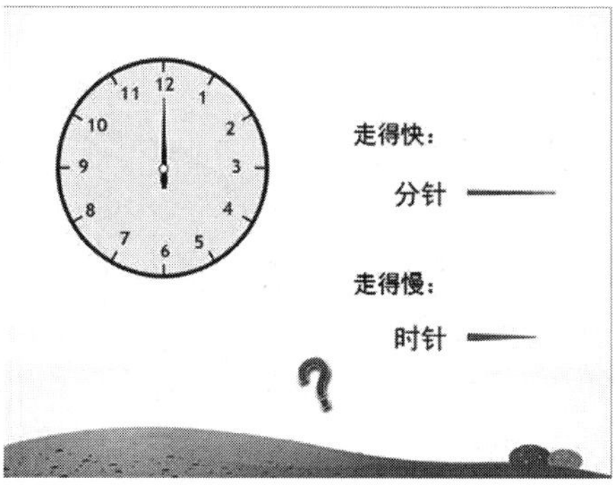

(a) 模拟时针运转页面效果

(b) 游戏页面效果

图 4-55　时钟复制调整完成效果

步骤 16　在快速访问工具栏中单击“保存”按钮，完成《认识时钟》课件的图片添加。

拓展视野

图片在课件中应用范围非常广泛，使用方法各式各样，下面就通过几个案例介绍图片的其他应用方法。

一、双色字

双色字是指一个字有两种颜色，我们经常利用这种双色字美化标题，形成一种视觉冲击，达到特殊的艺术效果。

本例利用双色字设计封面。

1. 设计思路

将两种不同颜色的文字重合在一起，然后将上面的文字裁剪掉一部分，达到双色字的视觉效果。

2. 难点及解决方法

难点：怎样进行文字的裁剪？

解决方法：将文字转换成图形，然后使用图片裁剪的方法对已经转换成图形的文字进行裁剪。

3. 主要步骤

步骤 1　按照预设的效果，在幻灯片中绘制一个矩形，将其填充为黑色，无轮廓色，作为背景，如图 4-56 所示。

图 4-56　处理背景

步骤 2　插入横排文本框，输入文字“黑与白”，设置字体为“华文隶书”，加粗，120 磅。

步骤 3　选中文本框，单击“开始”选项卡“剪贴板”组中的“复制”命令，将文本复制到剪贴板，紧接着单击“粘贴”命令下的“图片”按钮，将文字粘贴为图片。

步骤 4　修改文字的字体颜色为“白色”，选择“剪切”命令将文本剪到剪贴板中，右击鼠标，在弹出的快捷菜单中选择“粘贴”选项中的“图片”命令，将白色文字也保存为图片。

步骤 5　同时选择两种颜色的文字图片，使用“对齐”命令，将两幅图片上下左右对齐，使其完全重合并调整位置如图 4-57 所示。

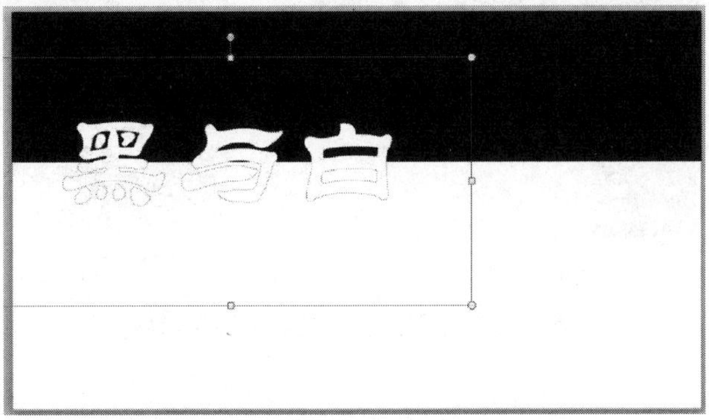

图 4-57　将两张图片完全重合并调整位置

步骤 6　选择位置上方的白色文字图片，单击“图片工具—格式”选项卡“大小”组中的“裁剪”按钮，将鼠标移到白色文字图片的下边缘处，单击该处控制点向上拖动至黑色矩形的下边框处，再单击“裁剪”按钮，将白色文字图形的下半部分裁剪掉，即可实现黑白双色字效果，如图 4-58 所示。

步骤 7　在幻灯片中绘制图形，插入图片和文字，对封面进行修饰，即可得到如图 4-59 所示课件封面效果。

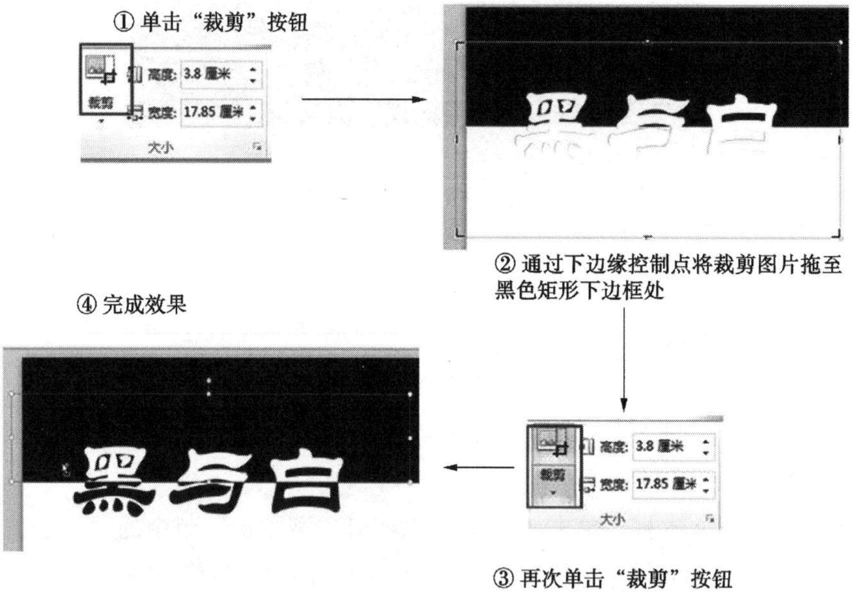

图 4-58　裁剪图片，实现双色字效果

图 4-59　使用双色字特效的课件封面

二、绘制田字格

在小学语文课件中，经常会有识字的内容，要求展示汉字的书写及读音，而将汉字书写规范往往需要田字格的辅助，那么在课件中如何绘制田字格呢？

本例介绍利用图形功能绘制田字格的方法。

1. 设计思路

利用矩形的直线进行组合。

2. 主要步骤

步骤 1　单击“插入”选项卡“插图”组中的“形状”按钮，在下拉列表中选择“矩形”工具，按住【Shift】键同时拖动鼠标绘制一个正方形，设置正方形无填充色，设置合适的轮廓色和轮廓粗细。

步骤 2　选择“直线”工具，将鼠标移到正方形一边的中点，此时正方形四边的中点控制点变成红色，在其中一个红色控制点上按下鼠标左键拖动至对边的红色控制点上，即可绘制一条将正方形等分的直线，设置直线的轮廓色及粗细，如图 4-60 所示。

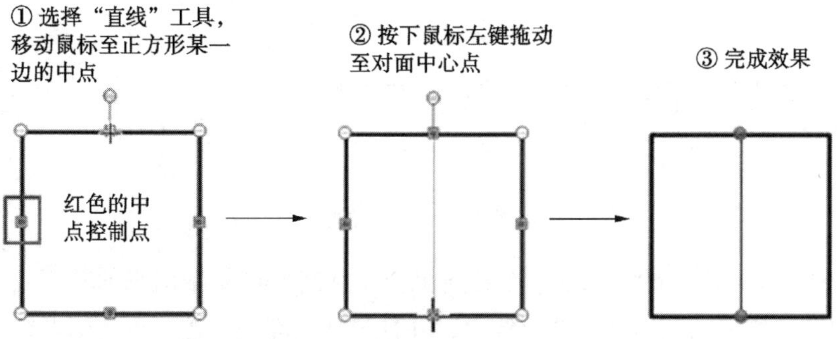

图 4-60　绘制直线将正方形等分

步骤 3　用同样的方法绘制另外一条直线，这样田字格就完成了。为了方便移动，可以将正方形和两条直线同时选中，然后组合成一个对象。

步骤 4　如果需要米字格，只需要再绘制两条对角的斜线即可。书写汉字时使用文本框，书写好后与田字格或米字格对齐即可，如图 4-61 所示。

(a) 田字格　　(b) 米字格

图 4-61　在田字格和米字格中书写汉字

3. 应用拓展

可以使用绘制田字格同样的方法，利用圆形边框上的 6 个红色控制点绘制直线，将圆形六等分。要将圆形分成更多的等分，就要重复前面学习的绘制时钟钟面的方法，然后将直线进行适当角度的旋转即可。还可以借助绘制时钟钟面相同的方法绘制雪花等类似有规则的图形。

下面以绘制雪花形状的窗花为例，介绍绘制这种有规则图形的方法。

步骤 1　单击“插入”选项卡“插图”组中的“形状”按钮，在下拉列表中选择“直线”工具，按住【Shift】键同时拖动鼠标在幻灯片上画一条直线，设置直线的轮廓色和轮廓粗细。

步骤 2　选择“菱形”工具绘制一个小菱形，设置菱形的填充色为“无”，轮廓色和轮廓粗细与直线相同，同时选择菱形和直线，将两者垂直居中对齐。

步骤 3　再次选择“直线”工具，绘制一条倾斜的短线，设置直线轮廓色与轮廓粗细与第一条直线相同。

步骤 4 将该短线复制 4 份，移动最下面一条短线至适当位置，同时选择所有短线，使用对齐命令使其对齐并垂直分布，分布完成后将所有短线组合后复制一份，将复制出来的图形水平翻转并调整位置形成雪花的一个花瓣，如图 4-62 所示。

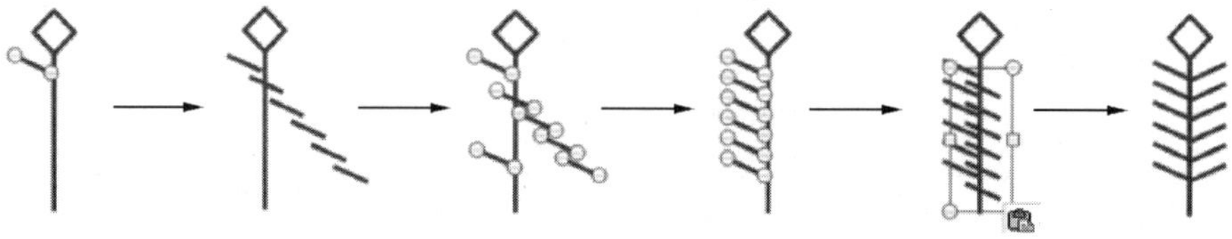

图 4-62 绘制形状

步骤 5 将绘制好的雪花的一个花瓣组合并复制，将复制出来的花瓣垂直翻转并调整位置，使其与原来的花瓣在一条直线上，并且与其底部相连接，再将两者组合。

步骤 6 选中组合对象，复制 2 份并分别旋转 60°和 120°。

步骤 7 绘制一个小的正六边形，将其旋转 30°。

步骤 8 同时选中画面中所有的对象，使用“对齐”命令使其上下左右均对齐，完成雪花窗花的绘制，如图 4-63 所示。

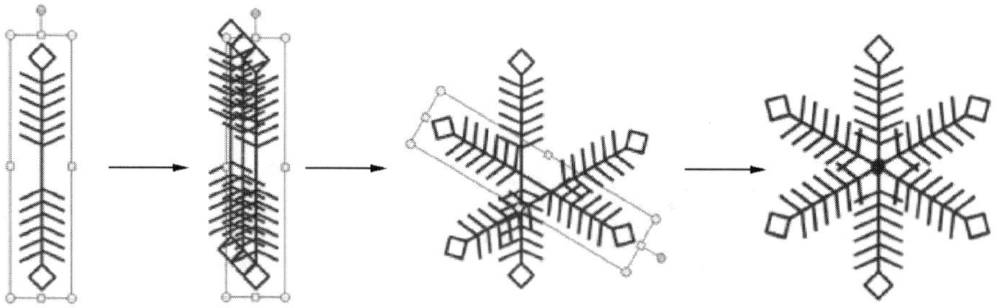

图 4-63 复制并旋转对象

用同样的方法可以绘制各类规则图形，需要注意的是，要根据规则图形的组成数量计算旋转角度。

三、“谁咬了我的巧克力”课件制作

课件制作中，经常需要使用一些不规则图形，比如用一个形状来表示被咬去一角的巧克力。

1. 设计思路

利用一个形状去裁剪另外一个形状，得到想要的图形。

2. 难点及解决方法

难点：怎样实现图形的裁剪？

解决方法：借助于 PowerPoint 2010 新增的形状组合设计功能。

形状组合设计功能，包括形状剪除、形状交点、形状联合和形状组合。默认情况下，这些功能不出现在任何选项卡命令中，要想使用它们，首先要把这些功能在选项卡中显示出来。

具体设置：在 PowerPoint 中单击“文件”选项卡，在菜单中选择“选项”命令，打开“PowerPoint 选项”对话框，选择“自定义功能区”选项。通过该选项将不在功能区的命令形状剪除、形状交点、形状联合和形状组合添加到主选项卡，添加位置可以自行定义（本例添加到“开始”选项卡），具体操作如图 4-64 所示。

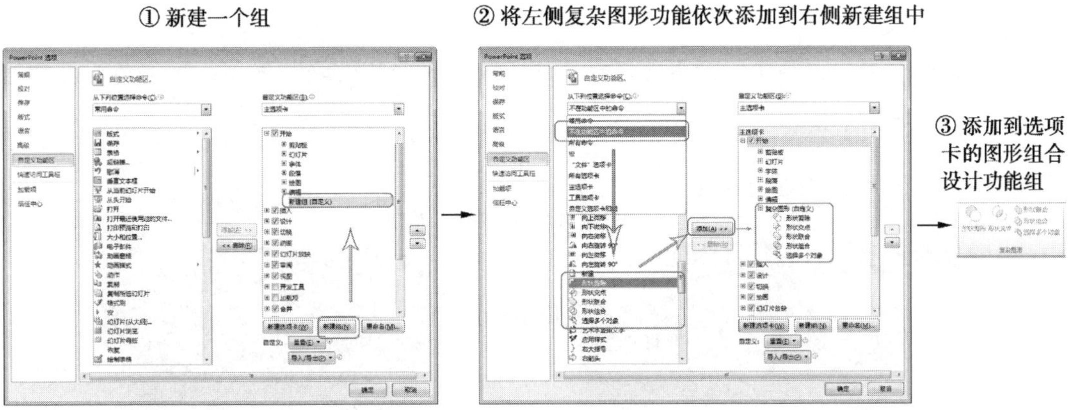

图 4-64　添加组合形状功能到选项卡

利用这些命令可以更好地对绘制的图形进行组合，其基本功能如图 4-65 所示。

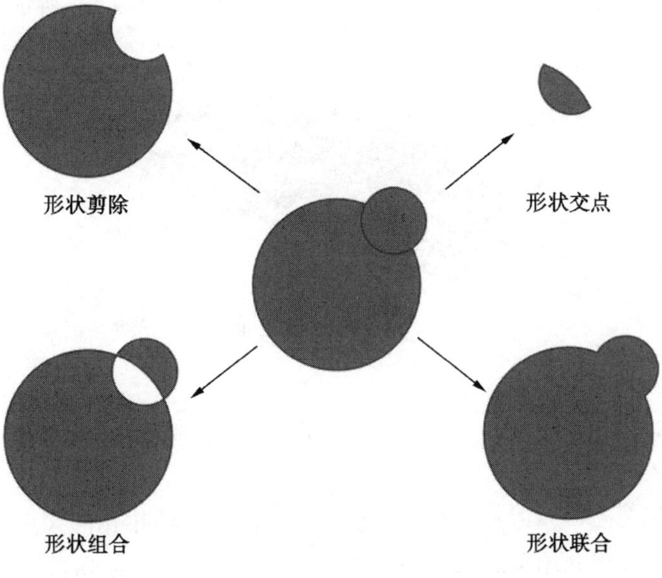

图 4-65　形状组合设计功能

提示　在进行形状剪除时，PowerPoint 是用先选中的形状去剪除后选中的形状，因此两个对象选择的先后顺序对剪除后图形的形状起着决定性作用。

3. 主要步骤

步骤 1 打开“PowerPoint 选项”对话框，将形状组合的几个功能添加到“开始”选项卡。

步骤 2 使用“圆角矩形”和“椭圆”工具绘制一个圆角矩形和一个圆，并对两者进行位置的调整。

步骤 3 先选择圆角矩形再选择圆，然后单击“形状剪除”按钮，将圆角矩形剪掉一角，如图 4-66 所示。

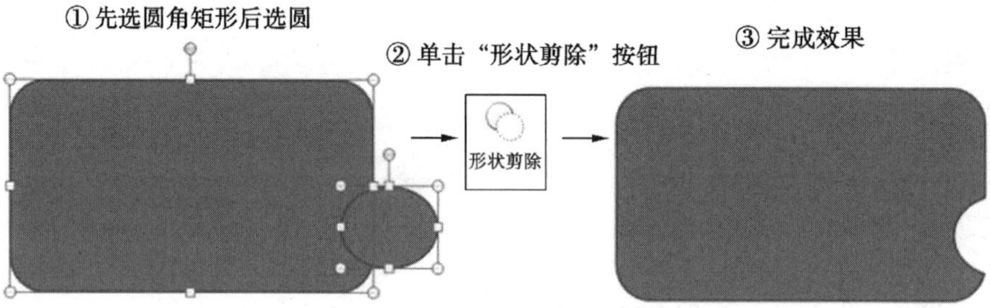

图 4-66 形状剪除

步骤 4 设置图形的填充色、轮廓色及三维效果，如图 4-67 所示。

图 4-67 完成效果

4. 应用拓展

形状的组合设计功能应用范围比较广泛，很多特殊图形的绘制都需要用到这一功能，比如奥运五环的绘制。

奥运五环看起来简单，但在绘制的过程中，要把几个环相扣的交点体现出来，则需要一些小技巧。下面简单介绍奥运五环的绘制。

步骤 1 首先绘制出一个环形。这比较简单，先绘制两个大小不等的圆，使用排列工具使两者上下左右对齐，再对这两个圆形进行形状剪除，即可得到一个环形。

步骤 2 将完成的环形复制 4 份，5 个环分别设置填充色为蓝色、黑色、红色、黄色和绿色，无轮廓色。

步骤 3 利用“绘图工具—格式”选项卡“排列”组中的“对齐”命令，对 5 个环进行排列，完成效果如图 4-68 所示。

图 4-68　排列好的五环

步骤 4　使用“空心弧”工具绘制一个比环稍粗的弧，调整该弧的位置使其位于蓝色环与黄色环相交的左侧交点处。

步骤 5　先选择蓝色的环形，再选择弧，然后单击“形状剪除”即可得到两环相扣的效果，如图 4-69 所示。

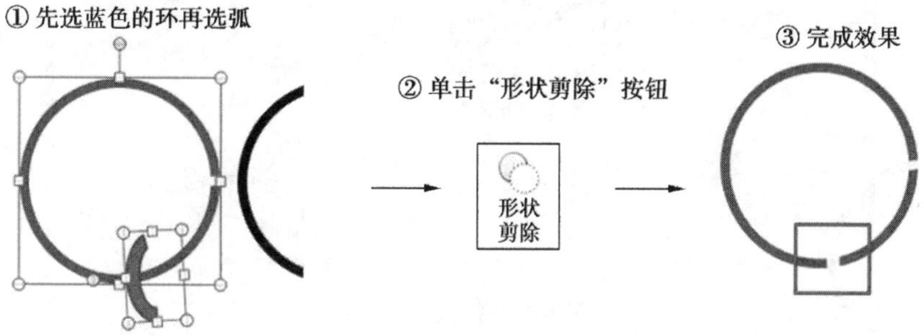

图 4-69　实现两环相扣效果

步骤 6　用同样的方法对其他两环相交处进行处理，得到的最终效果如图 4-70 所示。

图 4-70　奥运五环完成效果

步骤 7　可以对完成图形进行形状效果设置，实现一些特殊效果，如三维、阴影等。

四、缩略图效果

有些课件需要对大量图片进行演示，一般情况下都是一张连着一张，无法自主选择顺序演示图片，除了使用超链接外（后文将会讲解），有没有其他方法能够让操作者自主选择图片的展示顺序呢？另外，一张幻灯片中并列排放多张图片时，如果需要放大其中某张图片，如何实现呢？

1. 设计思路

在课件中插入仅一张幻灯片的 PowerPoint 演示文稿，将需要展示的图片放置于该演示文稿的幻灯片中。

2. 主要步骤

步骤 1 单击“插入”选项卡“文本”组中的“对象”按钮，弹出“插入对象”对话框，再单击“新建”选项，在对象类型中选择“Microsoft PowerPoint 演示文稿”，然后单击“确定”按钮，如图 4-71 所示。

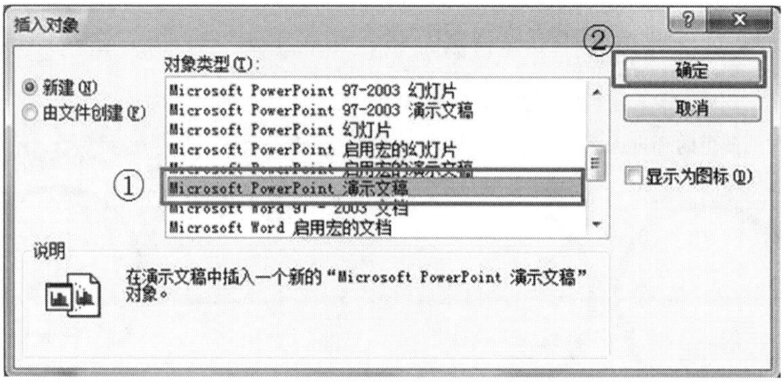

图 4-71 插入演示文稿

步骤 2 单击“插入”选项卡“图像”组中的“图片”按钮，插入图片，调整图片大小使其布满整个幻灯片。

步骤 3 单击幻灯片空白处，退出幻灯片中演示文稿的编辑状态。可通过“绘图工具—格式”选项卡为插入的演示文稿对象添加边框进行装饰。

> 提示
> 1. 如果需要插入多个演示文稿，可以通过复制的方式减少操作步骤。
> 2. 双击插入的演示文稿，可对演示文稿进行编辑、修改。

3. 应用拓展

如图 4-71 所示，如果插入对象时选择“由文件创建”选项，则可以插入已经存在的 PowerPoint 文件。这样就实现了“积件”的概念，只要把每一个知识点做成独立的演示文稿，然后借助插入对象的方法插入不同的课件中，就可以实现利用 PowerPoint 管理 PowerPoint 的目的。

插入的文档不受正在编辑课件模板与风格的影响，这样就在一定程度上实现了内容与外观的分离；同时，插入的 PowerPoint 文件并不局限于图片文件，还可以是视频（可以用来实现点播功能）及其他内容，也可以有多张幻灯片。

五、巧排图片

不少课件中会使用大量的图片，对图片的排版往往比较费时，且难以达到理想的效果。如何快速对大量图片进行编排并实现图文混排且美观大方的效果呢？

1. 设计思路

使用 SmartArt 图形对图片进行快速编排，实现图文混排的效果。

2. 主要步骤

步骤 1　插入需要编排的图片，将图片冗余信息删除。

步骤 2　选中所有图片，单击“图片工具—格式”选项卡“图片样式”组中的“图片版式”按钮，在下拉列表中选择合适的 SmartArt 图形样式，如图 4-72 所示。

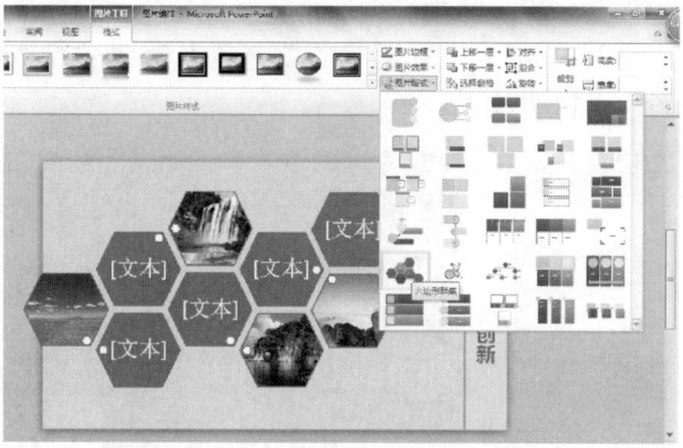

图 4-72　使用 SmartArt 编排图片

步骤 3　输入需要的文本并适当调整 SmartArt 中每个图形的位置。

3. 应用拓展

使用 SmartArt 形状除了可以用来快速排列图片外，还可用来制作创意图表、循环图、流程图、层次结构等。图 4-73 所示是借助 SmartArt 图形来表示时间线。

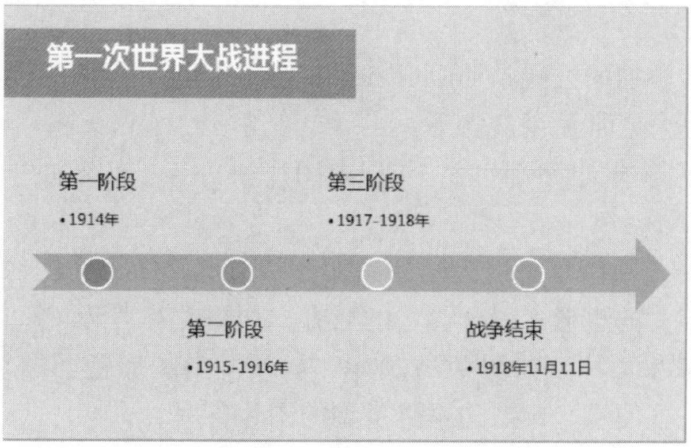

图 4-73　使用 SmartArt 图形表示时间线

六、半透明图像

在课件制作过程中，为了突出某些效果，需要对图片进行半透明化处理，营造出“犹抱琵琶半遮面”的意境，但 PowerPoint 中无法直接修改图片的透明度，那如何实现这种半透明的效果呢？

1. 设计思路

通过在图片上叠加自绘的图形，改变自绘图形的填充透明度，从而改变图片的显示效果。

2. 主要步骤

步骤 1 在幻灯片中插入需要的图片。

步骤 2 使用“形状”功能绘制一个形状，设置形状的轮廓色为无，打开“设置形状格式”对话框，如图 4-74 所示，设置形状的填充色及透明度，然后将绘制的形状重叠到图片上方，即产生图片半透明效果。

图 4-74 “设置形状格式”对话框及实例

通过 PowerPoint 绘图工具绘制的对象，都可以使用多种方式填充。其中渐变填充，还可以实现更丰富的透明度变化的显示效果。

3. 应用拓展

利用形状或图片叠加的方式是 PowerPoint 图片处理非常实用的手法，巧妙使用该方法可以让图片更具有创意，常见用法如下：

（1）当背景图片影响文字阅读时，可以在图片和文字之间添加一个半透明图像来解决这一问题。

（2）利用填充和自绘图形可以为图像添加各种边框。如想为图像添加一个双线边框，可以绘制两个大小不一的矩形，置于图像的后方，如图 4-75 所示。

（3）制作便签效果图片。如图 4-76 所示，将便签类图形置于图片的下方即可，因此平时可以注意收集一些便签、邮票边框等类型的图片备用。

（4）利用形状工具绘制多边形置于图片后方，可制作剪纸效果，如图 4-77 所示。

（5）运用形状组合可制作电影胶片效果，如图 4-78 所示。

图 4-75　制作图像边框

图 4-76　便签效果

图 4-77　剪纸效果

图 4-78　电影胶片效果

项目五 让PowerPoint课件动起来

在多媒体课件中，动画借助其丰富多变的效果能够更好地吸引学生的注意力，使其保持持久的关注，从而更好地体现多媒体课件的优越性。PowerPoint 中动画是一项重要技术，也是幻灯片中使用较多的功能之一。PowerPoint 课件中使用动画技术既可以使课件中的各环节按要求产生动态效果，也能让课件各环节的转场更加流畅自然。借助动画技术可以增强课件的灵动性，让课件的各要素以活动的方式展示出来，增加课件的可观性，使其更具有吸引力。

项目向导

本项目是为课件《认识时钟》设置动画效果，为课件中的对象添加特殊的视觉效果，使课件更为灵活、生动，更能体现主题。

需要完成的主要操作：

◆ 让蓝猫的客人逐个出现；

◆ 为各类钟表添加出现和消失效果，使得钟表依次出现并排列；

◆ 制作一个模拟时钟运转的动画；

◆ 完成“认整点”游戏动画；

◆ 设置各环节之间场景的切换。

需要掌握的主要技能：

◆ 各动画类型的区别及特点；

◆ 动画窗格的使用；

◆ 动画效果选项的设置；

◆ 计时选项的设置；

◆ 动画刷的使用；

◆ 合理调整动画对象的顺序；

◆ 添加幻灯片切换动画并合理设置。

相关知识

一、PowerPoint 中为对象设置动画的方法

在 PowerPoint 课件中可添加的动画类型主要分为两种：一种是为幻灯片内部各对象设置的动画，称为自定义动画；另一种是幻灯片与幻灯片之间的切换动画，称为幻灯片切换。

在 PowerPoint 中，提供了 4 种类型的自定义动画：进入动画、强调动画、退出动画及动作路径动画。通过图 5-1 所示的“动画”选项卡可添加动画，设置动画效果和动画播放方式等。

图 5-1 “动画”选项卡

1. 自定义动画类型

➢ 进入动画

进入动画是指文本、图形图片、声音、视频等对象从无到有出现在幻灯片中的动态过程，包括擦除、淡出、劈裂、飞入、向内溶解、展开等 38 种方式。

➢ 强调动画

强调动画是为了使幻灯片中的对象能够引起观众的注意而设置的特殊动画效果，一般包括设置大小、颜色、闪烁等 24 种方式。

➢ 退出动画

退出动画是指幻灯片中的对象从有到无逐渐消失的动态过程。退出动画是多种对象之间自然过渡时需要的效果，包括消失、飞出、淡出、擦除、劈裂、缩放、形状等 38 种方式。

➢ 动作路径动画

动作路径动画可以是对象进入或退出的过程，也可以是强调对象的方式。通过动作路径动画可以为选定对象指定移动的路径轨迹，控制显示对象按照这一轨迹运动。

2. 添加自定义动画方式

选中幻灯片中设置动画的对象，单击“动画”选项卡“动画”组中的“其他”按钮，在弹出的下拉菜单中选择合适的动画效果，即可为指定对象设置动画类型，如图 5-2 所示。在该菜单中，可以方便地选择进入、强调、退出和动作路径这 4 种类型的动画预设。

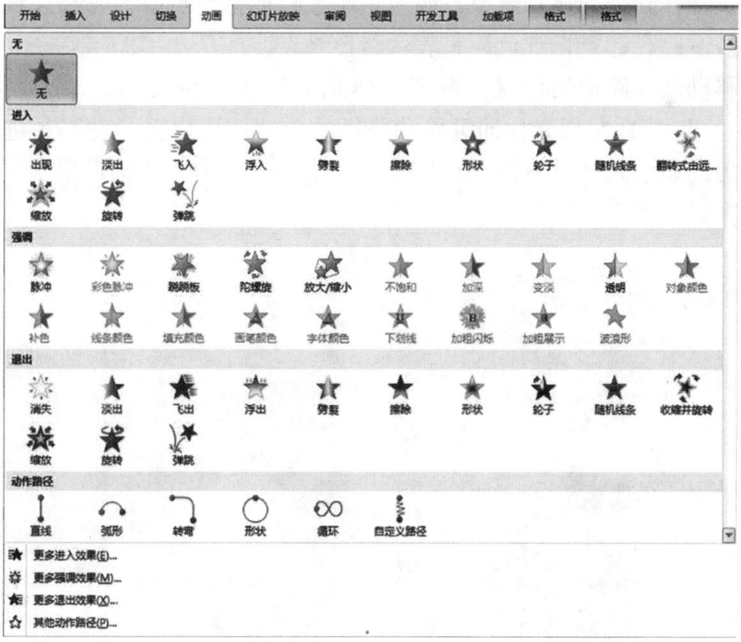

图 5-2　动画类型

如果需要选择更多的动画类型，则可分别单击“更多进入效果”“更多强调效果”“更多退出效果”“其他动作路径”等命令，在跳出的对话框中选择所需的预设动画类型，如图 5-3 所示。

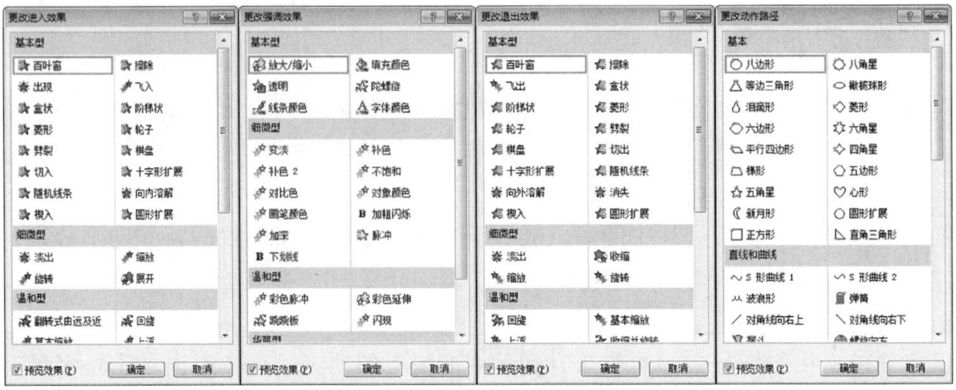

图 5-3　更多动画效果对话框

> **提示**
>
> 更多进入效果、更多强调效果和更多退出效果对话框的动画按风格分为基本型、细微型、温和型和华丽型。选中对话框最下方的“预览效果”复选框，则在对话框中单击一种动画时，都能在幻灯片编辑窗口中看到该动画的预览效果。

3. 调节动作路径

在为显示对象添加动作路径类的动画之后，用户可调节路径以更改显示对象的运动轨迹。选中应用了动作路径的显示对象，该显示对象附近将显示由箭头和虚线组成的运动轨迹，绿色箭头表示路径起点，红色箭头表示路径终点。

如果需要移动动作路径的位置，可把鼠标光标置于路径线之上，这时鼠标会转换为“十”字箭头，此时拖动鼠标光标即可移动路径的位置。可以对运动路径进行编辑，方法如下：选中对象的运动路径后右击，在打开的快捷菜单中选择“编辑顶点”即可对对象运动路径进行编辑，如图 5-4 所示。

图 5-4　编辑对象运动路径

二、高级动画设置

PowerPoint 中除了添加内置的动画样式以外，还新增了动画效果高级设置功能，如设置动画触发器、使用动画刷复制动画，还可以打开动画窗格设置动画计时选项、重新排序动画等。使用该功能可以使整个课件更为美观，让课件中各个对象的动画衔接更加流畅。

1. 为对象添加多个动画

在 PowerPoint 中，可以为某个显示对象应用多个动画样式，并按照添加的顺序进行播放，操作方法如下：选中一个已经添加了动画的对象，单击选择“动画”选项卡，在“高级动画”组中单击“添加动画”按钮，在打开的添加动画下拉菜单中选择合适的动画类型，即可为显示对象应用第二个动画，依次可以添加第三个、第四个动画等，操作步骤如图 5-5 所示。

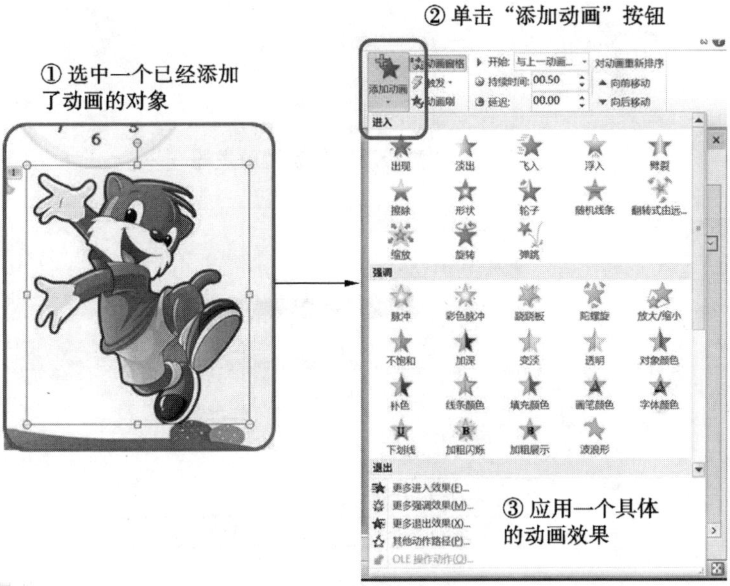

图 5-5　添加多个动画

2. 设置触发器动画

在 PowerPoint 中可以借助触发器功能让具有指定对象的动画效果通过单击特定的对象来显示，有两种方法可以为动画对象设置动画触发器。

➢ 方法一：选择需要添加触发器的动画对象，单击“动画”选项卡“高级动画”组中的“触发”选项，在下级菜单中设置触发方式及触发对象，如图 5-6 所示。

➢ 方法二：单击“动画”选项卡“高级动画”组中的“动画窗格”命令，打开“动画窗格”任务窗格，单击要设置触发器动画对象右侧下拉菜单中的“计时”命令，打开相应动画“效果选项”窗口，在该窗口的“计时”选项卡中单击“触发器”按钮，展开触发器相关选项，通过单选按钮设置动画触发方式及触发对象，如图 5-7 所示。

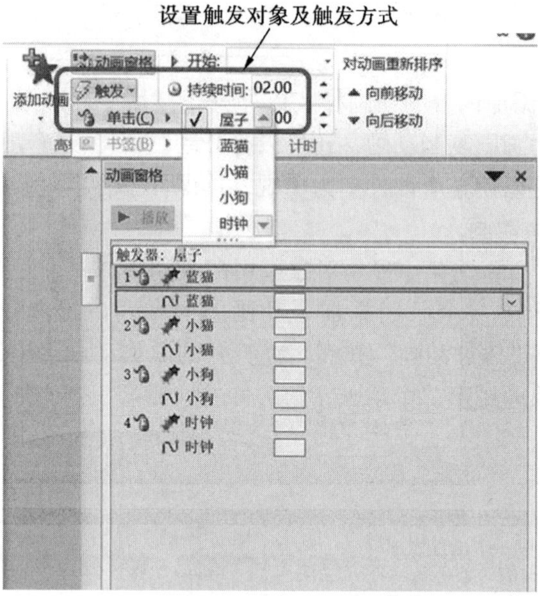

图 5-6 “高级动画”设置触发器

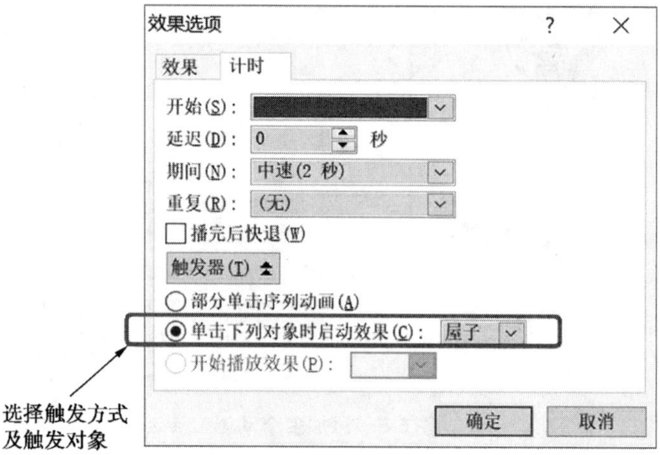

图 5-7 计时选项设置触发器

触发器的详细设置实例，见本项目项目实施“二、蓝猫及客人来报到”。

3. 设置动画效果选项

为对象添加动画后，按照默认参数运行的动画效果往往无法令用户满意，此时可以设置“动画效果”选项，如动画运行的方向、平滑开始、平滑结束、声音等。在动画任务窗格中选中动画效果，右击鼠标，在弹出的快捷菜单中选中“效果选项”命令，如图 5-8 所示，就可进行详细设置。不同的动画类型，“效果选项”设置不一样。图 5-9 分别展示了缩放进入动画和自定义路径动画的效果选项。

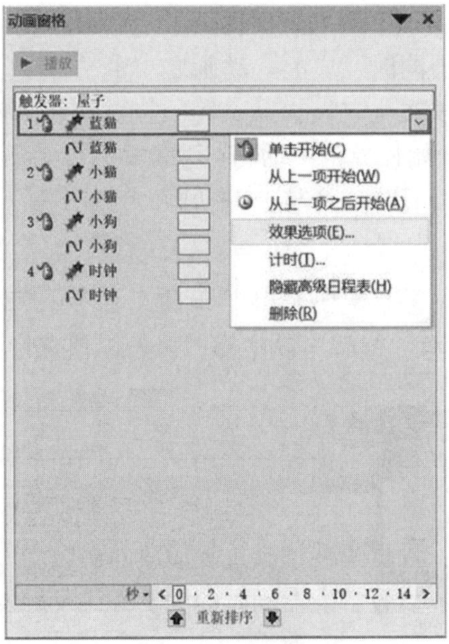

图 5-8　设置效果选项

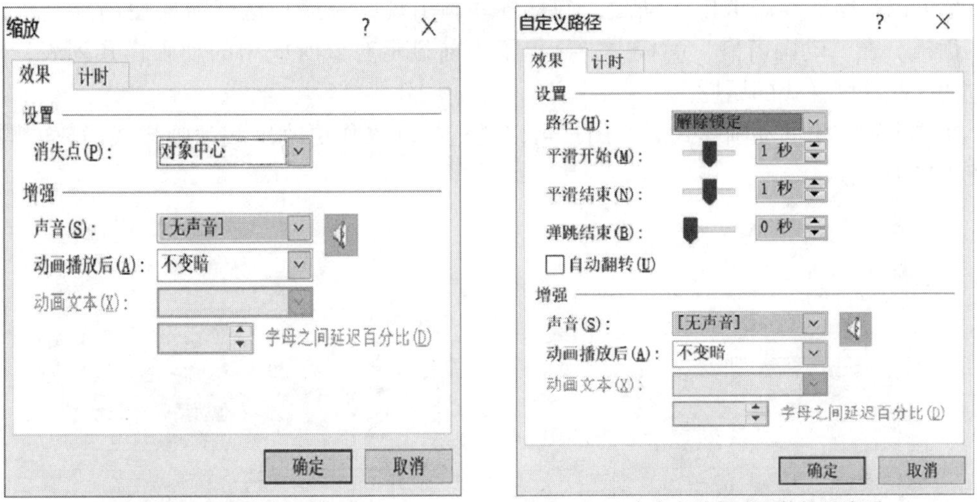

(a) 缩放进入动画的效果选项　　　(b) 自定义路径动画的效果选项

图 5-9　缩放进入动画和自定义路径动画的效果选项

4. 设置计时选项

为对象添加动画效果后，还需要设置动画计时选项，如开始时间、持续时间、延迟时间等。默认设置的动画效果在幻灯片放映屏幕中持续播放的时间只有几秒钟，且单击后才会开始播放下一个动画。如果默认的动画效果不能满足用户的实际需求，则可以通过“动画设置”对话框的“计时”选项卡进行动画计时选项的设置。

单击选中动画对象右侧的下拉菜单，在菜单列表中选择“计时”命令，就可进行详细设置。不同的动画类型，计时选项设置也不同，图 5-10 所示为“飞入”进入动画的计时选项。

➢“开始”下拉列表框：该下拉列表框提供了“单击”“与上一动画同时”“上一动画之后”3 种动画开始方式。

- 单击：单击鼠标开始播放下一动画。
- 与上一动画同时：下一动画与上一动画同时播放。
- 上一动画之后：上一动画播放结束之后开始播放下一动画。

➢“延迟”调整框：上一动画播放结束等待多少秒之后开始播放下一动画。

➢“期间”下拉列表框：完成当前动画所用的秒数。

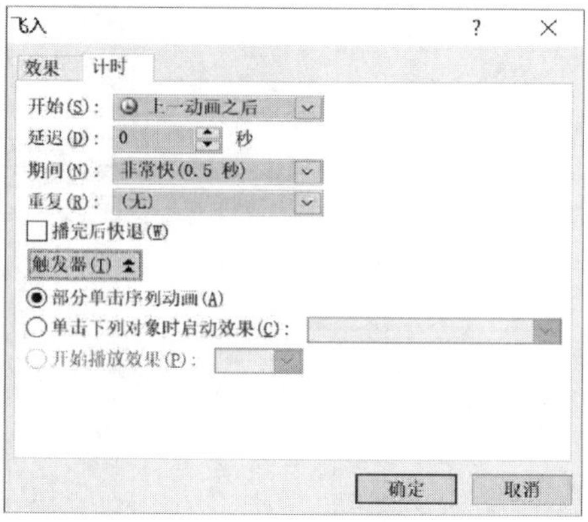

图 5-10 “飞入”动画的计时选项

➢“重复”下拉列表框：设置当前动画重复播放的次数。

➢“触发器”设置选项：设置触发器动画的触发方式及触发对象。

5. 更改动画顺序

当一张幻灯片中设置了多个动画对象时，其默认的动画播放顺序是添加动画的先后顺序，也可以根据实际需求排序动画，调整各动画出现的顺序，这就需要使用到“动画窗格”面板。在“动画窗格”面板中，显示了当前显示对象所应用的动画样式列表，同时还包括这些动画样式的属性。

在选中列表中的动画样式后，用户可以进行拖动操作更改这些动画样式播放的顺序，如图 5-11 所示。

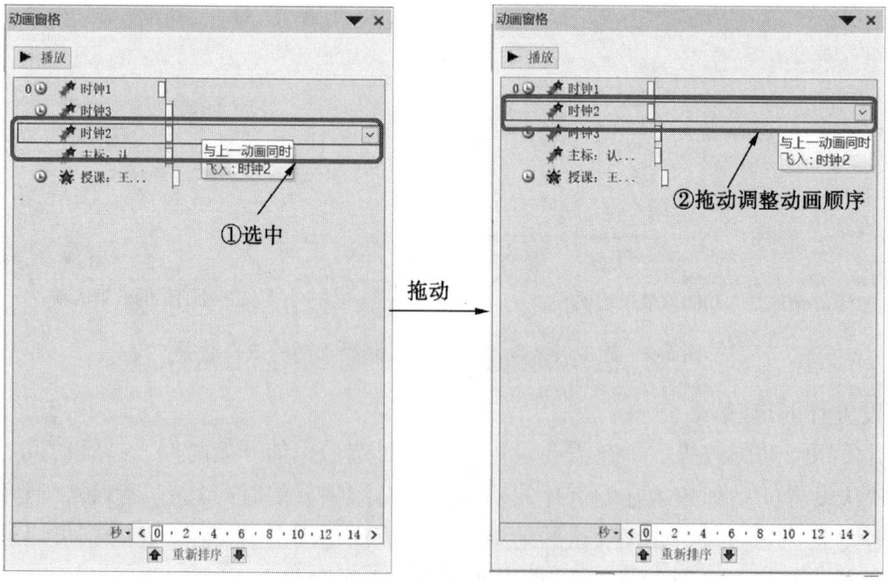

图 5-11 拖动调整动画顺序

此外，选中某个动画样式，单击面板底部的“⬆”按钮和“⬇”按钮，同样可以更改变其顺序，如图 5-12 所示。

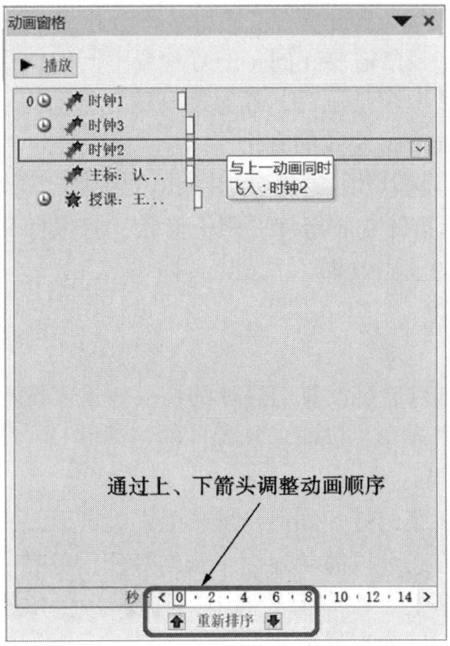

图 5-12　通过上、下箭头调整动画顺序

6. 删除动画

在 PowerPoint 中，可以删除幻灯片中不需要的动画：单击设置动画效果对象左上角的数字按钮，直接按【Delete】键即可。也可以通过“动画窗格”任务窗格删除动画：在“动画窗格”任务窗格中选择需要删除的动画效果并右击，在弹出的菜单中选择“删除”命令即可，如图 5-13 所示。

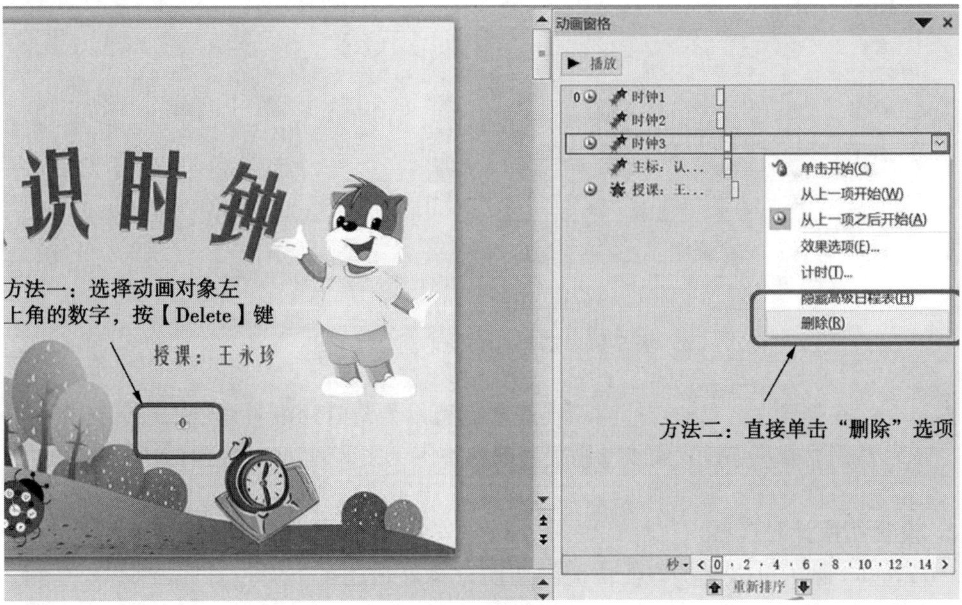

图 5-13　删除动画

7. 使用动画刷

在 PowerPoint 课件中，经常需要在同一幻灯片或不同幻灯片中为多个对象设置同样的动画效果，这时在设置一个对象动画后，通过动画刷复制动画功能，可以快速地复制动画到其他对象上，这是最快捷、最有效的方法。

在幻灯片中选择已经设置动画的对象，单击“动画”选项卡“高级动画”组中的“动画刷”按钮，此时鼠标指针变成指针加刷子形状，将鼠标移到需要复制动画效果的对象上单击，即可复制所选的动画效果。

三、设置换页效果

在 PowerPoint 课件中可以通过设置幻灯片的切换效果实现不同幻灯片之间换页的切换特效，让课件的切换更丰富多彩，进而增加课件的可观性。

1. 设置幻灯片切换效果

幻灯片切换动画是指一张幻灯片如何从屏幕上消失，以及另一张幻灯片如何显示在屏幕上的方式。幻灯片切换方式可以简单地以一张幻灯片代替另一张幻灯片，也可以让幻灯片以特殊的效果出现在屏幕上。在演示文稿中，可以为一组幻灯片设置同一种切换方式，也可以为每张幻灯片设置不同的切换方式。

为幻灯片添加切换动画，在“切换”选项卡“切换到此幻灯片”组中进行。单击“切换到此幻灯片”组中的“其他”按钮，可以打开如图 5-14 所示的幻灯片切换动画效果列表，单击其中某一效果选项，幻灯片将预览并应用该效果。

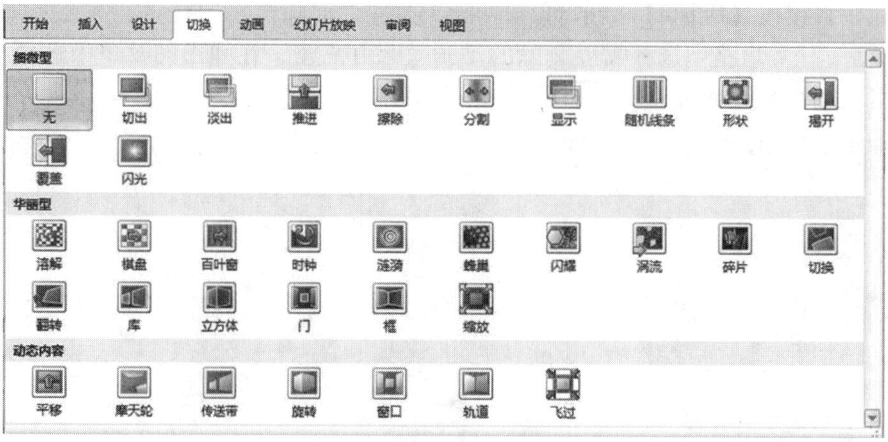

图 5-14　幻灯片切换动画效果列表

> **提示**　在普通视图或幻灯片浏览视图中都可以为幻灯片设置切换动画，但在幻灯片浏览视图中设置切换动画更容易把握演示文稿的整体风格。

2. 设置切换计时选项

PowerPoint 除了可以提供方便快捷的切换方案外，还可以通过计时选项卡（如图 5-15 所示）所选的切换效果配置音效、改变切换速度和换片方式，以增强演示文稿的活泼性。

图 5-15　设置切换计时选项

- “声音”下拉列表框：该下拉列表框提供了爆炸、打字机、风铃等多种声音效果，选择这些选项可以在两张幻灯片切换时添加特殊的声音效果。
- “持续时间”调整框：设置幻灯片切换动画所持续的时间。
- “全部应用”按钮：将幻灯片切换的属性应用到所有幻灯片中。
- 换片方式：

  “单击鼠标时”复选框：在幻灯片放映的过程中，单击鼠标时切换到下一张幻灯片。

  “设置换片时间”复选框：输入时间值，定义在指定的秒数之后自动切换到下一张幻灯片。“自动换片时间”是指幻灯片中所有动画播放完后等待的时间。

> 提示
>
> 1. 在“声音”下拉菜单中选中“停止前一声音”选项，则在禁止幻灯片切换时发出声音的同时，还将停止之前已播放的声音。
>
> 2. 在使用一些特殊的声音效果时（如掌声、微风等可循环播放的声音效果），用户可以在“声音”下拉菜单中选择“播放下一段声音之前一直循环”命令，控制声音持续循环播放，直至开始下一段声音的播放。

项目实施

一、添加封面动画效果

为课件《认识时钟》首页幻灯片中主标题、副标题及图片对象设置合适的动画效果。

步骤 1　启动 PowerPoint 应用程序，打开“认识时钟 . pptx”演示文稿。

步骤 2 选中第一张幻灯片中甲壳虫时钟图片，在“动画”选项卡“高级动画”组中单击“添加动画”按钮，从弹出的菜单中选择“更多进入效果”命令，打开“添加进入效果”对话框，如图 5-16 所示。

步骤 3 在“华丽型”选项区域中选择“飞旋”选项，单击“确定”按钮，为瓢虫图片应用“飞旋”进入效果。

步骤 4 在“计时”组“开始”命令后的列表中框选“上一动画之后”，为甲壳虫时钟设置自动播放效果。

步骤 5 参照步骤（2—4），为第一张幻灯片中另外两个时钟图片对象添加合适的进入效果，如图 5-17 所示。

图 5-16 设置华丽型飞旋进入效果

图 5-17 为第一张幻灯片中的对象设置进入效果

步骤 6 选中标题文本“认识时钟”，单击“动画”选项卡“动画”组中的“其他”按钮，从弹出的“进入”列表框中选择“缩放”选项，为正标题文字应用“缩放”进入效果，如图 5-18 所示。

步骤 7 在“动画”组中单击“效果选项”下拉按钮，从弹出的下拉列表中选择“幻灯片中心”命令，如图 5-19 所示。

步骤 8 选择副标题文本框，为其设置“淡出”的进入动画效果。

步骤 9 在快速访问工具栏中单击“保存”按钮，保存更改后的“认识时钟”演示文稿。

图 5-18 设置缩放进入效果

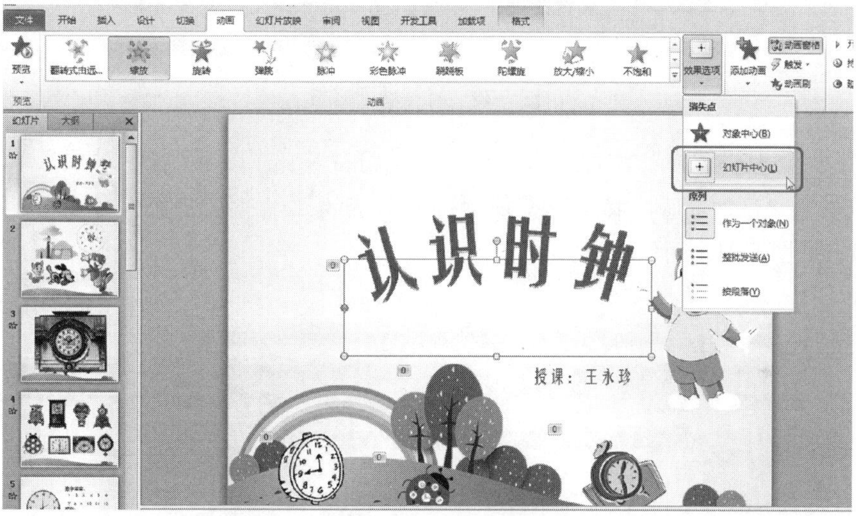

图 5-19 设置缩放效果选项

提示

在“动画”选项卡“高级动画”组中单击“动画窗格”按钮，可以打开“动画窗格”任务窗格，在“动画窗格”任务窗格中可以清楚地看出每个对象设置的动画类型，以及动画的播放次序。当幻灯片中的对象被添加动画效果后，在每个对象的左侧都会显示一个带有数字的矩形标记，这个矩形表示已经为该对象添加了动画效果，中间的数字表示该动画在当前幻灯片中的播放次序，“0”表示在幻灯片展开的同时按照设置的时间自动播放动画。

添加强调动画、退出动画可以参照进入动画进行相应的设置。

二、设计“蓝猫及客人来报到”

教学设计中，蓝猫为小朋友们带来了几个小客人，为了实现这一效果，课件借助动画触发器，通过单击房子依次出现蓝猫、小猫、小狗、时钟等对象。

步骤 1 选择第二张幻灯片，在“动画”选项卡“高级动画”组中单击“动画窗格”按钮，打开“动画窗格”面板，如图 5-20 所示。

图 5-20　打开动画窗格

步骤 2　为“蓝猫”添加进入动画。在幻灯片中选择“蓝猫”对象，单击“高级动画”组中的“添加动画”按钮，选择“进入”下的“缩放”动画，并设置动画持续时间为 2 秒，如图 5-21 所示。

图 5-21　为“蓝猫”添加“缩放”进入动画

步骤 3　为“蓝猫”添加路径动画。选择“蓝猫”，单击“动画”选项卡“高级动画”组中的“添加动画”命令，在下拉列表中单击“其他动作路径”命令，打开“更多动作路径”对话框，如图 5-22 所示，选择“向右弹跳”动作路径。

图 5-22　为“蓝猫”添加动作路径

步骤 4　编辑“蓝猫”的动作路径。选择“蓝猫”的动作路径，右击“动作路径”，在弹出的快捷菜单中选择“编辑顶点”，调整合适的动作路径，并设置动作路径和进入动画同时播放，如图 5-23 所示。

图 5-23　编辑“蓝猫”的动作路径

步骤 5　设置触发对象。在动画窗格中同时选中进入和动作路径动画，单击“高级动画”中的“触发”下拉菜单，选择“单击”选项，在展开的子选项卡中选择“屋子”对象，如图 5-24 所示。

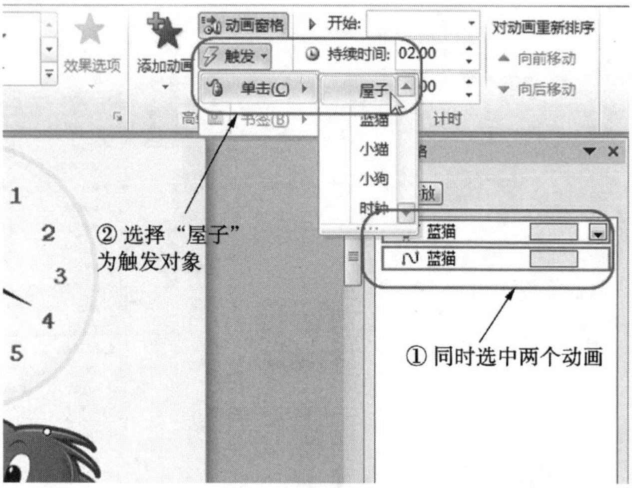

图 5-24　设置触发对象

步骤 6　参照步骤（2—5），添加小狗、小猫、时钟的进入和动作路径的触发动画。

> **提示**　单击“开始”选项卡“编辑”组中的“选择”按钮，在下拉列表中选择“选择窗格”命令，可以打开“选择和可见性”任务窗格，在该任务窗格中可以查看并编辑幻灯片中各对象的名称，详细操作步骤可参见项目四。

三、展示生活中的时钟

在《认识时钟》课件中，生活中的时钟将会逐一展示，最后全部停留在页面。

步骤 1　选择“生活中的钟表”幻灯片，打开“动画窗格”面板。

步骤 2　为了实现课件设计，将展现生活中时间的幻灯片复制一张，用两张幻灯片实现本项目动画。一张幻灯片依次出现生活中的时间，另一张幻灯片将所有钟表全部展现在幻灯片页面上，如图 5-25 所示。

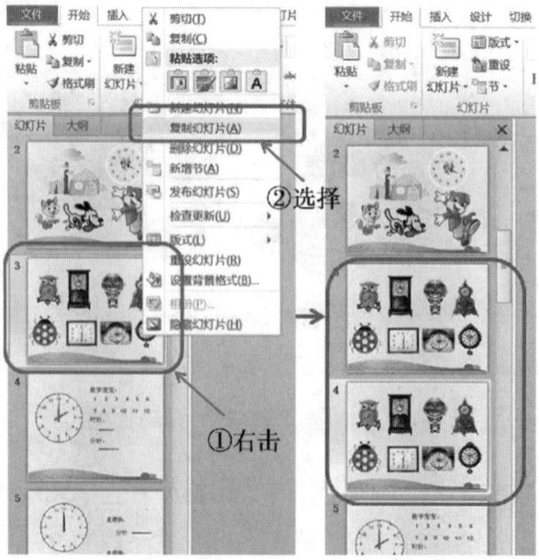

图 5-25　复制幻灯片

步骤 3　选中第三张幻灯片中的第一张图片，单击“动画”选项卡“高级动画”组中的“添加动画”按钮，在弹出的下拉菜单栏中选择“进入”中的“缩放”动画，如图 5-26 所示，并设置开始方式为“上一动画之后”。

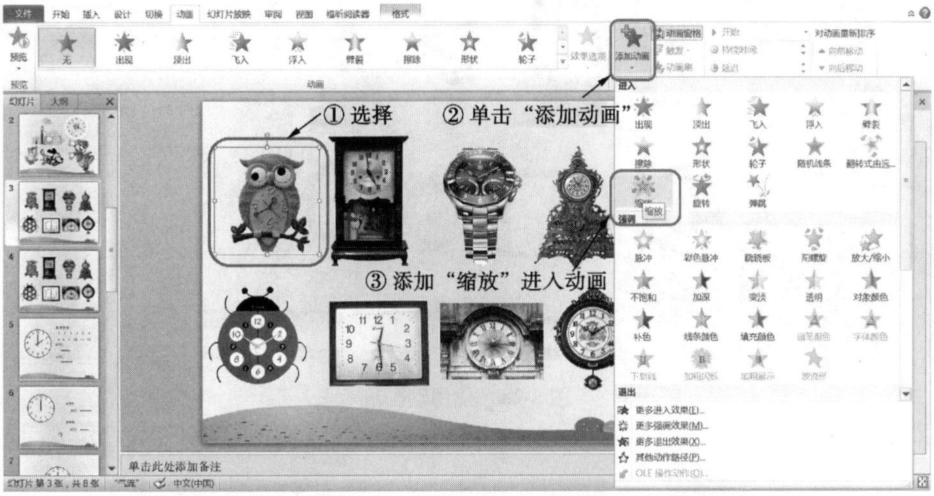

图 5-26　添加“缩放”进入动画

步骤 4　保持对象选中状态，单击“动画”选项卡“高级动画”组中的“添加动画”按钮，在弹出的下拉菜单栏中选择“退出”中的“淡出”动画，如图 5-27 所示，并设置开始方式为“单击”。

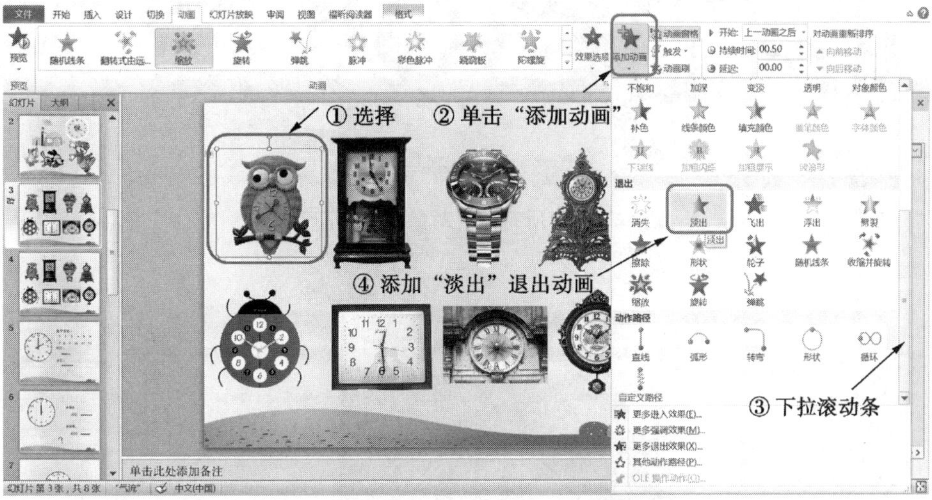

图 5-27　添加“淡出”退出动画

步骤 5　保持对象选中状态，双击“动画”选项卡“高级动画”组中的“动画刷”按钮，此时鼠标变为刷子状，如图 5-28 所示。依次单击余下的 7 个对象，这样所有图片对象就都具有相同的动画效果了，如图 5-29 所示。调整图片对象大小将 8 个图片对象重叠放到幻灯片中部，如图 5-30 所示。

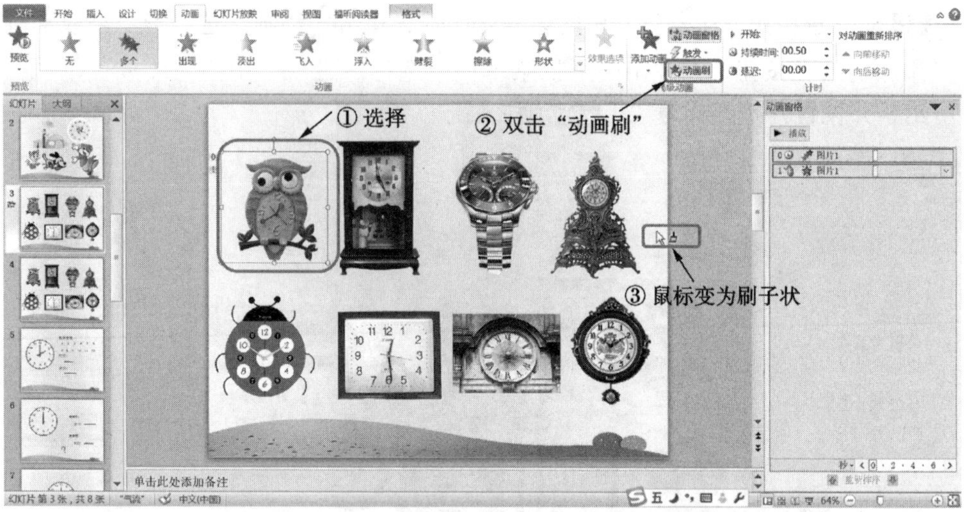

图 5-28　使用动画刷

图 5-29　为所有图片对象应用相同动画

图 5-30　编辑图片对象

步骤 6　选中第 4 张幻灯片的 8 个图片对象，单击“动画”选项卡“高级动画”组中的“添加动画”按钮，在弹出的下拉菜单栏中选择“进入—缩放”动画，为所有图片同时添加进入动画，设置开始方式为“与上一动画同时”，如图 5-31 所示。

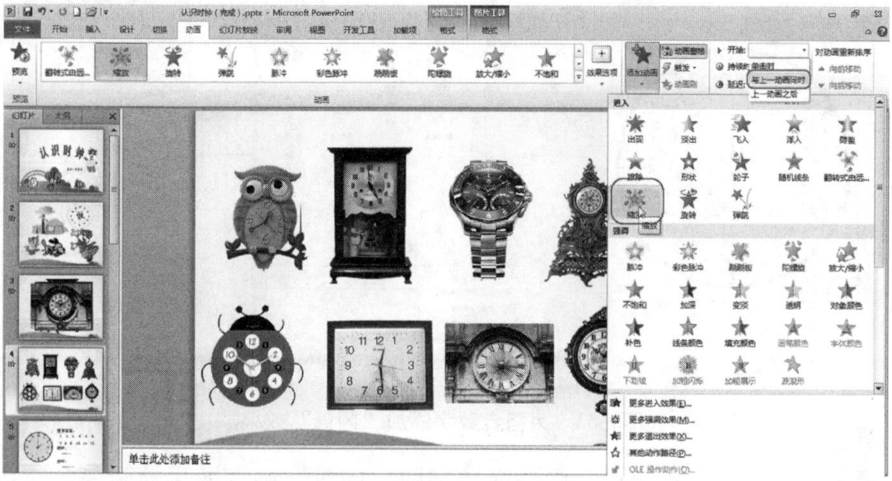

图 5-31　所有图片同时出现

四、时分针对比

在《认识时钟》课件中为介绍时钟的幻灯片添加动画，要求幻灯片展开时出现时钟图片，通过单击幻灯片依次变色闪烁出现 12 个数字、时针、分针。

步骤 1　选择“介绍时钟”幻灯片，打开“动画窗格”面板。

步骤 2　使用【Ctrl】键和鼠标组合操作，同时选中时钟面上的 12 个数字，单击“动画”选项卡“动画”面版组“其他”命令按钮，在下拉列表中选择“强调”组中的“字体颜色”动画效果，效果选项设置为“标准色—红色”，如图 5-32 所示。

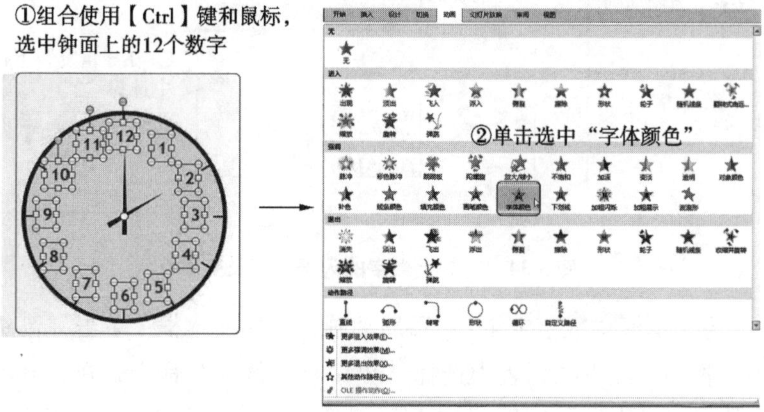

图 5-32　添加组合数字的“出现”进入动画

步骤 3　保持所有数字选中状态，单击“高级动画”组中的“添加动画”按钮，在下拉列表中选择“更多强调效果”命令，打开“添加强调效果”对话框，在“华丽型”

中选择“闪烁”，为钟面数字添加闪烁的强调动画效果，如图 5-33 所示。

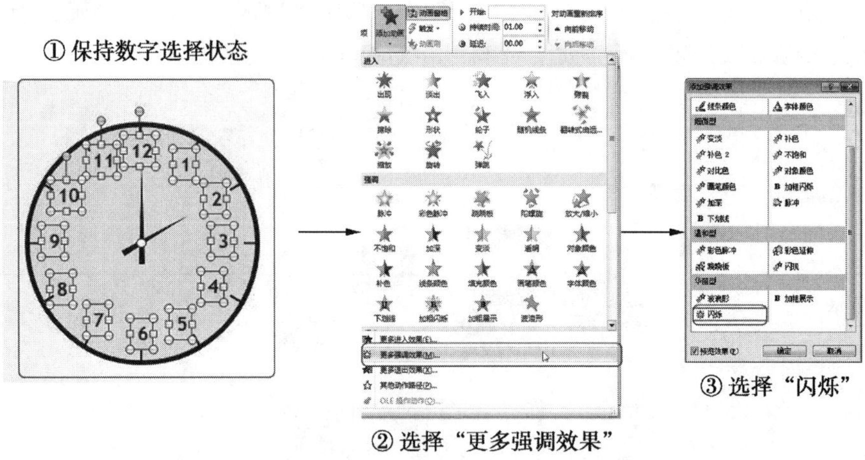

图 5-33　为组合数字添加“闪烁”效果

步骤 4　双击“动画窗格”中钟面数字的“闪烁”强调效果动画任务，在弹出的“闪烁”效果选项中选择“计时”选项卡，然后将“开始”设置为“上一动画之后”，“重复”设置为“2”，如图 5-34 所示，这样就可以让钟面数字在出现后闪烁两次。

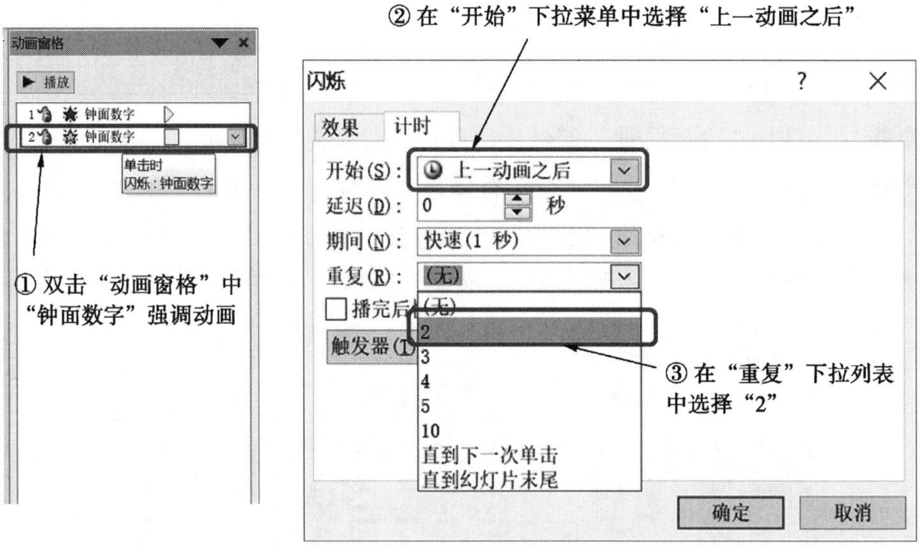

图 5-34　时钟上数字的闪烁动画及效果

步骤 5　为文本框“数字宝宝:”添加动画：选中文本框，单击“高级动画”组中的“添加动画”按钮，在下拉列表中选择“更多进入效果”命令，在打开的“添加进入效果”窗格中选择“基本型”中的“切入”动画，然后在“动画”组中的“效果选项”命令下拉列表框中选择“自左侧”，如图 5-35 所示。

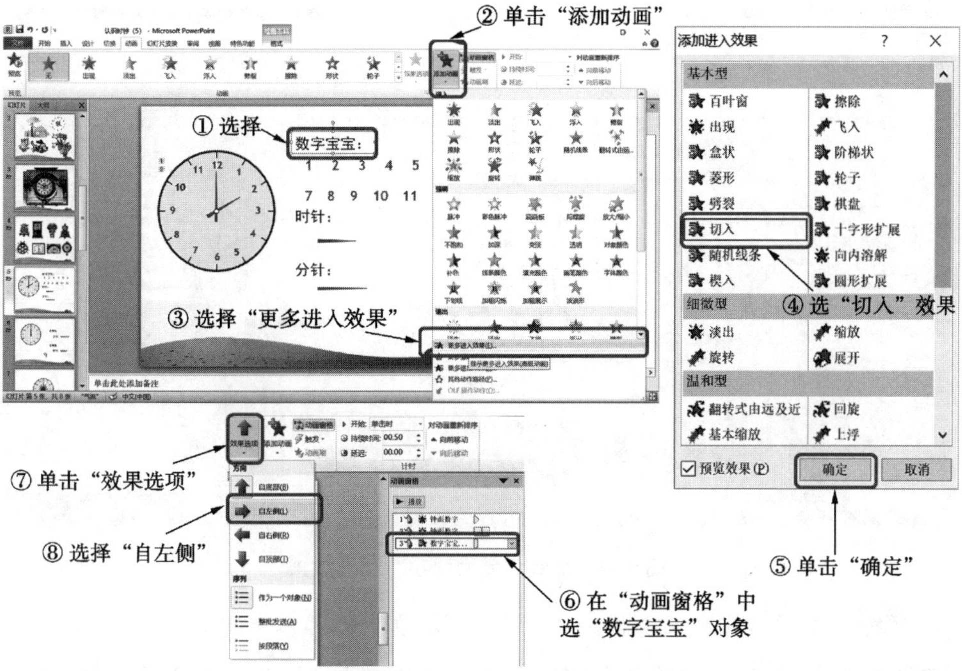

图 5-35　为文本框“数字宝宝:”设置动画效果

步骤 6　同时选中文本框“数字宝宝:”下方的红色数字“1”至“12”的文本，单击“动画”选项卡“进入”组中的“缩放”动画，在“计时”组中设置“开始”方式为“与上一动画同时出现”，“持续时间”为 0.5 秒，“延迟”为 1 秒，如图 5-36 所示。

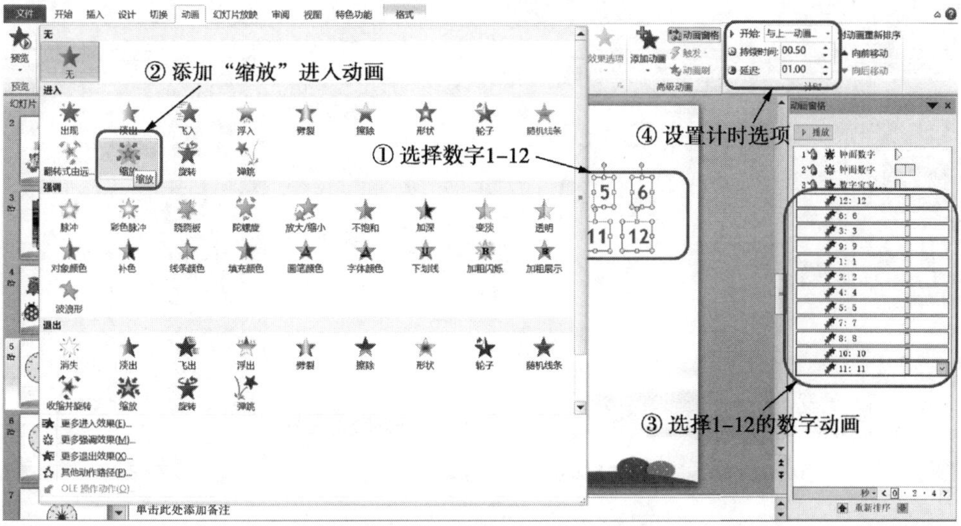

图 5-36　为数字“1”至“12”设置动画效果

步骤 7　添加“时针 1”，设置闪烁出现的效果。选择对象“钟面数字”，单击“高级动画”组中的“动画刷”按钮，鼠标变为刷子形状，移动该刷子到对象“时针 1”上单击，即可将对象“钟面数字”出现及闪烁的动画效果复制到对象“时针 1”上，如图 5-37所示。

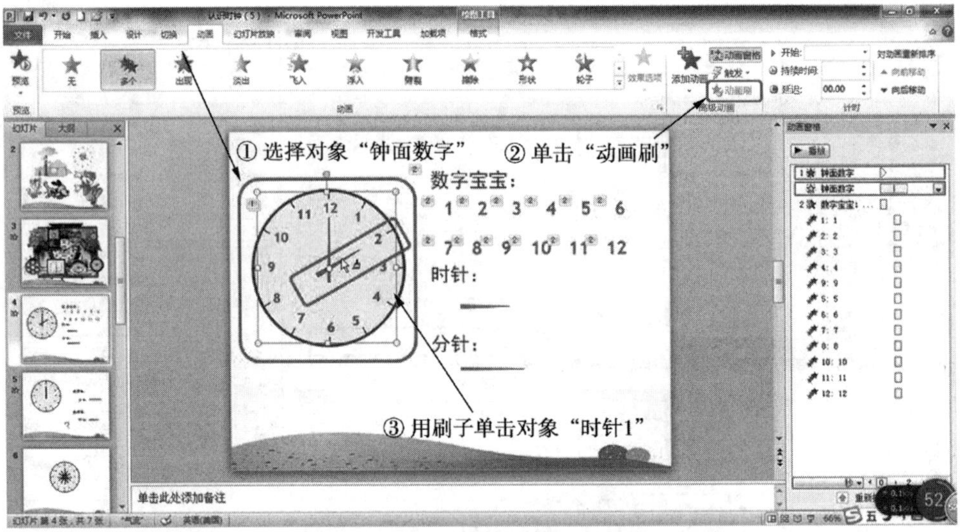

图 5-37　复制“钟面数字”动画效果

步骤 8　参照步骤 6 为文本框“时针”复制文本框“数字宝宝:”的动画效果。

步骤 9　选择对象“时针 2”，在“动画”组中双击“擦除”效果，为对象“时针 2”设置“擦除”动画效果，在右侧的“效果选项”下拉列表中选择“自左侧”，在“计时”组中选择动画的“开始”方式为“上一动画之后”，如图 5-38 所示。

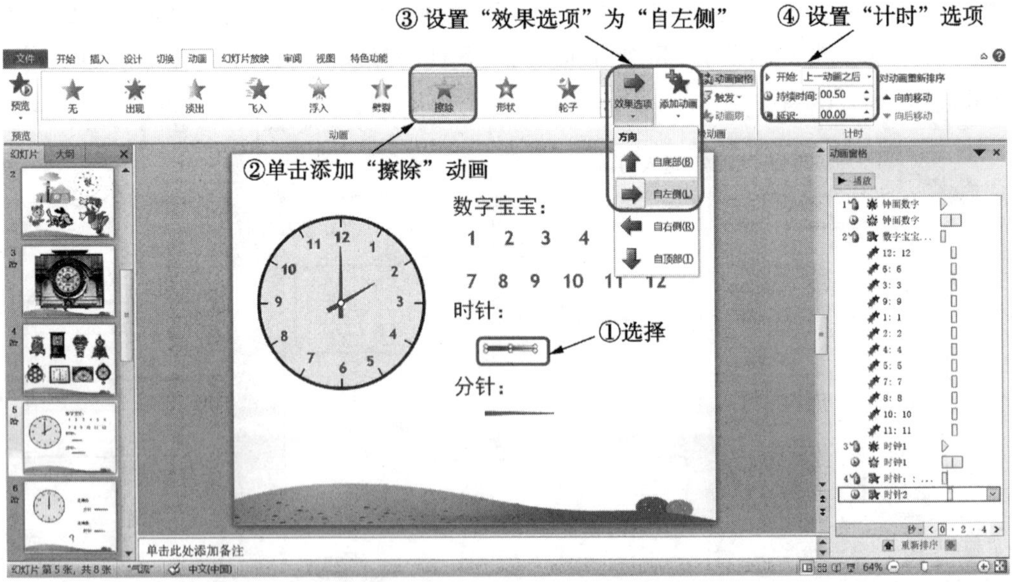

图 5-38　为对象“时针 2”设置动画效果

步骤 10　参照步骤（6—9）添加分针闪烁出现效果及相应文本的出现效果。

五、模拟时间运转

在《认识时钟》课件详细介绍时钟运行的幻灯片中，要求单击钟面，时针、分针走动，分钟走一圈，时针走一小格。问号延迟 5 秒出现，单击问号，出现右侧的文字。

步骤 1　选择介绍时钟的幻灯片，单击“动画”选项卡“高级动画”组中的“动画窗格”按钮，打开“动画窗格”任务窗格。

步骤 2　选中对象“?”，单击“动画”选项卡“高级动画”组中的“添加动画”按钮，在弹出的下拉菜单栏中选择“进入”组中的“缩放”动画，如图 5-39 所示。

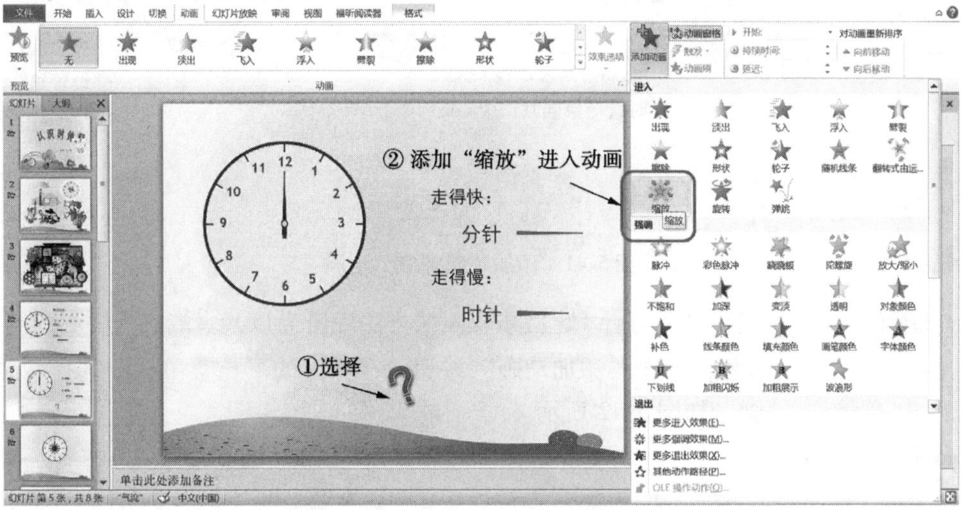

图 5-39　为对象“?”添加“缩放”动画

步骤 3　在动画窗格中选择“?”对象动画，在“计时”选项中设置“开始”方式为“上一动画之后”，持续时间为 0.5 秒，并延迟 5 秒出现，如图 5-40 所示。

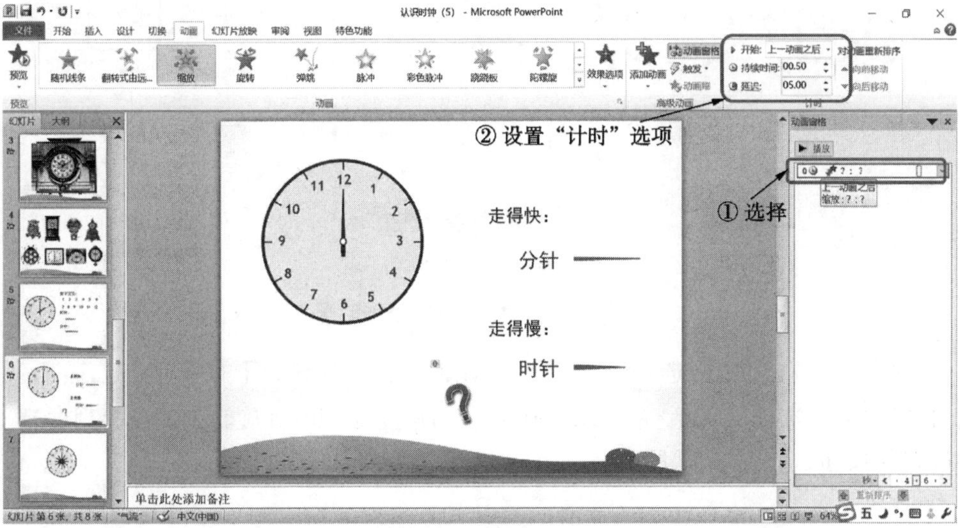

图 5-40　设置“?”对象动画的计时选项

步骤 4 时针、分针模拟时间运转动画，可以应用“陀螺旋”动画来实现，但“陀螺旋”动画是以对象中心旋转的，要使时针、分针以某一端点为中心旋转，可以通过如下方法实现（以时针为例）：复制时针对象，选择复制的时针对象，单击“绘图—旋转—垂直翻转”，并调整位置，将时针对象和复制的时针对象同时选中，设置对齐并组合如图 5-41所示，选择组合对象中任一时针对象设置为透明色。

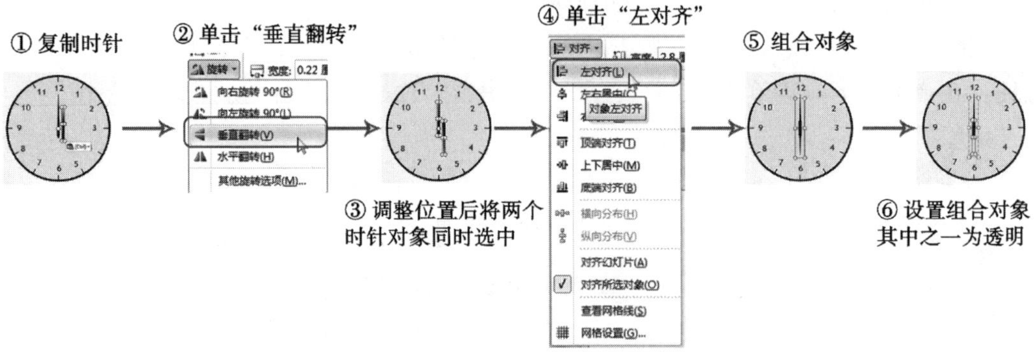

图 5-41 添加“陀螺旋”动画

步骤 5 将“时针 1”“分针 1”按步骤 4 的方法编辑为以某一端点为中心的组合图形。选择“时针 1”对象，单击“添加动画”按钮，在弹出的下拉菜单栏中选择“强调”方式的“陀螺旋”动画，如图 5-42 所示。

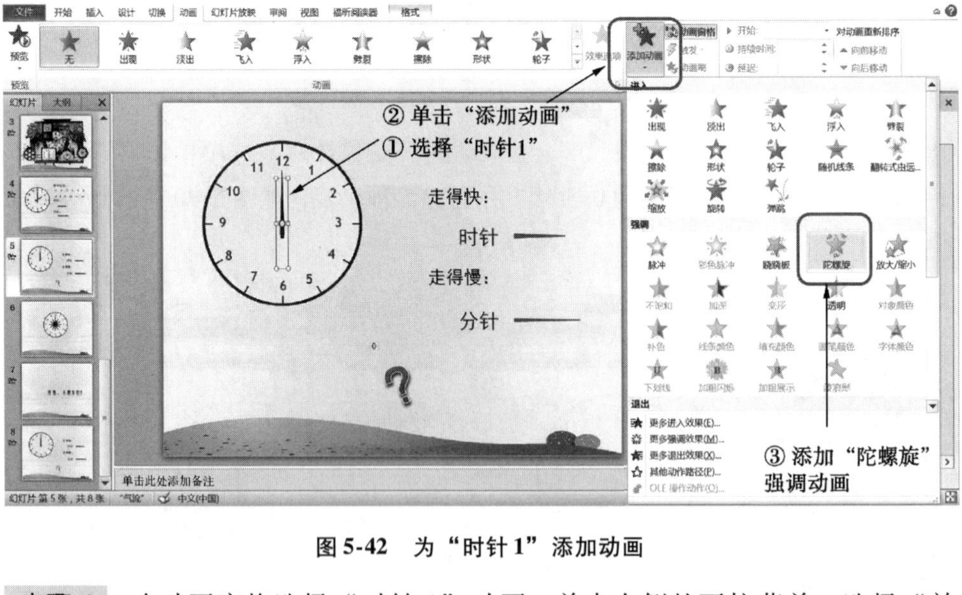

图 5-42 为“时针 1”添加动画

步骤 6 在动画窗格选择“时针 1”动画，单击右侧的下拉菜单，选择“效果选项”，打开“效果选项”对话框，设置 30°旋转的角度（即时针旋转到 1 点的刻度），并单击“确定”按钮，如图 5-43 所示。

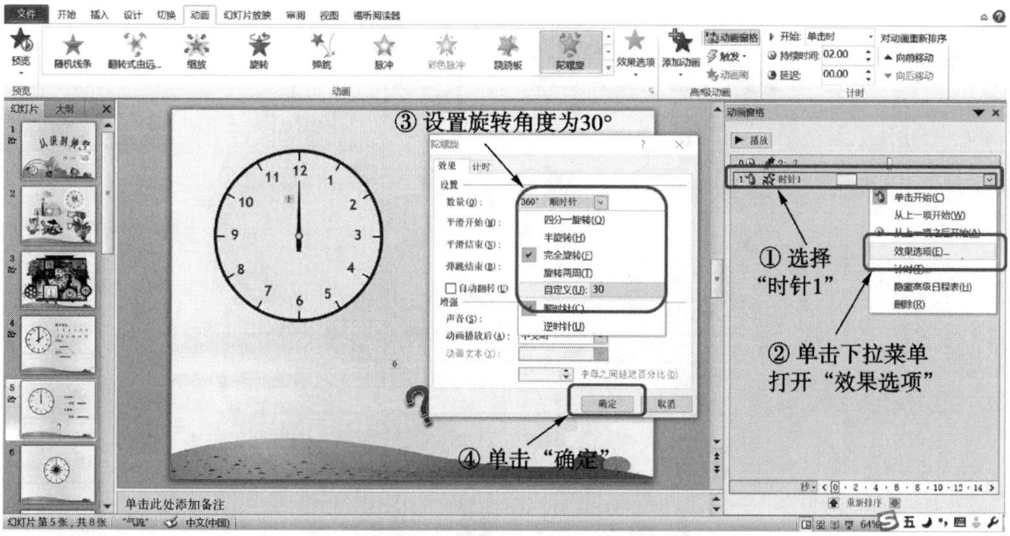

图 5-43　“时针 1”动画设置

步骤 7　选择“分针 1”对象，参照步骤（5—6）添加“分针 1”360°陀螺旋强调动画，并设置“分针 1”动画与“时针 1”动画同时运行。

步骤 8　选择“时针 1”“分针 1”动画，设置动画运行方式为“单击”时钟触发动画。在动画窗格同时选择“时针 1”“分针 1”动画，单击“高级动画”功能区的“触发”按钮，在打开的下级菜单中选择“时钟”对象，如图 5-44 所示。

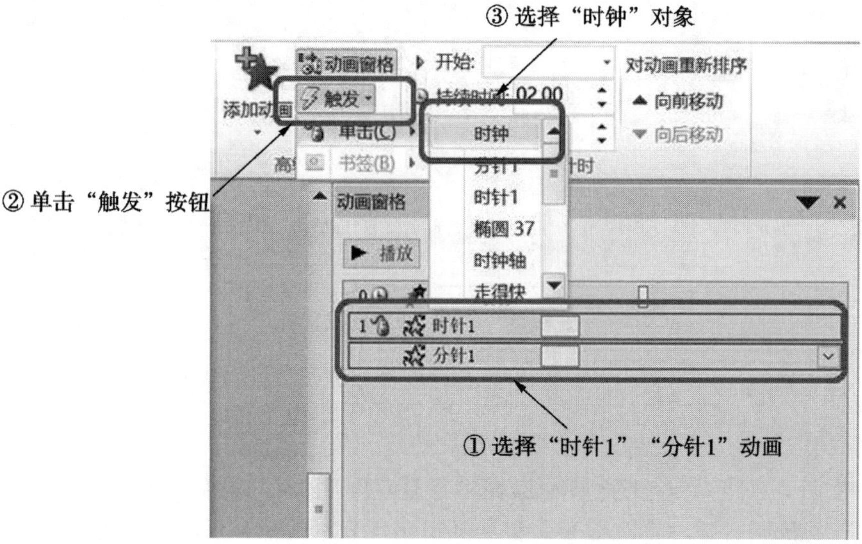

图 5-44　设置时钟触发动画

步骤 9　参照步骤（5—8）添加钟面 2—12 这 11 个刻度“时针 1”“分针 1”的动画，如图 5-45 所示。

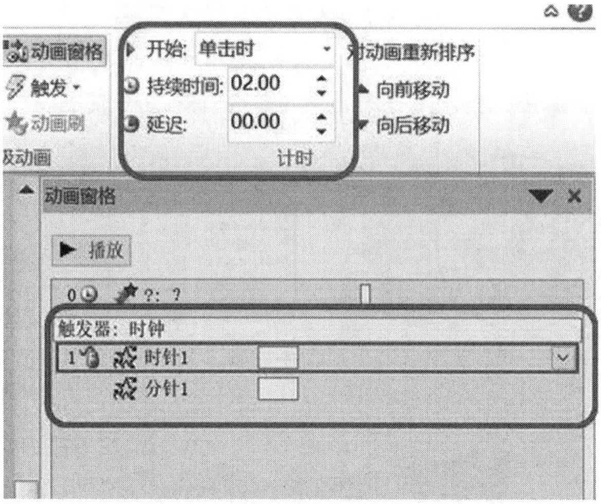

图 5-45 时钟刻度旋转触发动画

步骤 10 参照步骤（5—8）添加幻灯片右侧文字出现的动画，要求通过单击“?”对象，依次以“进入—切入”动画出现，设置如图 5-46 所示。

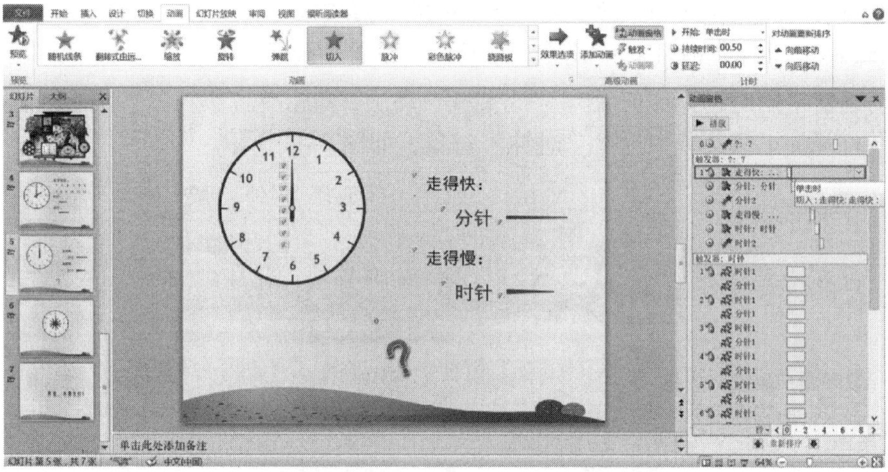

图 5-46 对象“?”触发动画

六、整点游戏

在《认识时钟》整点游戏环节中，要求幻灯片展开时指向任一整点（本项目中假设首次时钟指向 2 点整），单击钟面随机显示各整点时间。在本项目中幻灯片展开时只有表示 2 点整位置的时针显示，之后单击钟面随机出现表示其他整点时间位置的时针。

步骤 1 启动 PowerPoint 应用程序，打开《认识时钟》演示文稿，选择“整点游戏”幻灯片，单击“动画”选项卡，打开“动画窗格”面板。

步骤 2 在钟面 12 个整点位置绘制相对应的时针对象，分别命名为“时针 1”，……，“时针 12”，用黑色显示。由于是整点游戏，所以分针只有一个位置，一直是显示状态，用红色显示。钟面时针运转可以利用“陀螺旋”动画来实现，参照项目实施“五、模拟时间运转”，钟面的时针对象都需要制作成一端透明的以端点为中心的对称对象，如图 5-47 所示。

图 5-47　钟面时针和分针

步骤 3　选中“时针 2”对象，单击“添加动画”按钮，在弹出的下拉菜单栏中选择“退出—消失”动画，如图 5-48 所示。

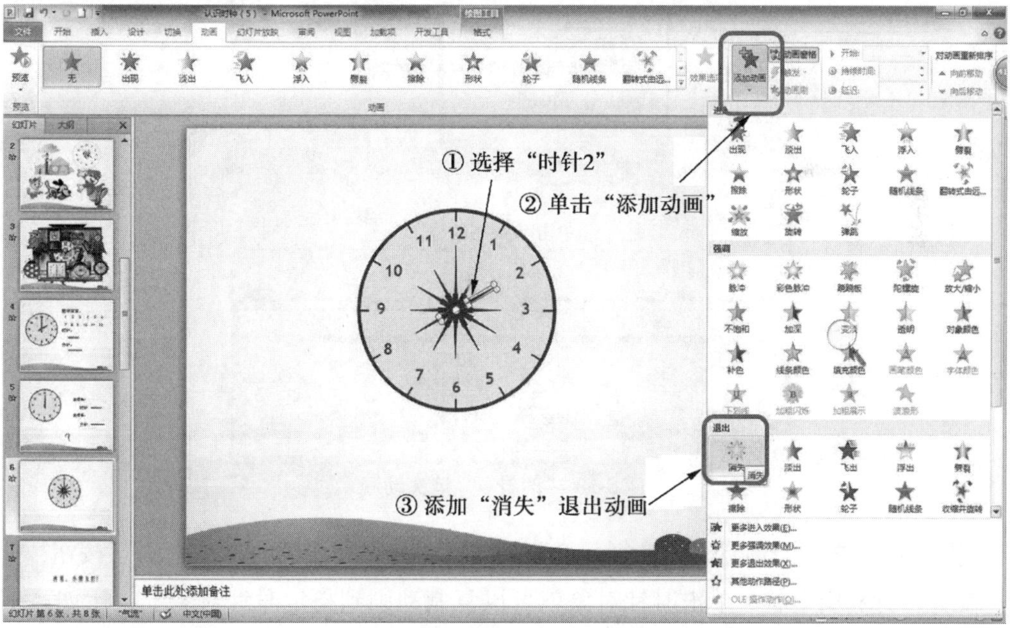

图 5-48　“时针 2”消失动画

步骤 4　选中除“时针 2”以外的任一时针，比如“时针 3”对象，单击“添加动画”按钮，在弹出的下拉菜单栏中选择“进入—出现”动画，并设置动画运行方式为“上一动画之后”，如图 5-49 所示。

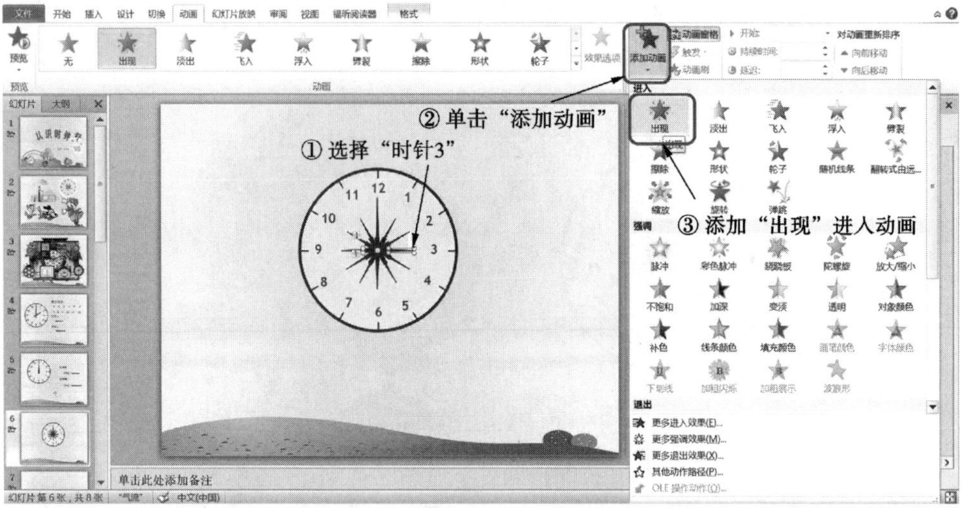

图 5-49 “时针 3”出现动画

步骤 5 选中“时针 3”对象，单击“添加动画”按钮，在弹出的下拉菜单栏中选择“退出—消失”动画，设置动画运行方式为“单击时”，如图 5-50 所示。

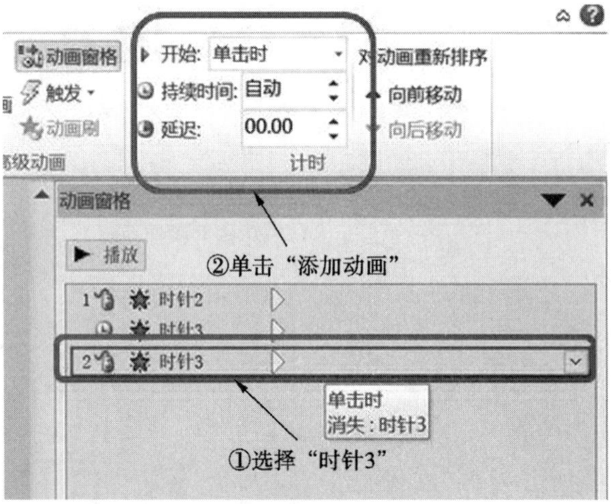

图 5-50 “时针 3”消失动画

步骤 6 选中“时针 3”对象，双击“高级动画”功能区的“动画刷”按钮，此时鼠标变为指针和刷子状，单击时针对象就可以复制动画到指定时针对象上，比如“时针 4”，如图 5-51 所示。

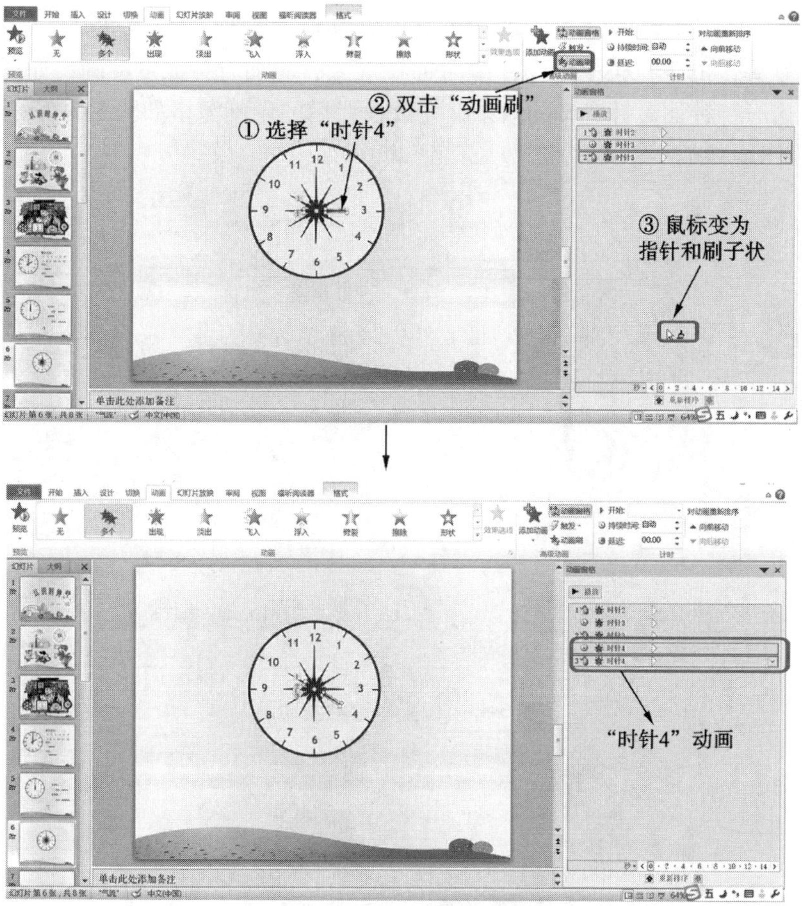

图 5-51　动画刷复制动画

步骤 7　利用“动画刷”复制其他时针动画，并在“高级动画”组为“时针 2”添加“进入—出现”动画，如图 5-52 所示。

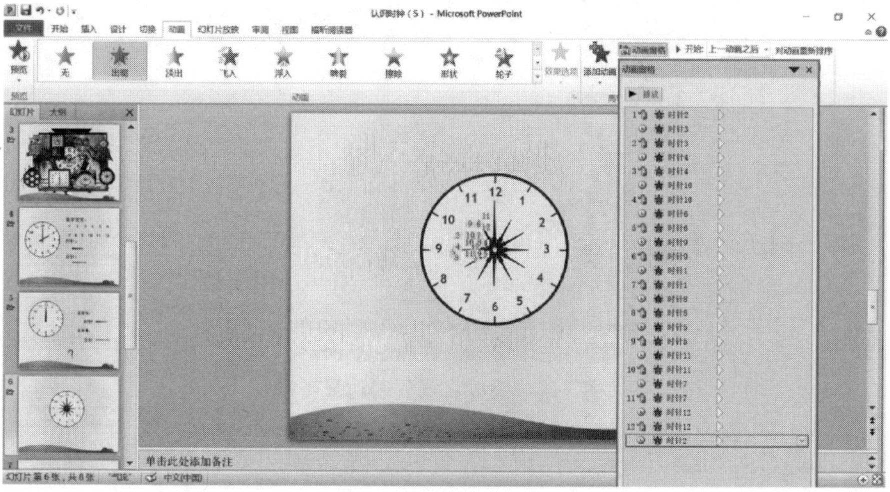

图 5-52　时针动画

步骤 8 在“动画窗格”中选择所有时针动画，选择“高级动画”功能区的“触发”按钮，在弹出的下拉菜单中选择“时钟”对象，添加时钟触发动画，如图 5-53 所示，实现通过单击时钟钟面时针走动的效果，完成设置后的动画窗格如图 5-54 所示。

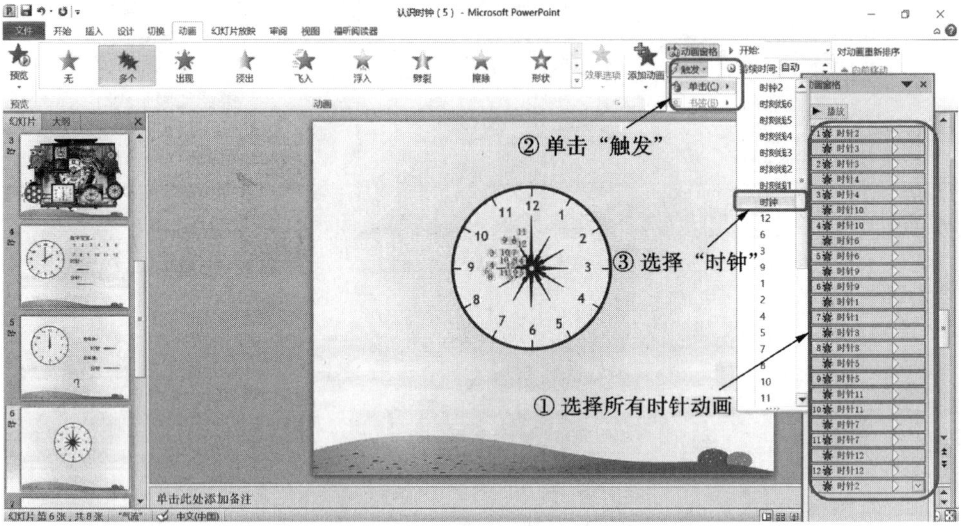

图 5-53 设置时钟触发动画

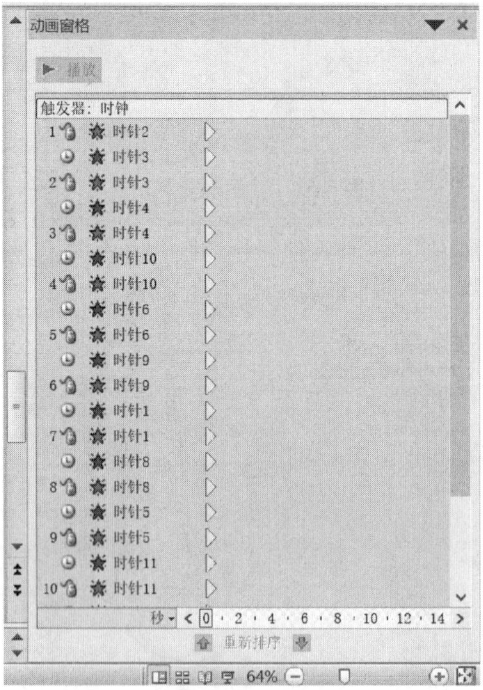

图 5-54 完成设置后的动画窗格

七、添加幻灯片切换

为《认识时钟》幻灯片添加合适的切换动画，设置“计时”选项。

步骤 1　选中第一张幻灯片，单击“切换”选项卡“切换到此幻灯片”组中的“其他”按钮，在展开的菜单中选“细微型”下的“形状”切换，设置“圆”效果选项及单击鼠标切换幻灯片的换片方式，如图 5-55 所示。

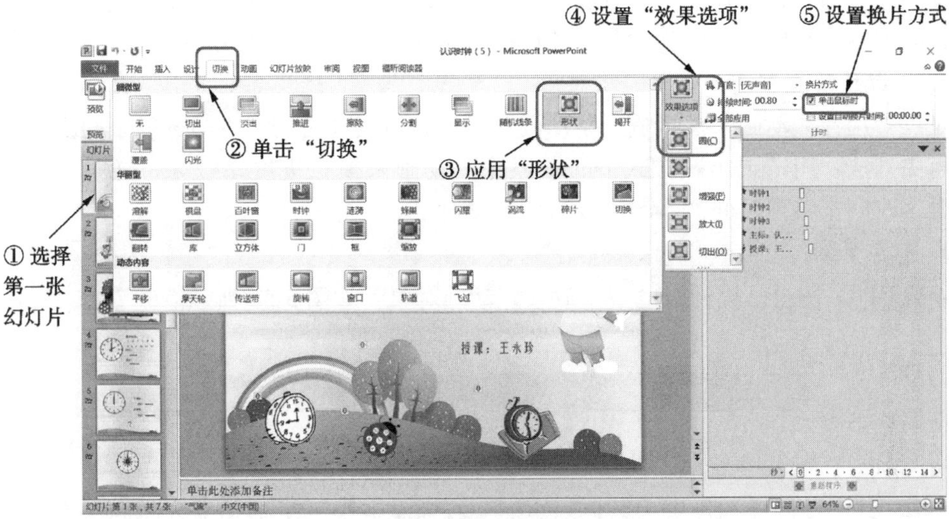

图 5-55　设置第一张幻灯片切换动画

步骤 2　参照步骤 1 设置其他幻灯片的切换效果。

步骤 3　在快速访问工具栏中单击“保存”按钮，完成认识时钟课件的动画设置。

> **提示**
>
> 在设置幻灯片切换时，可以选择设置任一张幻灯片，然后单击“计时”选项卡的“全部应用”按钮，将当前幻灯片的切换设置应用到所有幻灯片中。
>
> 某些有特殊切换要求的幻灯片可单独设置。
>
> 默认情况下，单击时鼠标播放下一张幻灯片，当然幻灯片之间也可以实现连续播放，只需要设置换片方式为“自动换片”，并设置换片时间即可。

思考　在本项目中，通过设置“单击时”的换片方式，实现幻灯片切换。在涉及触发器动画时，如果没有单击到指定的触发对象，幻灯片将停止当前幻灯片的动画，直接切换到下一张幻灯片，这样是不符合幻灯片播放要求的。这种情况该怎么解决？

拓展视野

一、倒计时动画

有时在教学中会使用计时功能，如设置练习时间或提醒演讲者演讲时间等。但幻灯片里没有直接动态显示时间的功能，一般可以通过使用 VBA 或添加 Flash 动画来实现。

本例利用自定义动画实现倒计时动画效果，这种方法无法自主设定倒计时的时间。

1. 设计思路

动画原理即在幻灯片上先放置好各种动画对象，如显示时间的文本框或按一定规则排列的计时图案，然后按顺序为这些对象设计“退出”与“进入”动画。

2. 难点及解决方法

难点：用什么动画来模拟进度条动画效果？如何实现时间文本与进度条同步动画？

解决方法：用“退出”方式下的“擦除”动画来模拟进度条效果；通过设置持续时间和延迟时间来实现时间文本与进度条同步动画。

3. 主要步骤

步骤 1 按自己设计时的效果放置好动画对象，如图 5-56 所示。

图 5-56 进度条样式

步骤 2 动画应当设置为蓝色的矩形从右到左一个一个地消失，时间文本框先出现再消失。消失的动画使用“退出擦除：从右到左”效果，时间为 1 秒。计时方式为“上一动画之后”。文本动画使用“退出—消失”效果，同步方式为“上一动画之后”。时间到的提醒文字使用出现动画，不使用退出动画。

步骤 3 进度条和每个进度条右上角的时间文本使用相同的动画方式来实现，可以利用 PowerPoint 中的动画刷功能进行动画复制。

步骤 4 设置好的动画时间线如图 5-57 所示。

4. 应用拓展

另外，还可以利用动画延迟和播放后隐藏的方法制作倒计时动画。

步骤 1 按照计时时间的长短输入数字。例如输入 10 秒，则从 10 秒开始，第一个 10 秒自定义动画设置为“退出—消失动画”，同步方式为“单击时”，这样单击鼠标时，它会消失，即意味着计时开始。

后面的数字设置自定义动画为“进入—出现”，这里关键在于添加效果“下次单击后隐藏”，实现完成动画后自动隐藏的效果，延时时间为 1 秒，还可以适当添加声音效果。排列所有数字如图 5-58 所示。

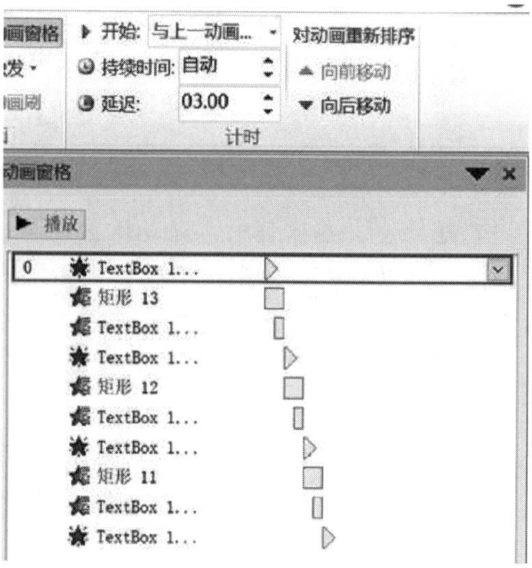

图 5-57 倒计时动画时间线

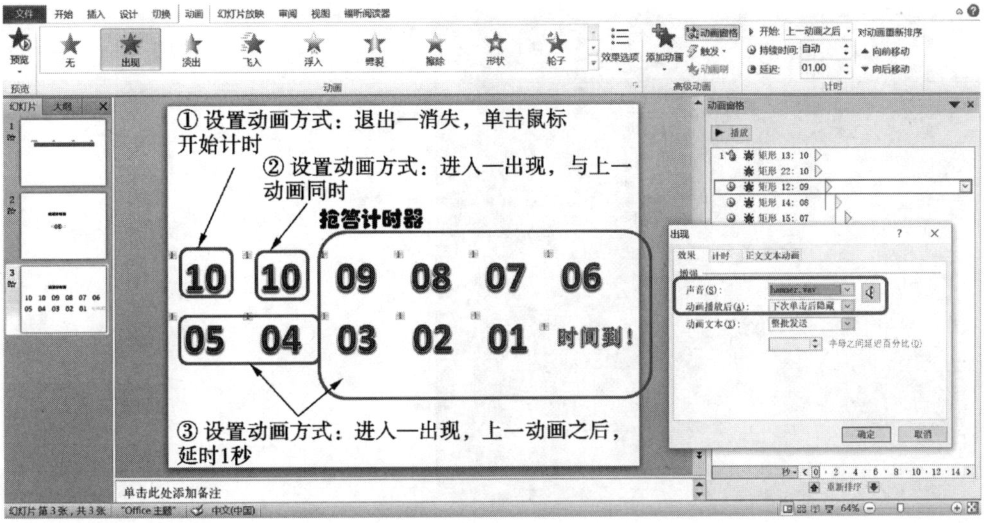

图 5-58　数字设置

图 5-59　版面设计

步骤 2　将这些数字选中，选择对齐方式为“上下居中对齐”与“左右居中对齐”，如图 5-59 所示。

二、制作“闪闪星空”

有些课件中有夜晚星空星星闪烁的美妙场景，它能够迅速吸引观看者。那如何实现闪闪星空的动画效果呢？本例将介绍模拟闪闪星空动画的制作方法。

1. 设计思路

本例将利用路径动画、陀螺旋动画、脉冲动画和闪烁动画来实现闪闪星空的动画效果。

2. 难点及解决方法

难点：如何创建星星对象？星星对象很多，如何一一设置所有星星对象的动画效果？

解决方法：可以插入“形状”下“星与旗帜”中的“十字星”，或者“十字星”与“多角星”的组合来表示星星，一般用白色或黄色表示星光，设置合适的渐变色来填充形状。用复制、粘贴的方法来复制繁多的星星，包括星星动画。

3. 主要步骤

步骤 1　按自己设计时的效果放置好动画对象，用“十字星”与“多角星”的组合来表示星星，用黄色渐变色来填充两个对象，特别要注意在设置最后一个渐变点时要设置透明度，这样填充的星星才更逼真，如图 5-60 所示。

图 5-60　绘制星星

步骤 2　将“十字星”与“多角星”中心对齐组合，绘制好星星对象，添加自定义路径动画，绘制星星的运动路径，设置“与上一动画同时开始”，持续时间为 5 秒，如图 5-61所示。

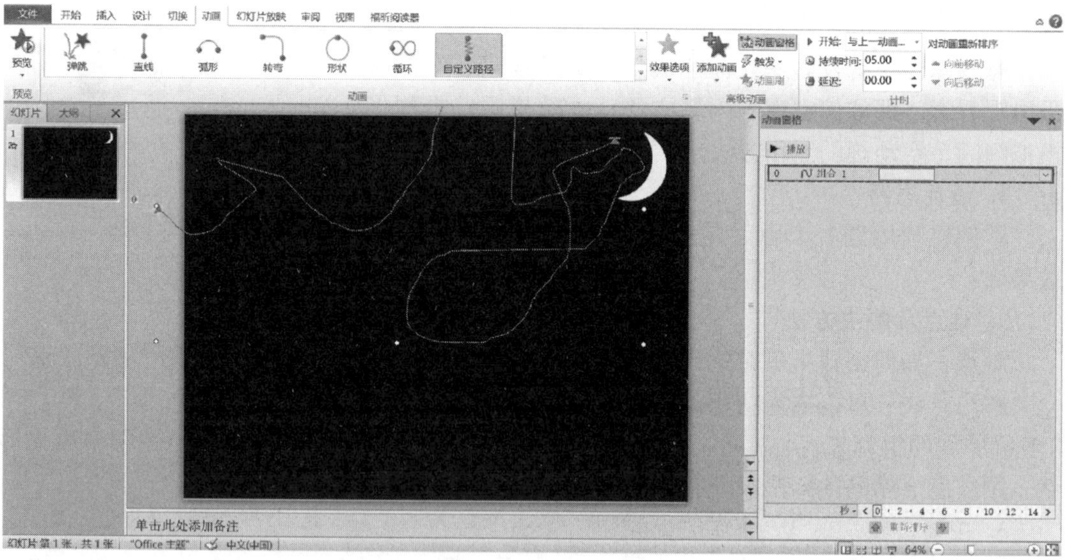

图 5-61　自定义路径动画

步骤 3　为星星对象添加“强调”方式下的“陀螺旋”动画，设置如图 5-62 所示。

步骤 4　为星星对象添加“强调”方式下的“脉冲”动画，设置如图 5-63 所示。

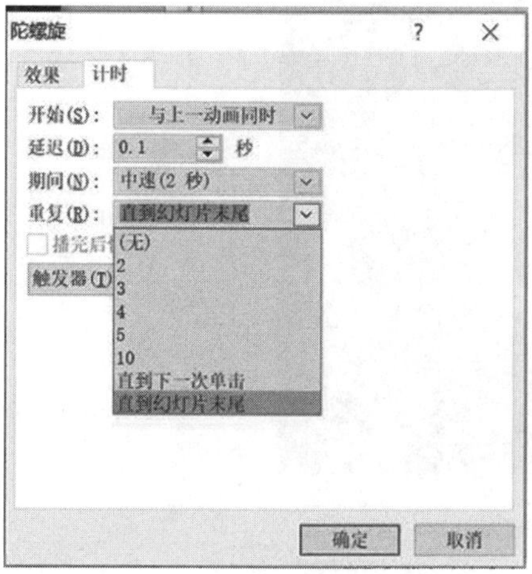

图 5-62　设置“陀螺旋”动画

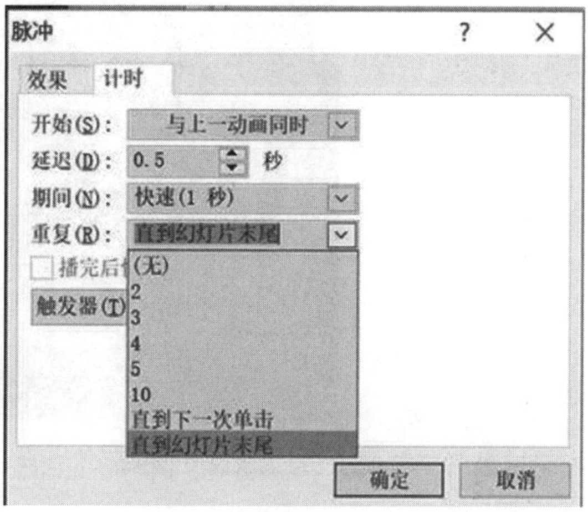

图 5-63　设置“脉冲”动画

步骤 5　复制粘贴繁多的星星对象，编辑更改运动路径，也可以用“强调”组中的“闪烁”动画模拟星星闪烁，设置如图 5-64 所示。

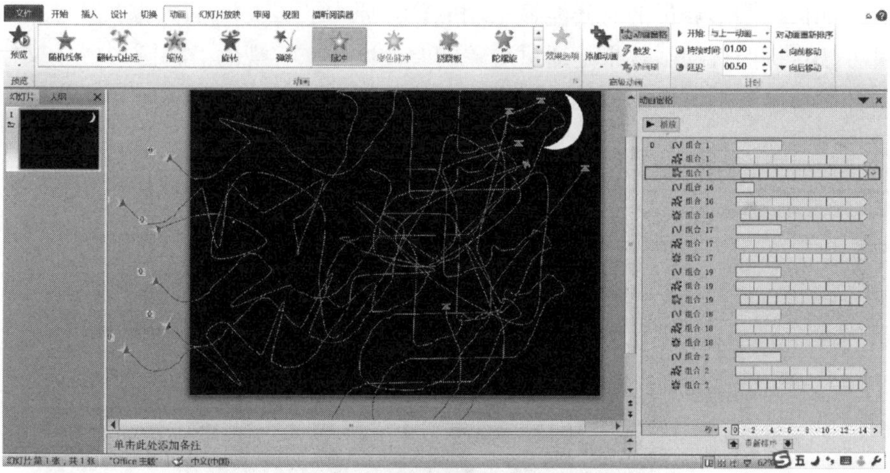

图 5-64　星星闪烁动画设置

4. 应用拓展

星星闪烁动画的制作方法，可以运用到雪花飘落、树叶飘落、音符旋律等系列动画的制作中。

三、探照灯动画效果

探照灯效果是指有光束经过时会显示相应位置上的内容，如图 5-65 所示。

图 5-65　探照灯动画效果

1. 设计思路

光束效果使用黄色的圆形来模拟，用圆形路径动画实现光束移动，圆形经过的时候，显示相应位置的文字，达到探照灯光束移动照射显示文字的效果。

2. 难点及解决方法

难点：如何让圆形经过的时候能显示相应位置原本“没有”的内容？

解决方法：探照灯动画效果是通过对象的叠放次序来实现的。将圆形置于文字和背景中间，这样圆形经过的时候，就能显示出文字。

3. 主要步骤

步骤 1　设计好背景、圆形光束、文字对象的效果，如图 5-66 所示。

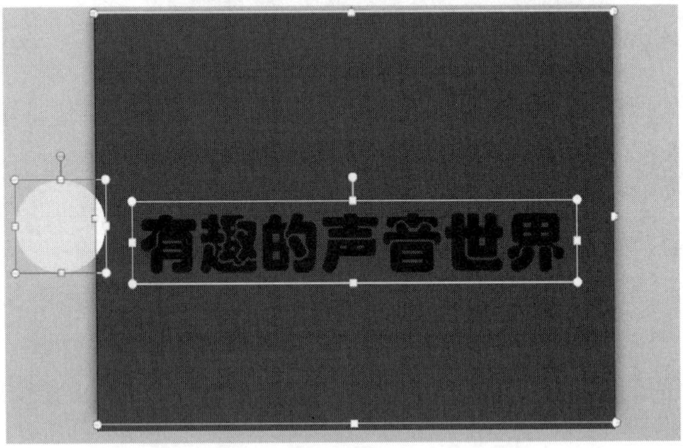

图 5-66　探照灯对象设计效果

步骤 2　设置圆形对象在背景层和文字层中间。选定文字右击，在弹出的快捷菜单中选择“置于顶层”，选定背景设置“置于底层”。也可以通过上移一层、下移一层来调整对象的层次关系，如图 5-67 所示。

图 5-67　调整对象层次关系

步骤 3　添加圆形的自定义路径动画，如图 5-68 所示。

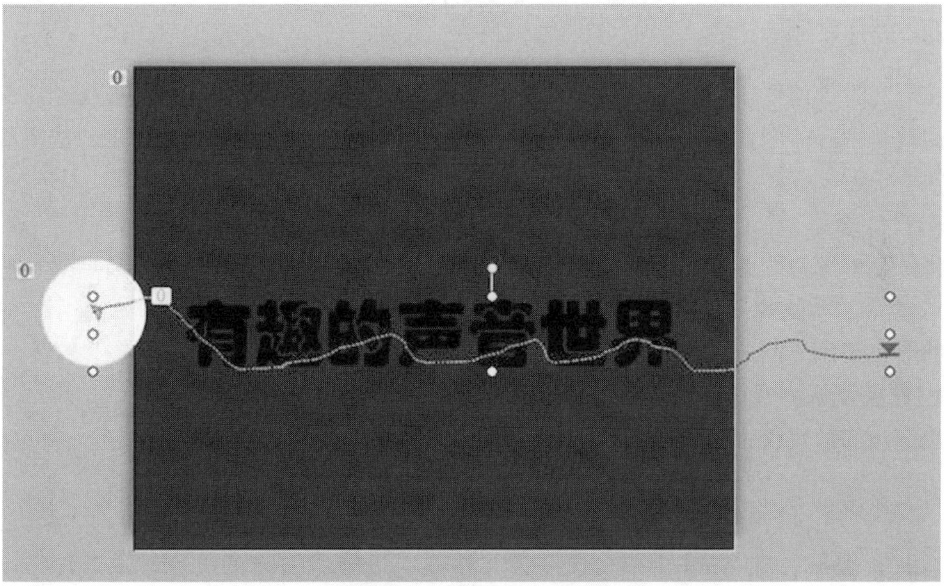

图 5-68　添加圆形路径动画

步骤 4　添加其他对象丰富动画，如音符的闪烁效果、文字字体颜色效果等，如图 5-69 所示。

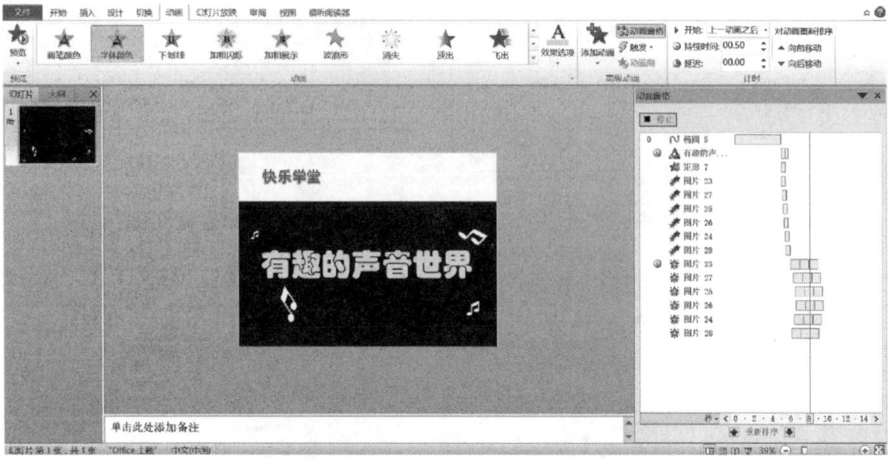

图 5-69　探照灯动画最终效果

4. 应用拓展

除了让圆形移动以外，还可以保持圆形不动，而让文字运动，这样就形成了另一种动画效果。

四、写字动画

在语文教学课件中，特别是在小学低年级汉字的教学中，汉字的笔画书写顺序是一项重要的教学内容。因此，在汉字学习课件中，模拟汉字书写的动画非常有用，能更好地帮助小学生学习汉字。

1. 设计思路

将汉字分解为图元，然后取消图元对象的组合，将汉字分解为笔画，最后对这些笔画设置“擦除”动画效果，擦除方向与书写顺序一致即可。对于有交叉笔画的汉字，则将分解后的图元对象复制成图片，然后对图片进行裁剪。

2. 难点及解决方法

难点：如何将汉字分解为图元对象？

解决方法

借助于 Word，在 Word 中输入汉字，并将汉字设置成需要的大小，设置汉字字体为“楷体_GB2312”或“宋体_GB2312”（必须是这两种字体中的一种）。如果系统没有这两种字体，可以安装，安装字体的方法在项目三中已经介绍过，这里不再重复。

3. 主要步骤

步骤 1　打开 Word 应用软件（如果是 Word 2003 或 Word 2007 版本，则直接操作，如果是 Word 2010 及以上版本，则需要先将文本另保存为“Word 97-2003 文档（*.doc）”再完成后续操作。

步骤 2　输入需要的汉字并设置字体格式为“楷体_GB2312”，字号大小为 300 磅，文字效果为“空心”，如图 5-70 所示。

图 5-70　在 Word 中输入汉字并设置字体格式

步骤 3　选中并复制这个字。

步骤 4　打开 PowerPoint（PowerPoint 中已经输入了需要书写的汉字并设置好的汉字字体和大小），单击“开始”选项卡“剪贴板”组“粘贴”按钮下拉列表中的“选择性粘贴…”命令，打开“选择性粘贴”对话框，在其中选择“图片（Windows 元文件）”，如图 5-71 所示，然后单击“确定”，完成将文字粘贴为图元的过程。

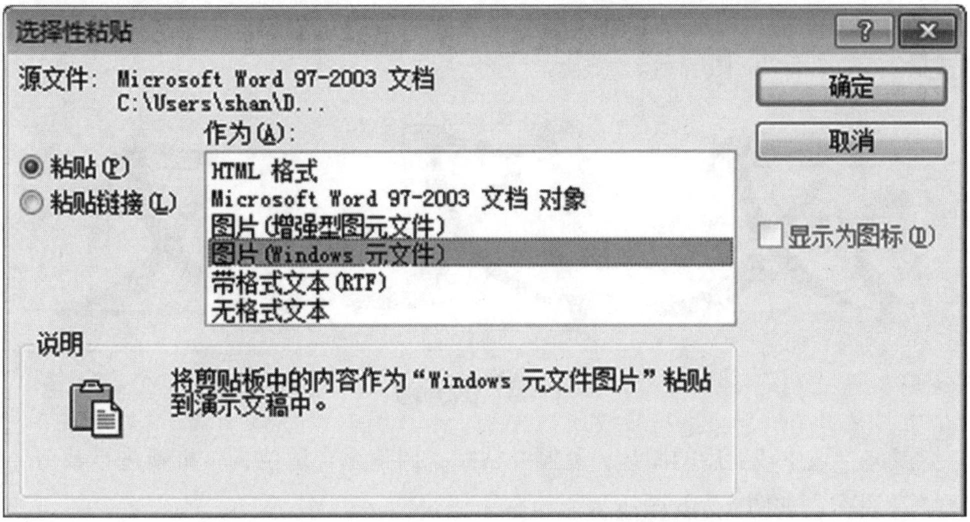

图 5-71　将 Word 中文字作为图元粘贴到 PowerPoint 中

步骤5 选中图元对象，单击“图片工具—格式”选项卡“排列”组“组合”按钮下拉列表中的“取消组合”命令两次以上，直至无法取消，汉字笔画即拆解完成，如图5-72所示。

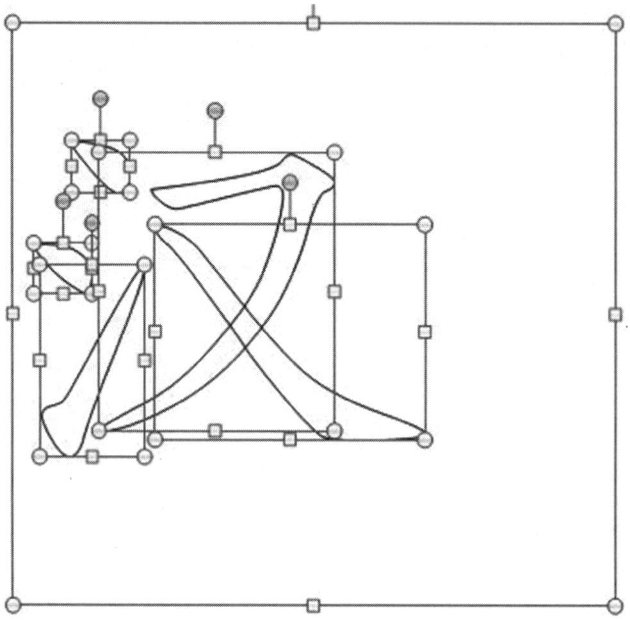

图5-72 汉字笔画拆解

步骤6 将最外面的方框删除，然后选中所有笔画，设置图元对象的填充色和轮廓色，调整图元对象与PowerPoint中汉字对齐。

步骤7 其中“汉”的第四画需要分解成两步完成动画，所以要对这个笔画进行以下特别处理：选中第四画“㇇”并剪切，然后将其粘贴为图片并移动到原笔画所在位置，单击“图片工具—格式”选项卡“大小”组中的“裁剪”按钮，将该笔画裁剪到只留下起笔“横”，如图5-73a图所示。

(a) (b) (c)

图5-73 裁剪笔画

步骤8 选中裁剪后的图片，复制并粘贴，调整至合适位置，重新进行裁剪，留下该笔画右上部分，如图5-73b图所示。

步骤9 用同样的方法将图片复制并裁剪，留下该笔画其余部分，如图5-73c图所示。

步骤 10　按照汉字书写顺序依次为该汉字的各笔画设置“擦除”动画，动画效果选项根据该汉字书写顺序分别为“自顶部”或“自左侧”。

4．应用拓展

利用图形工具可以添加米字格背景，更利于小学生书写汉字，如图 5-74 所示。

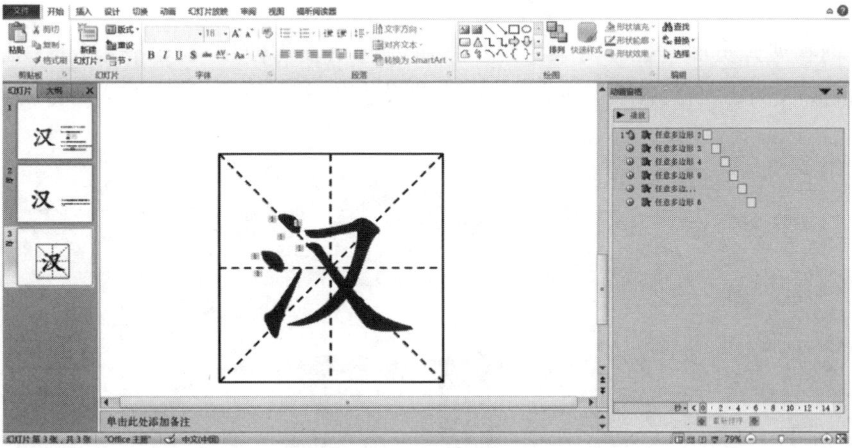

图 5-74　米字格效果

五、卷轴动画

很多课件的片头喜欢采用卷轴的方式呈现课件的标题。使用卷轴呈现内容的表现形式新颖，能很好地吸引学生的注意力，如图 5-75 所示。

1．设计思路

通过两个圆柱体模拟卷轴，以路径动画模拟卷轴的展开和关闭，底层的显示页面配合使用“进入—劈裂”动画，以实现卷轴动画效果。

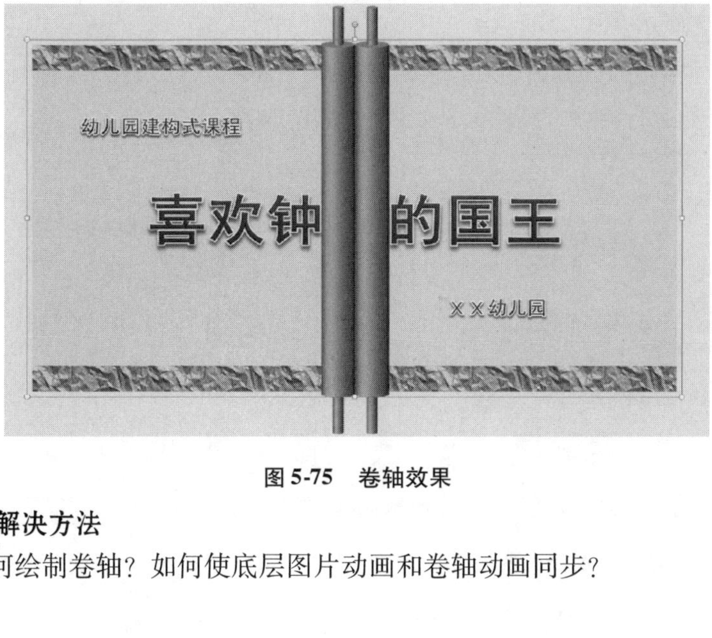

图 5-75　卷轴效果

2．难点及解决方法

难点：如何绘制卷轴？如何使底层图片动画和卷轴动画同步？

解决方法：通过插入椭圆形状，设置椭圆的三维格式，绘制合适的卷轴；通过设置相同的底层页面的动画持续时间和卷轴动作路径动画持续时间实现底层图片动画和卷轴动画同步的效果。

3. 主要步骤

步骤1 根据设计添加展开对象和卷轴，一定要注意对象的叠放层次，卷轴一定要置于展开对象的上方。

两个轴和展开页面这三个对象为同步动画，两个轴均使用动作路径“直线运动”，一个从左到右，一个从右到左；展示图片的动画设置采用“劈裂—中央向左右展开”，如图5-76所示。

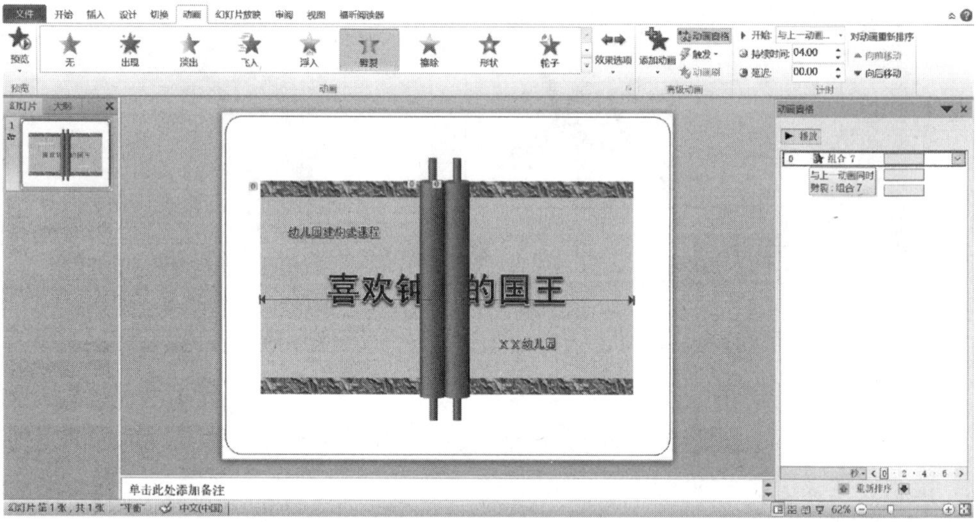

图5-76 卷轴动画设置

步骤2 为了较好地控制时间和同步效果，可以取消“平滑开始”和“平滑结束”效果，如图5-77所示。

步骤3 动画播放的时间除了默认选项外，还可以输入任意时间值，但注意要以“秒”为单位，如运行4秒，则输入“4秒”，如图5-78所示。

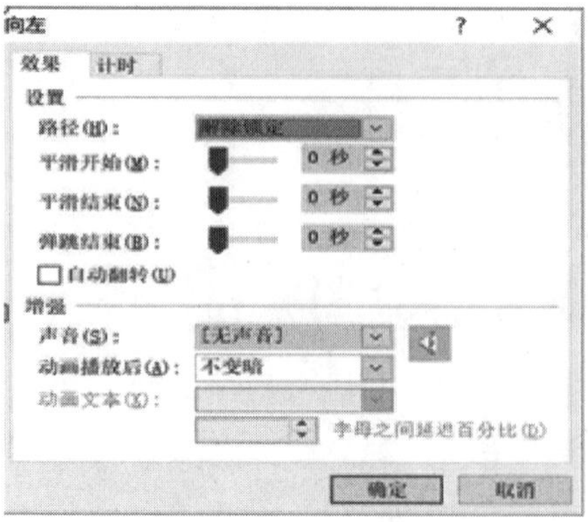

图5-77 “效果”选项

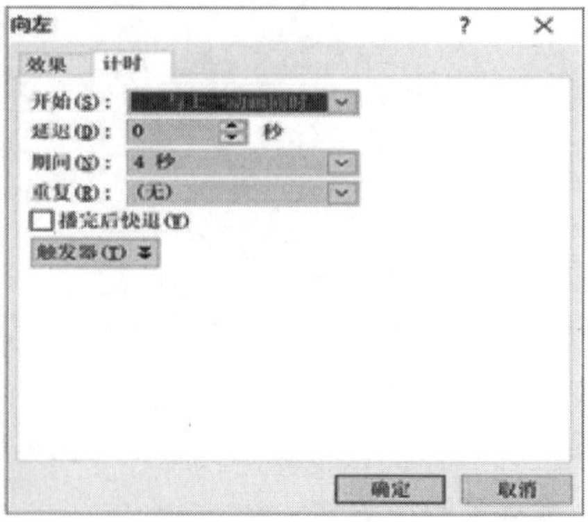

图5-78 “计时”选项

4. 应用拓展

上面设计的动画是自中央向左右两侧展开的，也可以设置成自一侧展开，主要是调整上方的卷轴运动方向，使之同步。

利用相同的方法还可以模拟开门、舞台拉幕布等效果。

利用遮盖的方法可以呈现卷轴关闭的效果，只需设置相反的运动方向即可，如图 5-79 所示。

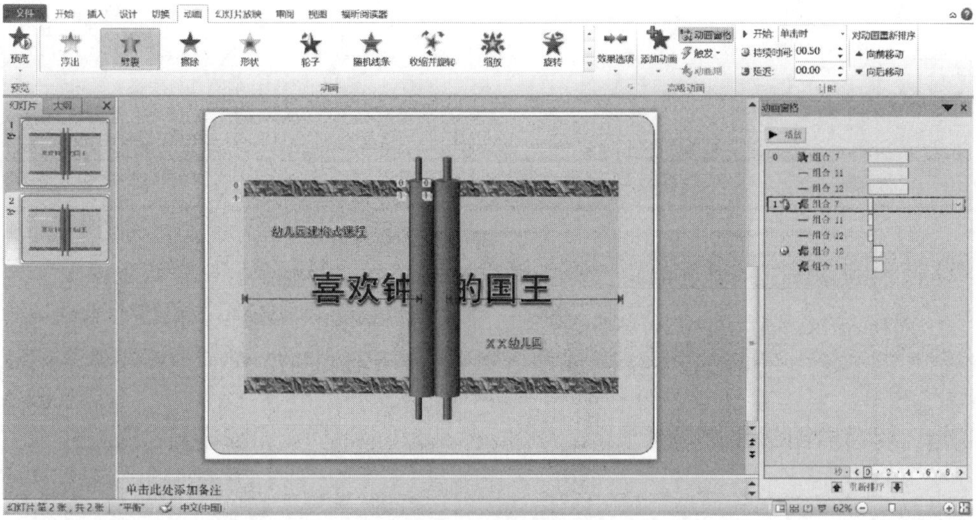

图 5-79　卷轴关闭动画

项目六 为PowerPoint课件添加音视频

音乐可以感染人的情绪；视频是动态的，能够集文字、图像、声音于一身，是信息表达能力最丰富的一种形式。在PowerPoint课件中使用音视频文件，可以让画面更生动，更富有感染力，充分调动学生的视觉、听觉等多种感官，从而达到最佳的学习效果。

项目向导

本项目是为课件《认识时钟》添加音频和视频，使课件更为生动并丰富课件内容。

需要完成的主要操作：

- ◆ 为首页幻灯片添加背景音乐；
- ◆ 编辑背景音乐；
- ◆ 为指定对象添加声音效果。

需要掌握的主要技能：

- ◆ 插入音频并控制音频播放；
- ◆ 对插入的音频进行简单的编辑；
- ◆ 插入视频并控制视频播放；
- ◆ 对插入的视频进行简单的编辑。

相关知识

一、插入音频

音频与文字和图片相比，更容易影响人的情绪，在课件制作过程中不应忽略音频的作用。同时，音频在课件使用过程中也容易带来干扰，若使用不恰当，就会分散学习者的注意力，因此选择音频需谨慎。

1. 在 PowerPoint 2007 或 PowerPoint 2003 中插入音频文件

在 PowerPoint 2007 或者 PowerPoint 2003 中插入音频文件，类似于超级链接的类型，并没有把音频文件嵌入 PowerPoint 中，必须一起打包音频文件。如需将音频文件嵌入PowerPoint 2007 或 PowerPoint 2003 中，首先要保证音频文件为 WAV 格式。

2. 在 PowerPoint 2010 及以上版本中插入音频文件

在 PowerPoint 2010 及以上版本中插入音频文件，能够完全嵌入音频格式，不用担心音频文件丢失问题。在 PowerPoint 2010 中插入音频的具体操作如下：

（1）打开需要插入音频的 PowerPoint 文件，单击“插入”选项卡“媒体”选项组中的“音频”按钮，在下拉列表中可以根据需要选择其中任意一种音频插入方式，常选择的是“文件中的音频”，如图 6-1 所示。

（2）单击“文件中的音频”选项，就会弹出一个“插入音频”的窗口，找到音频文件存储位置，选中音频文件，单击窗口下方的“插入”按钮，如图 6-2 所示。

图 6-1　插入文件中的音频

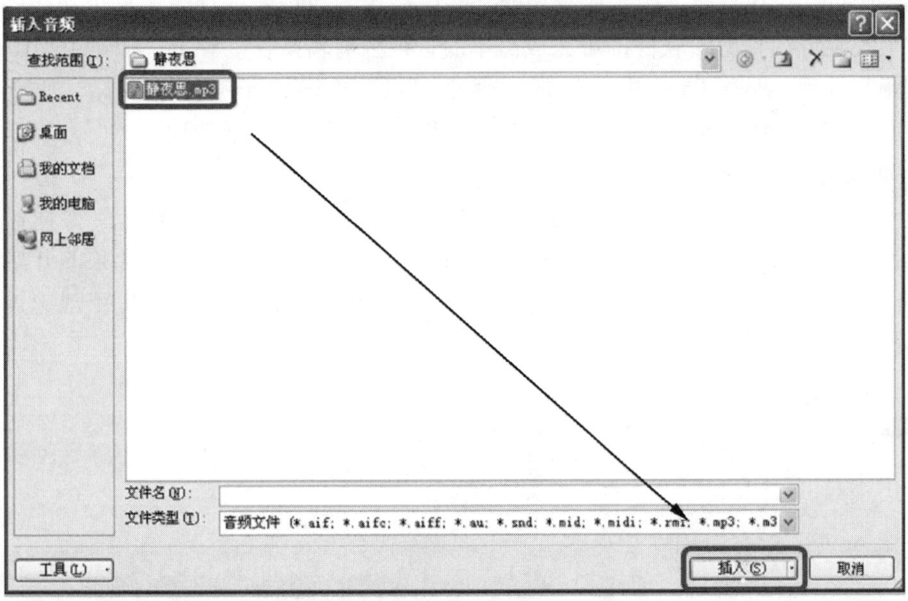

图 6-2　选择需要插入的音频文件

（3）若页面中显示一个小喇叭，则代表音频文件已成功插入，如图 6-3 所示。

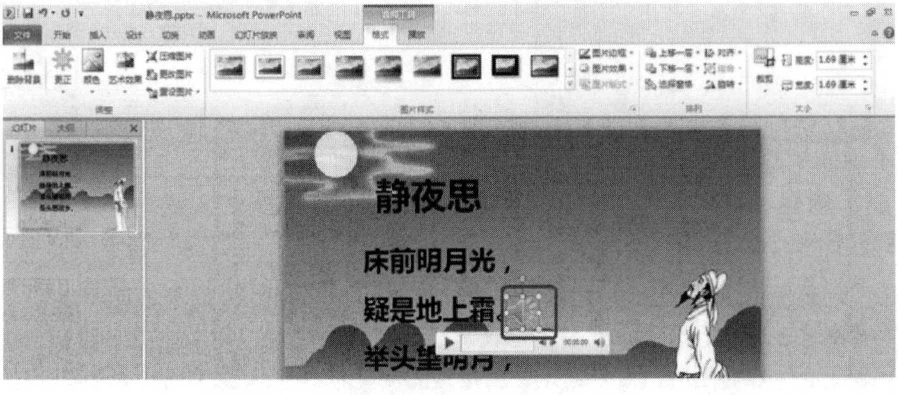

图 6-3　音频图标

> 提示
>
> 1. 代表音频的小喇叭图标实际上是一个图片，可以通过“音频工具—格式”选项卡对其进行格式设置，设置方法与项目四图片格式设置相同。
>
> 2. 在代表音频的小喇叭上右击，通过“更改图片”命令也可以更改音频图标。

二、编辑音频文件

PowerPoint 2010 及以上版本的新功能之一就是音频或视频的剪辑，这个功能的诞生使用户无须安装音视频剪辑软件即可完成简单的音视频剪辑操作。在 PowerPoint 2010 中成功插入音频文件后，PowerPoint 中会出现一个小喇叭，单击“小喇叭”图标，功能区出现“音频工具”选项卡，该选项卡包含“格式”和“播放”两个子选项卡。

1. 剪裁音频

单击“播放”选项卡“编辑”选项组中的“剪裁音频”按钮，打开“剪裁音频”对话框，拖动绿色的“起始时间”滑块和红色的“终止时间”滑块设置音频的开始时间和终止时间，单击“确定”按钮后，滑块之间的音频将保留，其余音频将被裁剪掉，如图 6-4 所示。

图 6-4　剪裁音频

> 提示
>
> 这里可以在“开始时间”和“结束时间”微调框中输入时间值来指定音频的剪裁区域。滚动条上的标记表示当前的播放进度，拖动它或在进度条上单击，可以将播放进度快速定位到指定的位置。

2. 音频淡入淡出效果

在“播放”选项卡“编辑”组的“淡入”和“淡出”微调框中分别输入时间值，如图 6-5 所示，在声音开始和结束播放时添加淡入淡出效果。此处输入的时间值表示淡入淡出效果持续的时间。

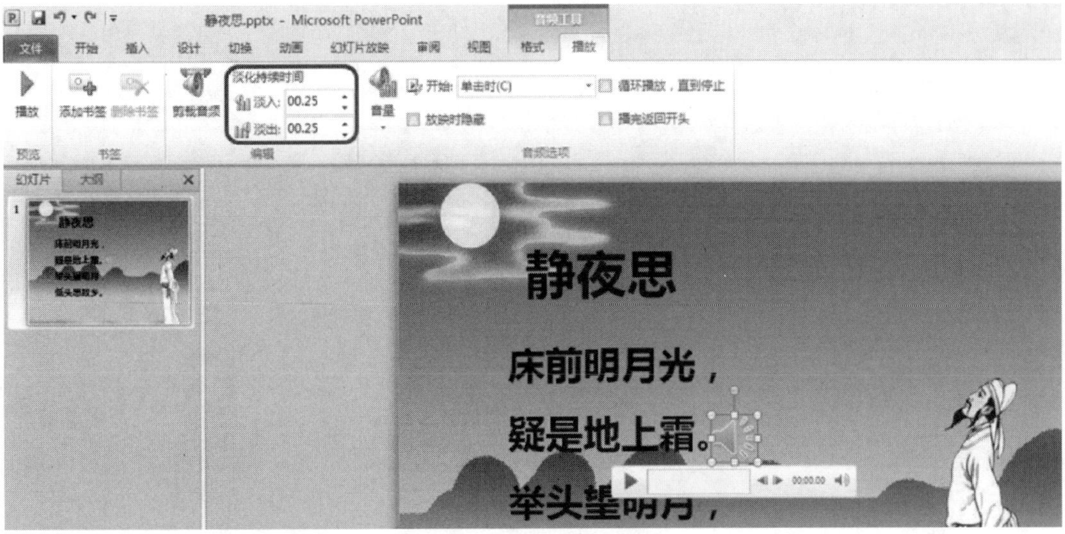

图 6-5　添加淡入淡出效果

3. 控制音频播放的方法

在 PowerPoint 2010 及以上版本中，音频播放是可以设置的，如播放音量、播放进度、播放的开始方式等。下面介绍 PowerPoint 2010 中音频播放的控制方法。

（1）浮动控制栏

➢ PowerPoint 2010 为音频的播放控制提供了一个浮动控制栏，在浮动控制栏的声音播放进度条上单击，可以将播放进度移动到当前单击点处，并从这个位置继续播放，如图 6-6所示。

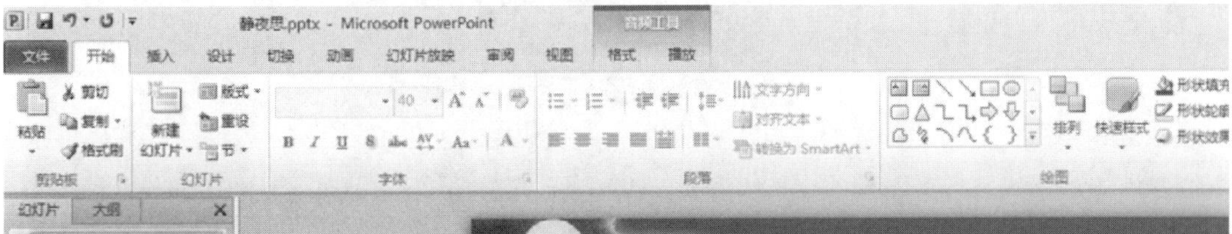

图 6-6　在播放进度条上单击调整播放进度

➢ 单击“向前移动 0.25 秒”或“向后移动 0.25 秒”按钮，可以使播放进度前移

0.25 秒或后移 0.25 秒，如图 6-7 所示。

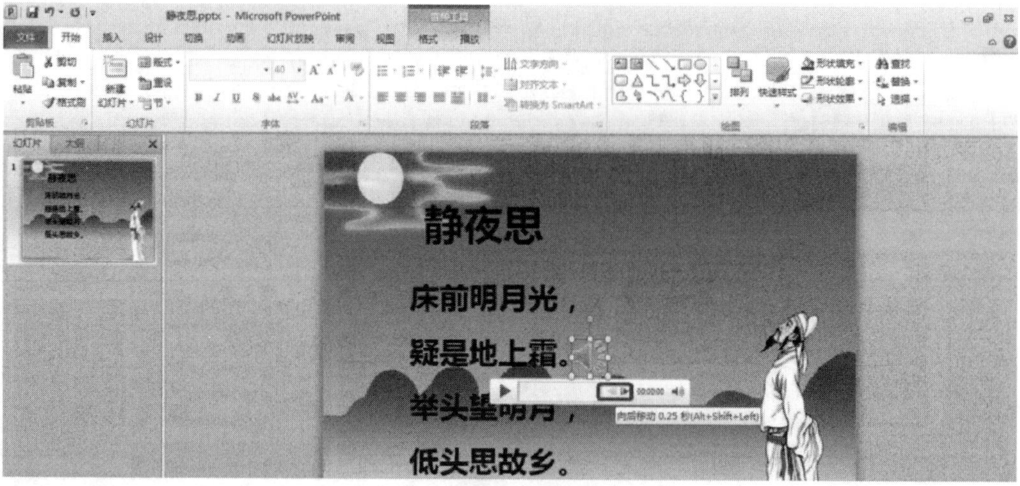

图 6-7　单击按钮调整播放进度

➢ 将鼠标指针放置于控制栏上的“静音/取消静音”按钮上就会出现一个滚动条，拖动滚动条上的滑块可以对播放音量进行调整，如图 6-8 所示。

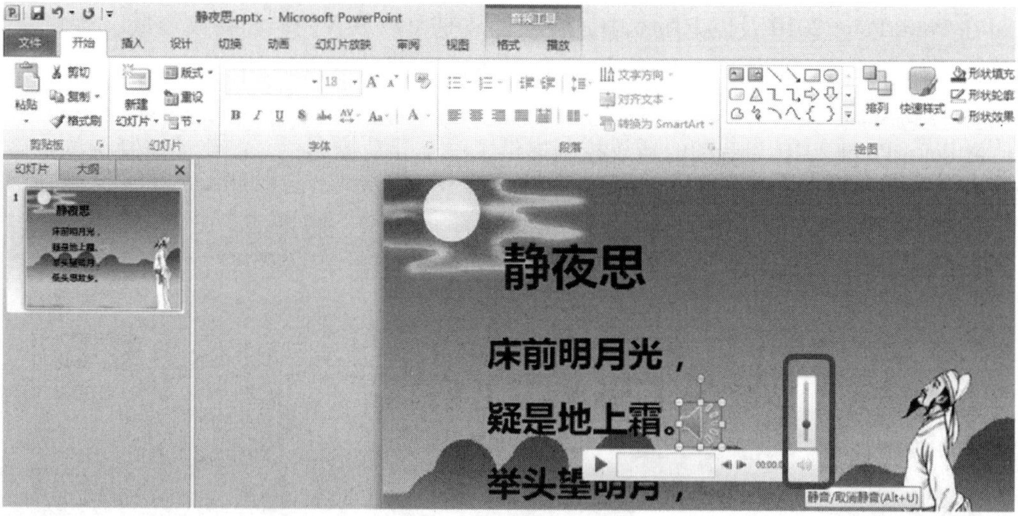

图 6-8　调整播放音量

（2）添加书签

在音频播放时，单击“播放”选项卡“书签”选项组中的“添加书签”按钮，可以在当前播放位置添加一个书签，如图 6-9 所示。书签可以帮助用户在音频播放时快速定位播放位置，按【Alt】+【Home】键，播放进度将跳转到下一个书签处；按【Alt】+【End】键，播放进度将跳转到上一个书签处。在播放进度条上选择书签后，单击“删除书签”按钮删除所选择的书签。

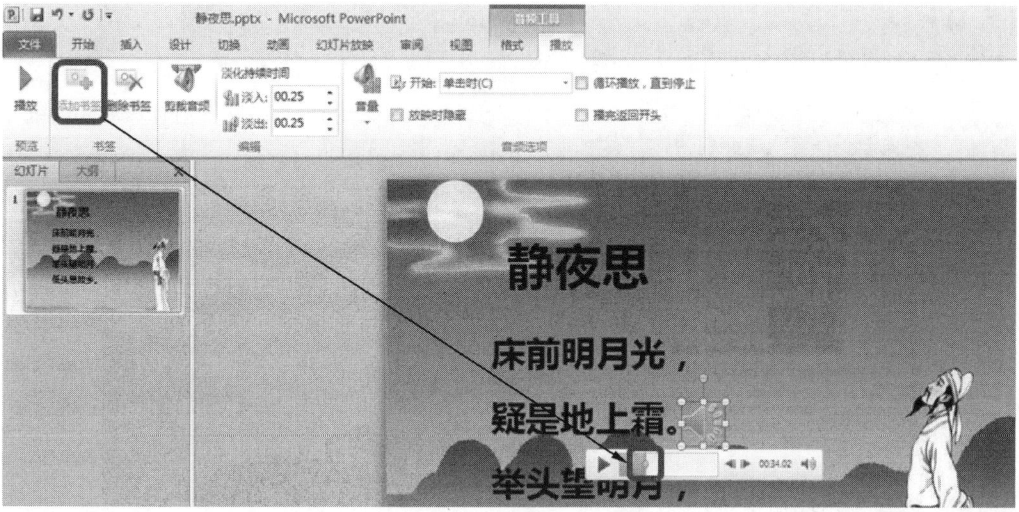

图 6-9　添加书签

（3）设置音频开始的方式

选择幻灯片中的音频图标，单击“播放”选项卡“音频选项”组中的“开始”按钮，在“开始”下拉列表中选择相应的选项设置音频开始的方式，如图 6-10 所示。

➢“自动”是指音频在幻灯片播放时自动开始播放。

➢“单击时”为默认选项，是指在幻灯片播放时，单击音频图标才开始播放音频。

➢“跨幻灯片播放”是指音频跨页播放直至音乐播放结束。不勾选“跨幻灯片播放”，则音频只在本页内播放，翻页时就会停止。勾选“跨幻灯片播放”，音频就不会因为翻页而停止。

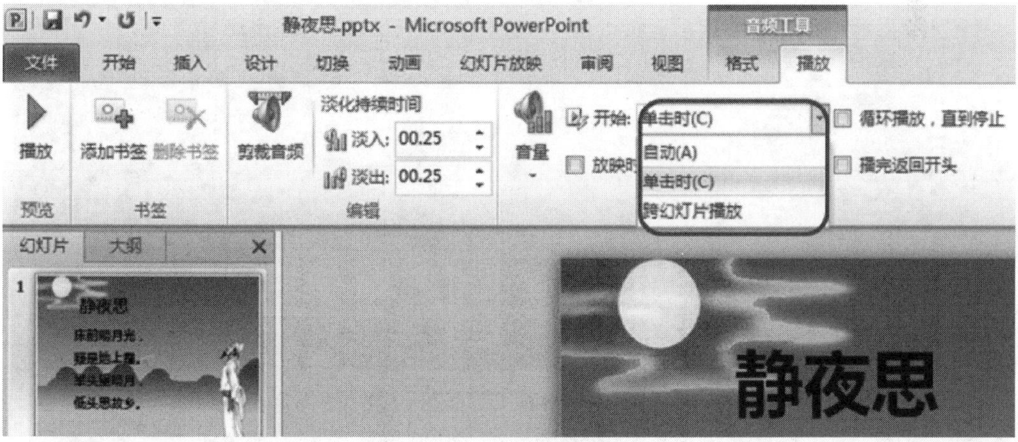

图 6-10　设置音频开始的方式

（4）设置音频播放音量

选择幻灯片中的音频图标，单击“播放”选项卡“音频选项”组中的“音量”按钮，在打开的下拉列表中勾选相应的选项对播放音量进行设置，如图 6-11 所示。

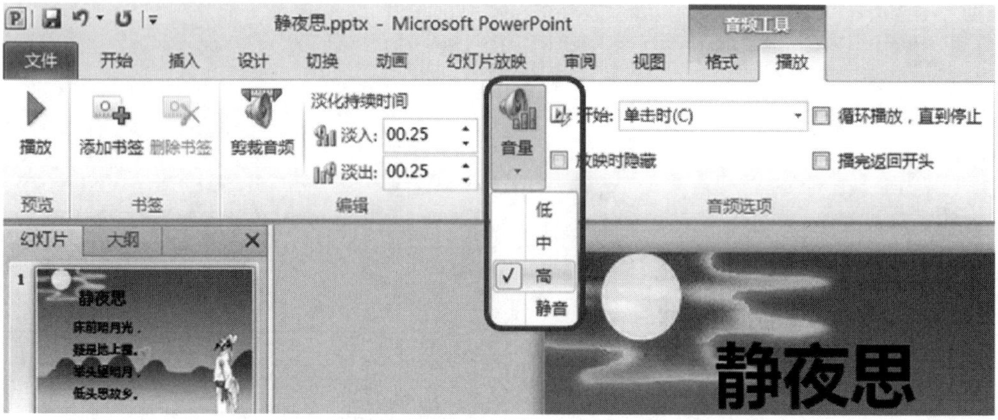

图 6-11　设置音频播放音量

（5）控制音频播放方式

选择幻灯片中的音频图标，在“播放”选项卡“音频选项”组中勾选相应的选项，实现音频不同播放方式控制，如图 6-12 所示。

- 勾选“循环播放，直到停止”复选框，音频将在幻灯片播放过程中一直播放。
- 勾选“放映时隐藏”复选框，幻灯片播放时将不会显示音频图标。
- 勾选“播完返回开头”复选框，音频播放完成后将返回到开头，而不是停在末尾。

图 6-12　控制播放形式

提示

在 PowerPoint 2010 中插入 MP3 音频文件比较缓慢，而且不能在兼容模式下使用，对方也必须是 PowerPoint 2010 嵌入的 MP3 音频文件才可以完全播放。如果将文件另存为 PowerPoint 97-2003 兼容文件，那么音频文件会自动转换成图片，无法播放。

PowerPoint 中所谓的音频剪裁，实际只是遮盖了用户不想听到的部分，并未真正剪裁。

三、插入视频

在 PowerPoint 2010 中，直接插入视频的方法依据视频资源的来源不同，分为文件中的视频、来自网站的视频和剪贴画视频，如图 6-13 所示。

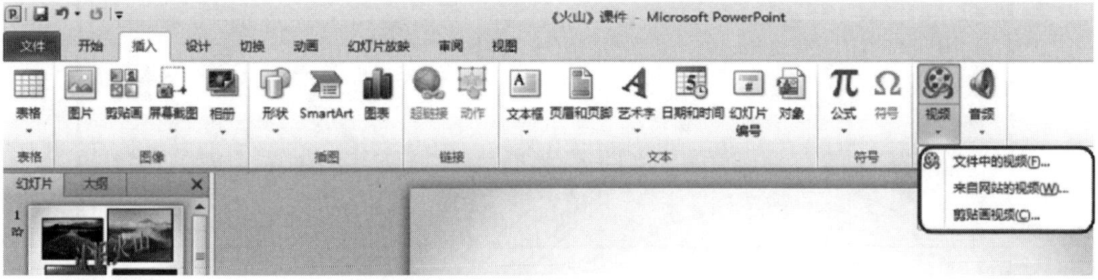

图 6-13　插入视频文件

1. 文件中的视频

这是使用最多、最方便的一种方法。PowerPoint 2007 或 PowerPoint 2003 版本在插入视频后会弹出“您希望在幻灯片放映时如何开始播放影片?”对话框，选择“自动播放”表示幻灯片放映时直接播放视频文件，选择“单击”则表示需要用鼠标单击“播放”按钮才会播放视频，这也是默认方式。

而在 PowerPoint 2010 中插入视频是没有这个选项的，但是在功能区会出现“视频工具—播放”选项卡，如图 6-14 所示。PowerPoint 2010 可以完成简单的视频剪裁、视频的淡入淡出效果设置；视频播放也可以设置，包括播放音量、播放进度、播放的开始方式等，操作与音频一致，在这里不再赘述。

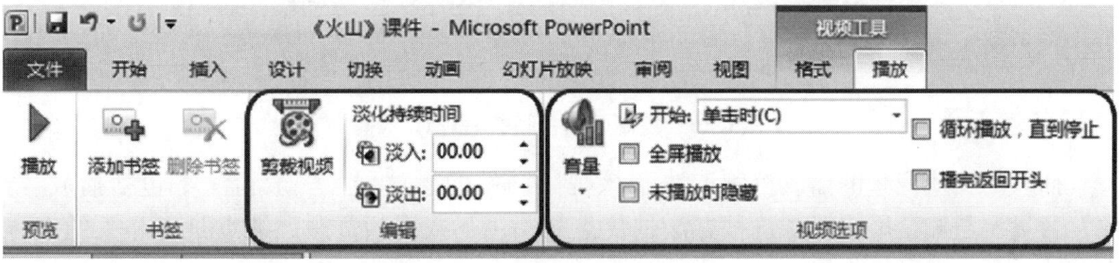

图 6-14　视频编辑及播放控制

2. 来自网站的视频

随着网络带宽的不断提高和视频压缩技术的不断发展，在线视频网站越来越多，这其中有许多资源可以作为视频素材放在课件中供教学使用，PowerPoint 2010 为此专门提供了一项插入来自网站的视频的功能。

操作步骤如下：单击“插入”选项卡“媒体”选项组中的“视频”按钮，选择“来自网站的视频”，如图 6-15 所示，要求复制视频的 HTML 代码。

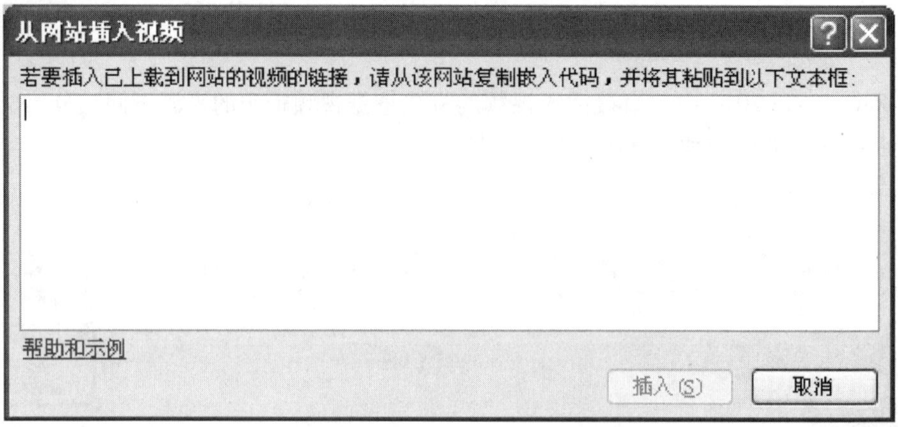

图 6-15　从网站插入视频

图 6-16 所示是搜狐网站一段视频的 HTML 嵌入代码。

图 6-16　复制网站视频的 HTML 代码

插入的在线视频的播放控制取决于该视频网站的播放器，一般情况下包括播放、暂停、音量调整和全屏设置。这种方法的优点是不用下载视频资源；缺点是有相关的广告，在放映时需要有网络支持。

3. 剪贴画视频

剪贴画中的视频是来自 Office 剪贴画中的视频，其实就是 GIF 动画。从本质上来讲，它不属于视频，而且这一功能在 PowerPoint 2013 以上版本中已经取消，这里不多做介绍。

四、录制视频

在 PowerPoint 2016 版本中提供了屏幕录制功能，可以将屏幕上的操作录制为视频插入幻灯片中。屏幕录制的方法：单击“插入”选项卡“媒体”组中的“屏幕录制”按钮，如图 6-17 所示，开始屏幕录制操作。这个时候会出现一个小窗口，可以通过该窗口对是否录制视频及是否录制鼠标指针进

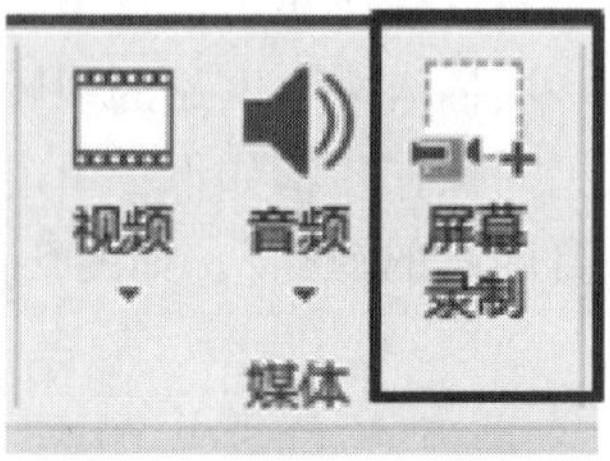

图 6-17　“屏幕录制”按钮

行设置，同时选择录制区域，做好录制前的准备工作，如图 6-18 所示。区域选择好后，录制按钮会变成红色，此时单击“录制”按钮，会出现一个倒计时画面，如图 6-19 所示，提示可以按下键盘【Win + Shift + Q】组合键退出视频录制制作，计时结束后，屏幕录制即开始，这个时候用户的所有操作都会被录制成视频。

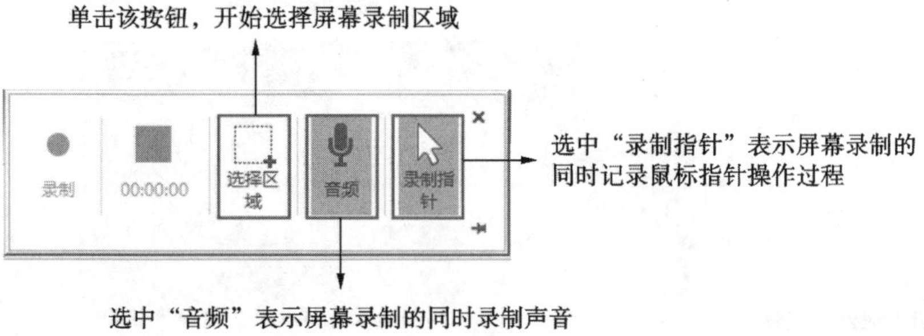

图 6-18　屏幕录制小窗口

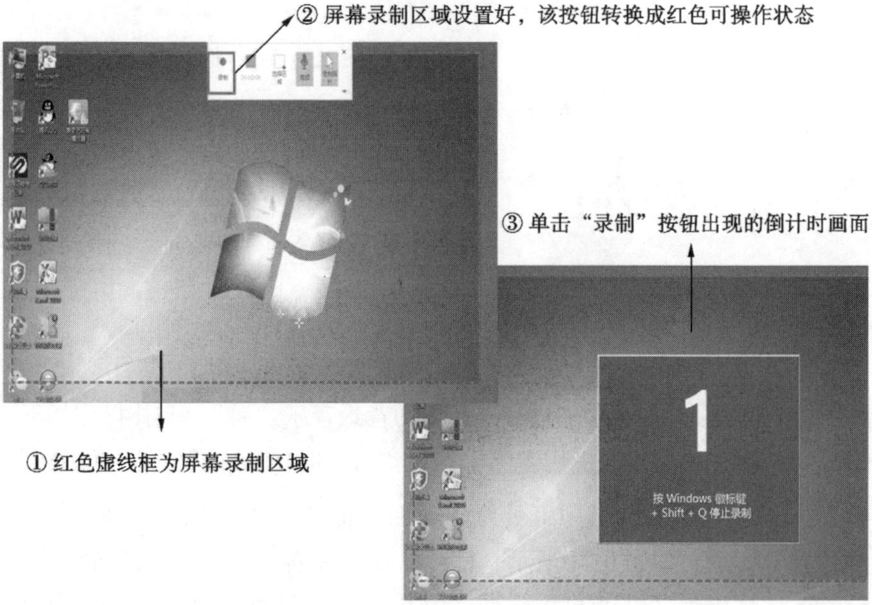

图 6-19　开始屏幕录制操作

屏幕录制开始后，屏幕录制操作小窗口的“录制”按钮自动变换成“暂停”按钮，录制过程中可以通过单击该按钮暂停录制工作。屏幕录制完成后，单击小窗口“关闭”按钮即可结束屏幕录制操作，此时录制好的视频将自动添加到幻灯片中，可以在 PowerPoint 中对视频进行观看、调整大小等操作；还可以在视频上右击，在弹出的快捷菜单中选择“修剪”命令对视频进行修剪，选择“将媒体另存为”命令将视频以 MP4 的格式保存下来，如图 6-20 所示。

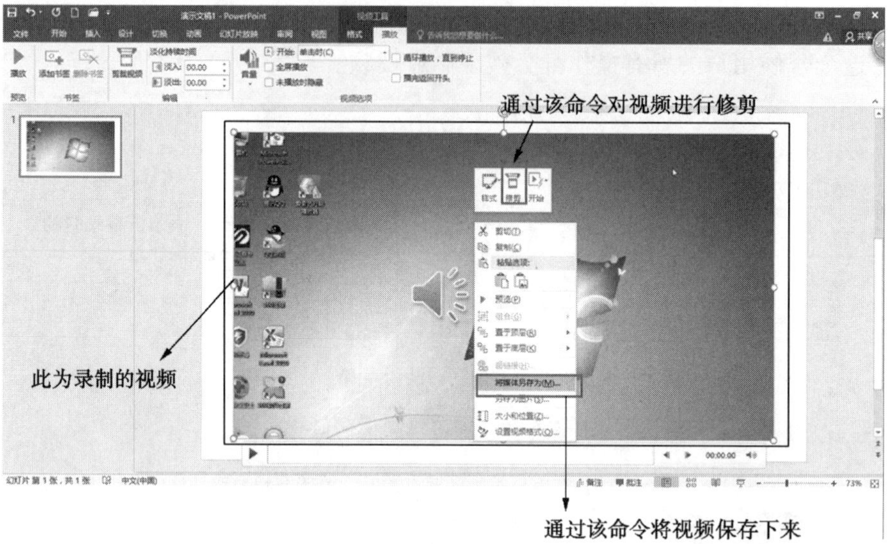

图 6-20　对录制的视频进行操作

项目实施

一、首页插入背景音乐，并对背景音乐进行编辑

为课件《认识时钟》首页添加已经准备好的背景音乐“钟”，具体操作如下：

步骤 1　启动 PowerPoint 应用程序，打开“认识时钟 . pptx”演示文稿。

步骤 2　单击“插入”选项卡“媒体”组中的“音频”按钮，在下拉列表中选择“文件中的音频”命令，如图 6-21 所示，打开“插入音频”对话框，找到素材文件夹下的音乐文件“钟”，选中该文件并单击“插入”按钮，如图 6-22 所示，将音频文件插入幻灯片。

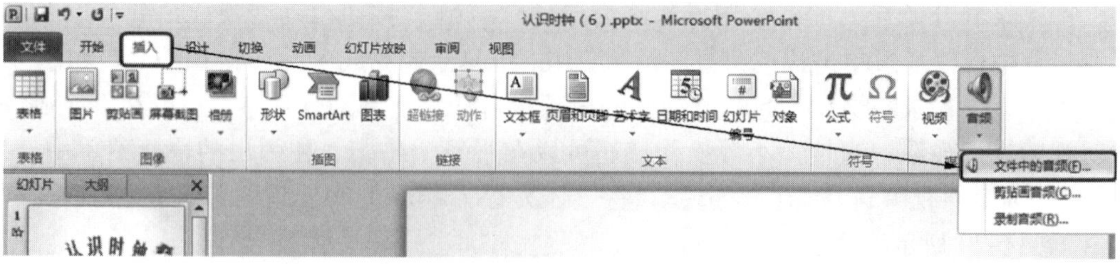

图 6-21　选择插入文件中的音频

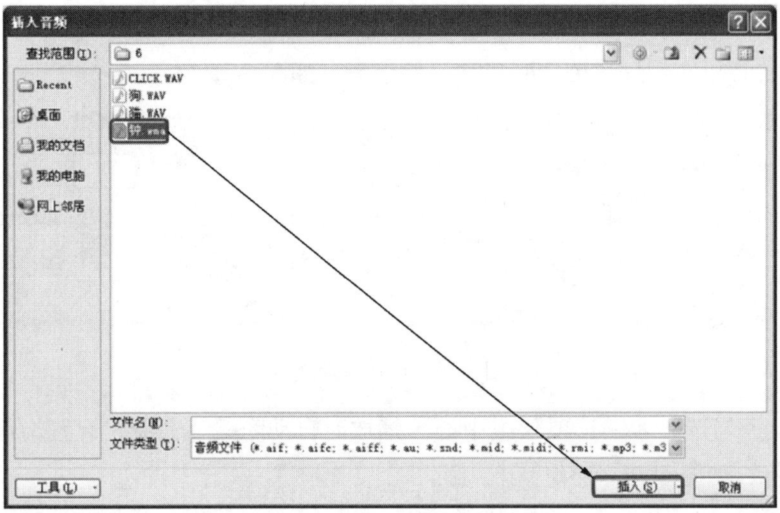

图 6-22　选择背景音乐“钟”

步骤 3　单击“音频工具—播放”选项卡“编辑”组中的“剪裁音频”按钮，打开“剪裁音频”对话框，如图 6-23 所示，对音频进行剪裁，让音乐只播放第一部分；接着修改“编辑”组中的“淡化持续时间”的“淡入”和“淡出”命令后文本框内的数值，设置淡入淡出效果，如图 6-24 所示。

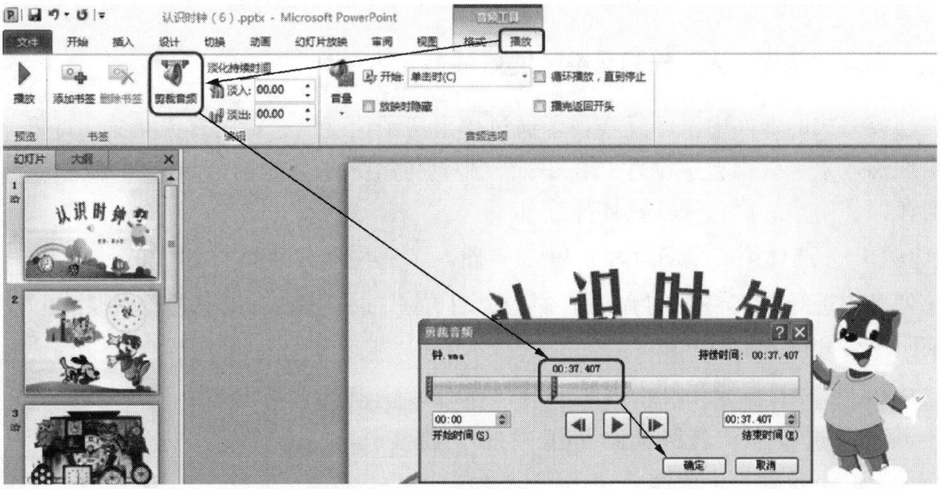

图 6-23　剪裁背景音乐

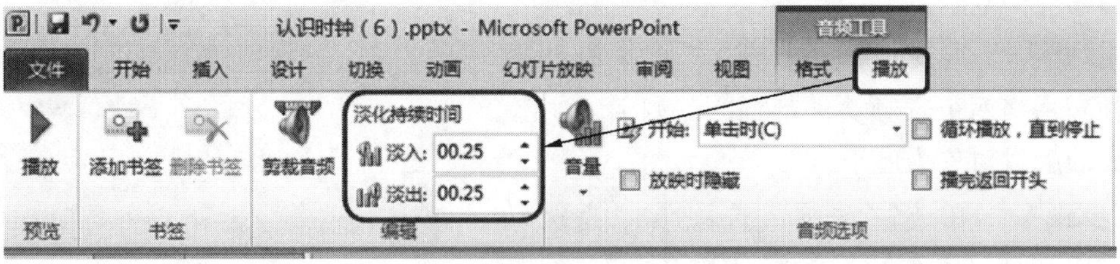

图 6-24　设置淡入淡出效果

步骤 4 单击“播放”选项卡“音频选项”组中“开始”命令的下拉列表，选择“自动”，设置音乐在幻灯片播放时自动开始播放，如图 6-25 所示。

图 6-25 设置自动播放

步骤 5 勾选“音频选项”组中的“播放时自动隐藏”命令，设置幻灯片播放时不显示音频图标，如图 6-26 所示。

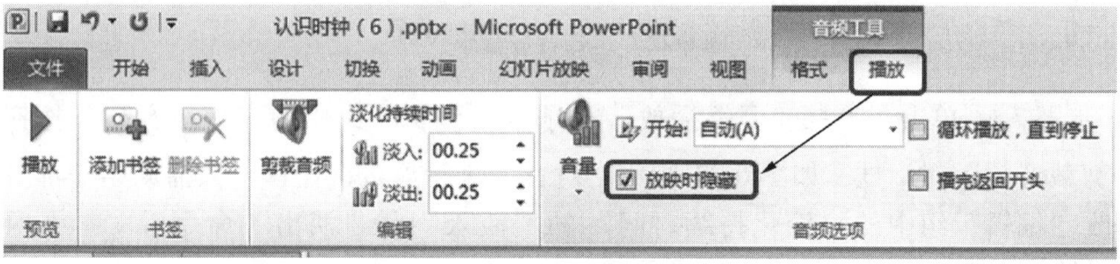

图 6-26 隐藏音频图标

二、实现“未见其人，先闻其声”的效果

在已经完成的课件中，已经实现了通过单击房子让蓝猫邀请的客人小猫、小狗和时钟依次出现的效果。根据教学设计，在小猫、小狗等客人来到之前应该先听到它们的声音，那如何在课件中添加声音呢？具体操作如下：

步骤 1 选择第二张幻灯片，单击“插入”选项卡“媒体”组中的“音频”按钮，在下拉列表中选择“文件中的音频”命令，打开“插入音频”对话框，将素材文件夹下的小猫叫声音频插入幻灯片。

步骤 2 保持音频文件小喇叭的选择状态，单击“动画”选项卡“高级动画”组中的“触发”按钮，在下拉列表中选择“单击”命令组中的“屋子”，如图 6-27 所示，实现单击房子，听到小猫叫声的效果。

步骤 3 重复步骤（1—2），将小狗叫声和时钟滴嗒声两个音频文件都插入幻灯片，并设置播放的触发对象为屋子。

步骤 4 单击“动画”选项卡“高级动画”组中的“动画窗格”按钮，打开动画窗格，

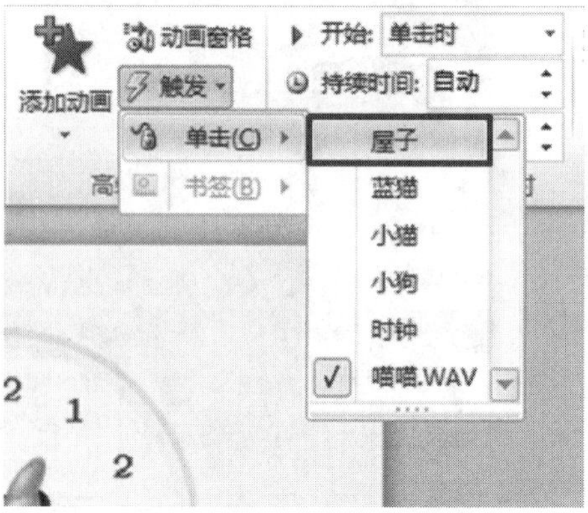

图 6-27 设置触发对象

调整小猫叫声、小狗叫声和时钟滴嗒声的音频文件动画顺序分别至对应对象出现之前，如图 6-28 所示。

这样就实现了在蓝猫出来后，单击房子，先听到小猫的叫声，再次单击房子，小猫出现，即教学设计中的“未见其人，先闻其声”的效果。

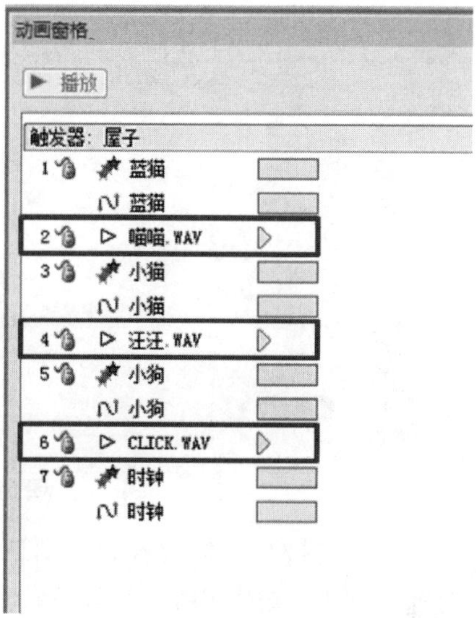

图 6-28　调整播放音频的动画顺序

拓展视野

一、为电子相册配音

在利用 PowerPoint 制作课件时，有时为实现更好的展示效果，经常会全程使用背景音乐，如果不对插入 PowerPoint 中的音频进行设置，那么当幻灯片切换到下一张时，音乐就会自动停止。如何设置才能让 PowerPoint 中的音乐一直播放呢？下面以电子相册为例，演示添加背景音乐的方法。

1. 设计思路

对插入 PowerPoint 中的音频进行设置，使其循环播放至幻灯片放映结束。

2. 主要步骤

打开制作好的电子相册，进行如下操作：

步骤 1　在“插入”选项卡的“媒体”选项组中单击“音频”按钮，在下拉菜单中选择“文件中的音频”选项，将准备好的音乐插入幻灯片。

步骤 2　设置 PowerPoint 音乐循环播放至幻灯片放映结束，有两种设置方法：

➢ 方法一：选中音频“小喇叭”图标，单击“音频工具—播放”选项卡“音频选项”组“开始”选项中的“跨幻灯片播放”命令，同时勾选“循环播放，直到停止”命令，如图 6-29 所示。这样，音频将会跨页播放直至音乐播放结束，若音频播放结束时幻灯片还未放映结束，则音频会重复播放直到幻灯片放映结束。

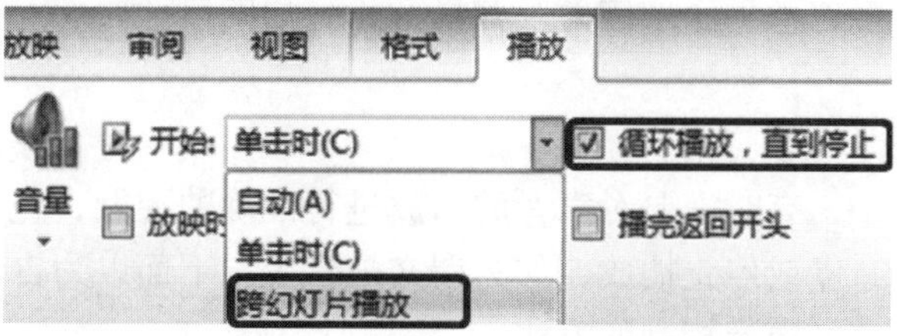

图 6-29　通过“音频工具—播放”选项卡设置

➢ 方法二：在幻灯片中选中音频图标，单击“动画”选项卡“高级动画”组中的“动画窗格”按钮，打开“动画窗格”对话框。在“动画窗格”任务窗格中单击“声音”选项右侧的下三角按钮，在打开的下拉列表中选择“效果选项”，如图 6-30 所示。

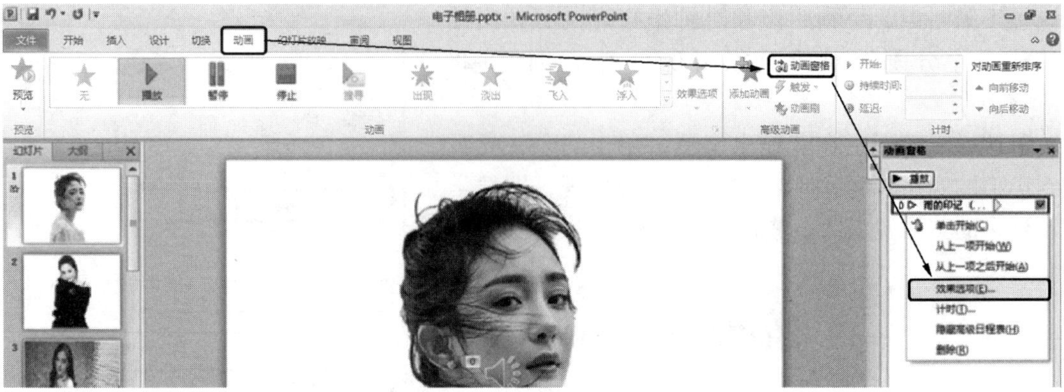

图 6-30　通过“效果选项”设置

此时将打开“播放音频”对话框，在“效果”选项卡中对声音播放进行设置，这里设置“在 16 张幻灯片后”停止播放音乐，如图 6-31 所示。

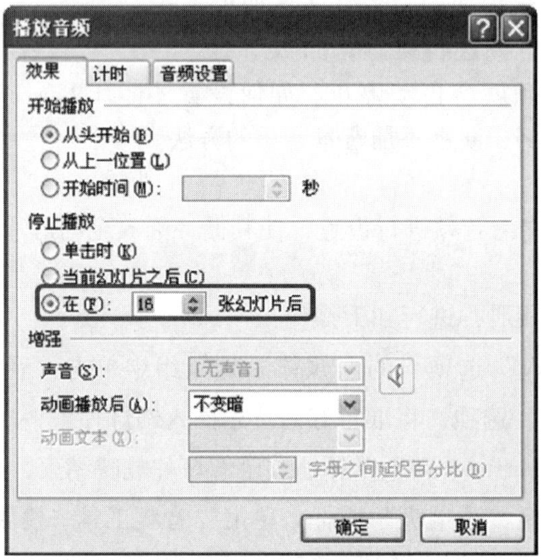

图 6-31　设置“停止播放”

3．应用拓展

该方法还可用于多首背景音乐接力及背景音乐叠加朗读旁白。

二、为古诗配音

在课件制作过程中，有时需要对声音的播放进行准确的控制，包括根据需要随时开始声音播放、在播放中暂停或停止播放，如为课文配音等。下面以为古诗《咏柳》配朗读控制按钮为例，介绍自定义声音控制的方法。

1．设计思路

将用户自己创建的对象作为触发器用来控制声音的播放。

2．主要步骤

步骤 1　插入古诗朗读的声音文件。

步骤 2 绘制 3 个文本框，分别输入内容“播放”、“暂停”和“停止”，对文本框进行样式设置，如图 6-32 所示。为了方便，将三个文本框分别命名为“播放”、“暂停”和“停止”。

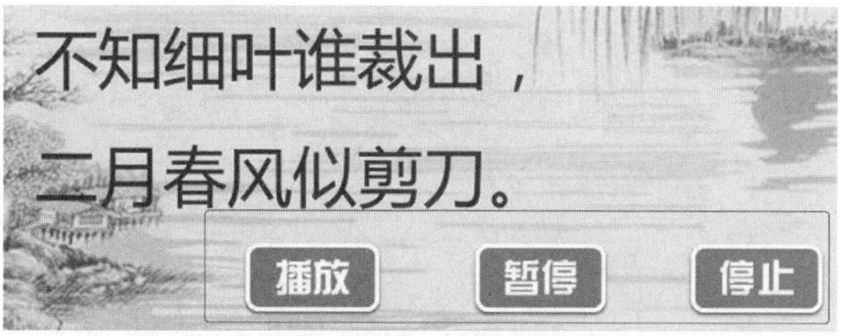

图 6-32 绘制文本框

步骤 3 在幻灯片中选择音频图标，单击“动画”选项卡“高级动画”组中的“触发”按钮，在“单击”列表中选择对象“播放”作为音频播放触发器，如图 6-33 所示。

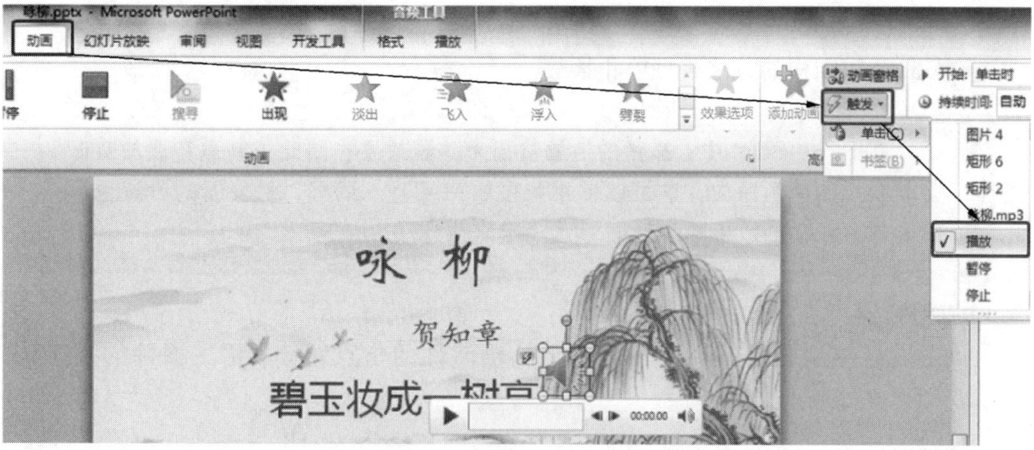

图 6-33 为音频播放选择触发器

步骤 4 保持音频图标选择状态，在“动画”选项卡的“高级动画”组中单击“添加动画”按钮，在打开的下拉列表的“媒体”栏中选择“暂停”选项为音频添加“暂停”效果，如图 6-34 所示。

图 6-34 为音频添加“暂停”效果

步骤 5 打开“动画窗格”，在“动画窗格”中选中音频暂停播放任务“□□咏柳.mp3”，单击“动画”选项卡“高级动画”组中的“触发”按钮，在“单击”列表中选择对象“暂停”作为音频暂停播放触发器，如图 6-35 所示。

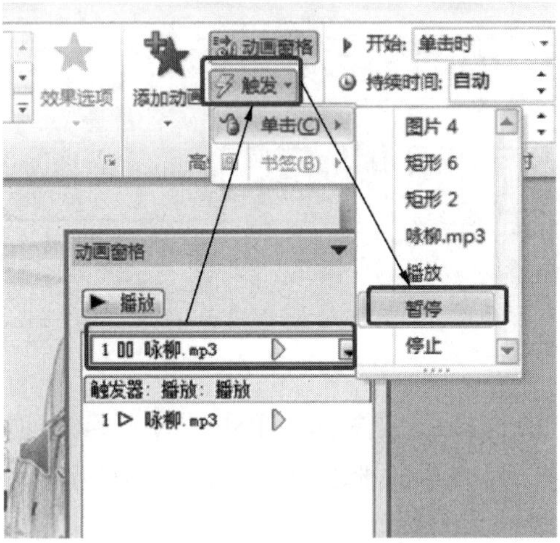

图 6-35 为音频暂停选择触发器

步骤 6 用同样的方法处理停止播放。

> **提示** 在 PowerPoint 中，声音的播放被视为动画效果，因此控制声音播放实际上就是控制动画播放，这可以使用触发器来实现。同样，触发器的设置也可以通过音频动画效果的“计时”选项卡来实现。

3. 应用拓展

借助触发器控制音频的播放还可用于英语课件的指点领读、语文课件的生字词点读等。

三、录制旁白

在某些课件中需要配合幻灯片的放映添加一些特别的介绍或者说明性的语音，这种音频称为旁白。由于旁白的使用要配合幻灯片的放映，所以需要用户自行录制。下面以课件《狐狸和乌鸦》录制旁白为例介绍旁白的录制方法。

1. 设计思路

在课件中使用旁白，借助“录制幻灯片演示”功能实现。

2. 主要步骤

步骤 1 打开需要录制旁白的幻灯片，单击“幻灯片放映”选项卡“设置”选项组中的“录制幻灯片演示”按钮，在下拉列表中选择“从头开始录制”，系统弹出“录制幻灯片演示”对话框，如图 6-36 所示，根据需要进行相应的设置。需要注意的是，进行旁白录制时，计算机需要配备相

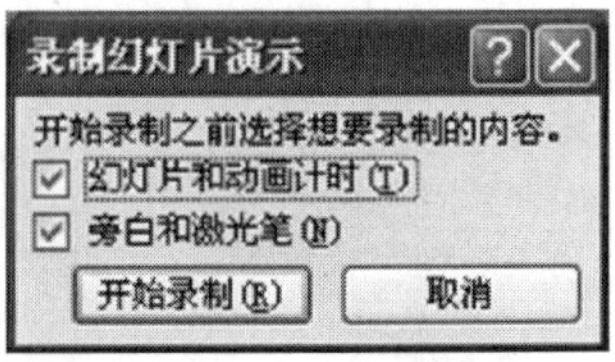

图 6-36 录制幻灯片演示对话框

应的声音输入设备。

步骤 2　单击“开始录制”按钮，幻灯片进入全屏放映状态，此时可借助声音输入设备进行声音的录制，录制过程中窗口左上角会有一个“录制”对话框，如图 6-37 所示，可以对录制过程进行控制。录制完成后，按【Esc】键退出幻灯片放映状态。

步骤 3　退出录制状态后，PowerPoint 将进入幻灯片浏览视图，此时在幻灯片中将会出现音频图标。切换为普通视图，选择幻灯片中的音频图标时，将出现浮动控制栏，如图 6-38 所示。单击浮动控制栏上的“播放”按钮即可预览旁白的录制效果。

图 6-37　“录制”对话框

图 6-38　选择音频图标出现浮动控制栏

> **提示**　在“录制幻灯片演示”下拉列表中选择“清除”选项，在级联列表中选择“清除当前幻灯片中的旁白”选项，可以清除当前幻灯片中的旁白；选择“清除所有幻灯片中的旁白”选项，将清除演示文稿中所有幻灯片中的旁白；选择“清除当前幻灯片中的计时”选项，将清除当前幻灯片录制的放映计时；选择“清除所有幻灯片中的计时”选项，将清除演示文稿中所有幻灯片的放映计时。

四、利用 Windows Media Player 控件播放视频

在幻灯片中，通过在“插入”选项卡“媒体”选项组中单击“视频”按钮的方式插入视频往往不能随性控制，不利于课堂自然生成。怎样在课件中更好地控制视频的播放呢？下面以课件《认识火山》为例介绍随意控制视频播放的方法。

1. 设计思路

要在课件中实现随意控制视频播放，可以考虑利用 Windows Media Player 控件将 Windows Media Player 播放器嵌入 PowerPoint 课件，通过设置控件的属性来播放指定的视频资源，这样做的前提是使用的视频必须是 Windows Media Player 支持的视频格式，包括 AVI，WMV，MPEG-1，MPEG-2，DVD 等格式的视频文件。

2. 主要步骤

步骤 1　单击 PowerPoint 2010“文件”选项卡中的“选项”命令，打开 PowerPoint 选项窗口，选择其中的“自定义功能区”，然后在“自定义功能区”中选中“开发工具”，如图 6-39 所示，完成后 PowerPoint 工作界面上会增加“开发工具”选项卡。

图 6-39　显示“开发工具”选项卡

步骤 2　打开课件《认识火山》，进入第三张幻灯片编辑状态，单击“开发工具”选项卡“控件”组中的“其他控件”命令，打开“控件列表”，在控件列表中选择“Windows Media Player”，如图 6-40 所示。

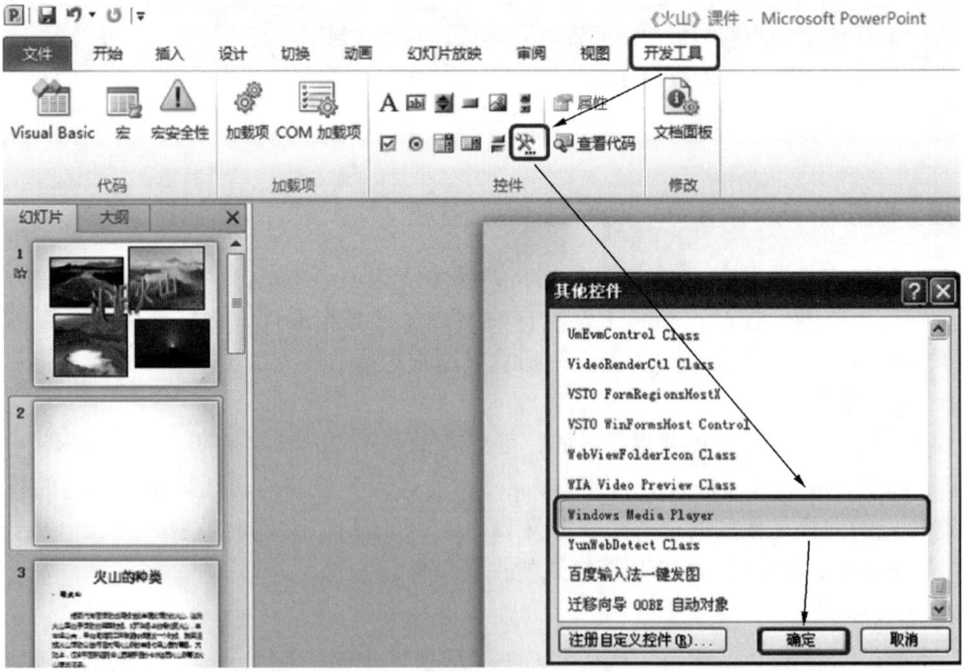

图 6-40　选择“Windows Media Player”控件

步骤 3　在编辑区域拖动鼠标，插入控件。此时控制播放区为黑色，播放控制按钮为灰色，处于播放无效状态。在 Windows Media Player 控件上右击，在弹出的快捷菜单中选择“属性”命令，打开“属性”对话框，如图 6-41 所示。

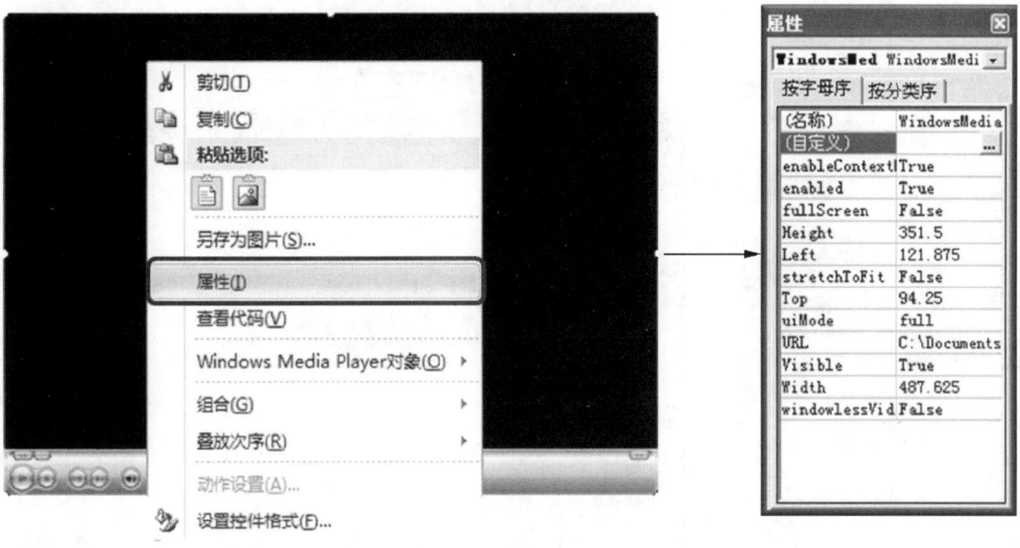

图 6-41　打开“Windows Media Player”控件属性对话框

步骤 4　在“属性”对话框中，单击“自定义”参数项后面的菜单按钮，打开“Windows Media Player 属性”对话框，单击“文件名或 URL”文本框后面的“浏览”按钮，将电脑上的视频文件路径添加到文本框中，如图 6-42 所示（注意修改路径为相对路径）。另外，还可以对视频对象的音量、尺寸缩放比例、播放次数等属性进行设置。如果需要将视频全屏播放，可以在“全屏播放”选项前打勾选中。设置完成后，放映当前幻灯片，将看到一个 Windows Media Player 播放器，通过播放器上的控制按钮，可以很轻松地控制视频的播放。

添加视频文件时，也可以直接设置 Windows Media Player 控件的 URL 属性为视频文件的路径添加完整文件名。

需要注意的是，开发工具在 PowerPoint 2010 默认安装时不显示，需要通过自定义功能区进行设置。另外，这种方法插入的视频不是嵌入方式，需要保持 PowerPoint 课件与视频文件相对位置不变，一般情况下是将课件与视频文件放置在同一个文件夹下。Windows Media Player 控件的 URL 属性也可以直接输入视频资源的 URL 地址，这样就变成一种在线视频资源插入的方法。这种方法的优点是将 Windows Media Player 播放器嵌入 PowerPoint 课件中，对视频控制的自由度较大；缺点是插入过程相对比较复杂，控件的 URL 属性的视频文件路径设置要求准确，而且必须是 Windows Media Player 支持的视频格式，如果视频格式不对，可通过视频格式转换工具对视频格式进行转换。

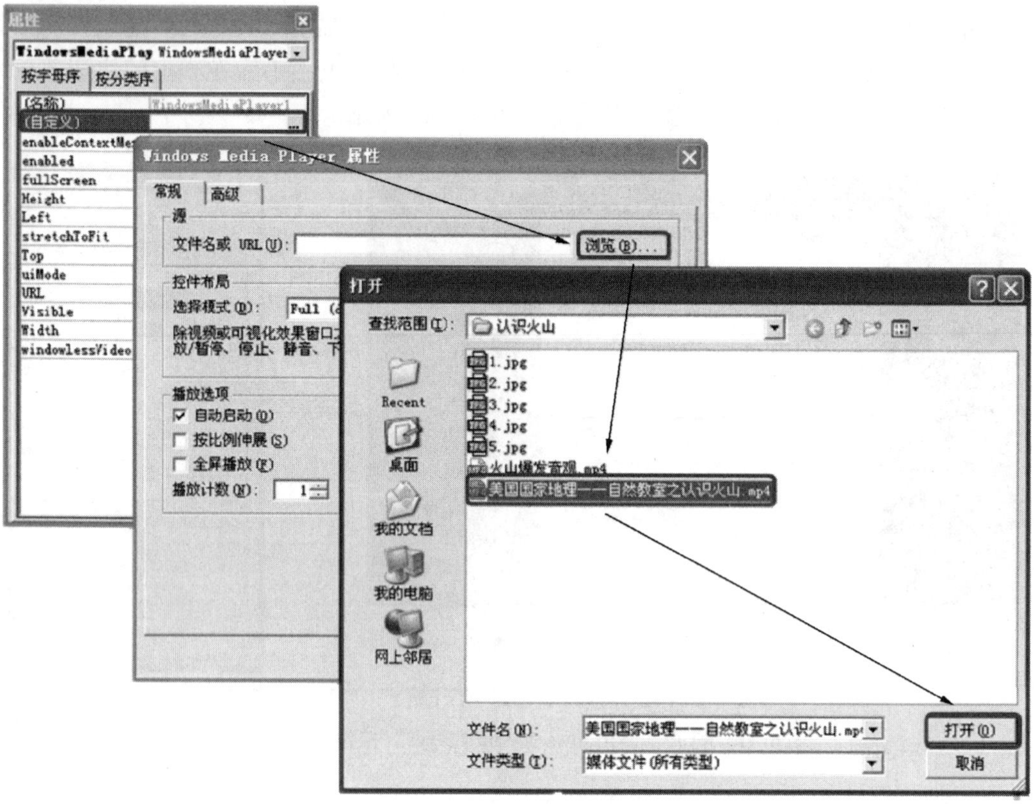

图 6-42 设置自定义参数

五、利用 Shockwave Flash Object 控件播放 SWF 视频

SWF 动画是由 Adobe 公司的 Flash 软件创作的动画，具有体积小、缩放不失真、采用流媒体技术等特点，成为当前流行的二维动画格式。一些在线视频网站为了节省带宽，缩小文件体积，利用专用软件将视频转换成 SWF 格式，因此 SWF 格式的视频文件越来越流行。课件中也经常需要使用到 SWF 格式的视频文件，但在 PowerPoint 2003 和 PowerPoint 2007 中，这类文件不可以直接使用。而在 PowerPoint 2010 以上版本中，则可以通过插入文件中视频的方式将 SWF 格式的视频文件添加到幻灯片中，缺点是此类文件添加到幻灯片中是以链接方式存在的，且文件采用的是绝对路径引用的方式，也就是说，有可能出现更换电脑使用时课件中 SWF 视频文件无法播放的情况。如何很好地解决这一问题呢？下面以为课件《铁杵成针》添加 SWF 视频文件为例做介绍。

1. 设计思路

插入 SWF 动画文件可以通过插入 Shockwave Flash Object 控件的方法来实现。

2. 主要步骤

步骤 1 显示“开发工具”选项卡，通过“其他控件”命令，打开“控件列表”，选择“Shockwave Flash Object”对象。

步骤 2　当鼠标变成“十”字形状后拖动鼠标绘制控件，绘制好的控件是空白的，需要对其进行属性设置才能装入 SWF 文件。在控制选择状态下，单击“开发工具”选项卡“控制”组中的“属性”按钮，打开 Shockwave Flash Object 控件“属性”对话框，如图 6-43 所示，设置 MOVIE 属性为 SWF 文件的路径（如果 SWF 文件与 PowerPoint 文件在同一路径下，Movie 属性可以是 SWF 文件的文件名），同时将 EmbedMovie 属性设置为“True”，使 SWF 动画嵌入幻灯片中。另外，还可以通过 Shockwave Flash Object 控件的属性设置包括播放器的外观、位置、大小、可见性等属性。

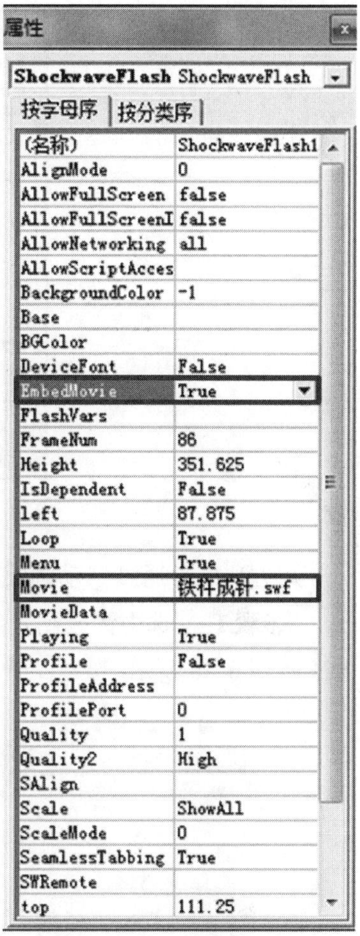

图 6-43　设置 Shockwave Flash Object 控件属性

六、插入音效

1. 设计思路

在制作课件时，为了吸引观众的注意，或者为了强调某些重要的信息，可以适当添加音效。比如，在表现大雨滂沱时，可以将雨的音效加入场景中，这样可使 PowerPoint 更加生动。那如何在 PowerPoint 中添加合适的音效呢？下面以课件《锣鼓敲起来》为例介绍插入音效的方法。

2. 主要步骤

➢ 方法一：通过“动作设置”添加音效

选中锣鼓图片，在“插入”选项卡的“链接”组中单击“动作”按钮，打开“动作设置”对话框，如图 6-44 所示。在“动作设置”对话框中，可以按如图 6-45所示的步骤进行设置。

图 6-44　打开“动作设置”对话框

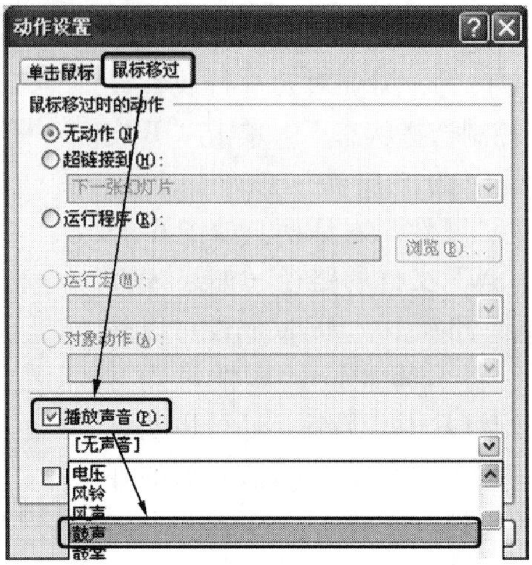

图 6-45 “鼠标移过”播放声音

➢ 方法二：通过“动画设置”添加音效

步骤 1 选中锣鼓图片，在“动画”选项卡的“动画”组中选择一种“进入”效果，如图 6-46 所示。

图 6-46 设置“进入”动画效果

步骤 2 单击“动画”选项卡“高级动画”组中的“动画窗格”按钮，打开“动画窗格”对话框。在“动画窗格”中单击“声音”选项右侧的下三角按钮，在打开的下拉列表中选择“效果选项”，如图 6-47 所示。

图 6-47 选择“效果选项”

步骤 3　打开“翻转式由远及近”对话框，具体设置如图 6-48 所示。

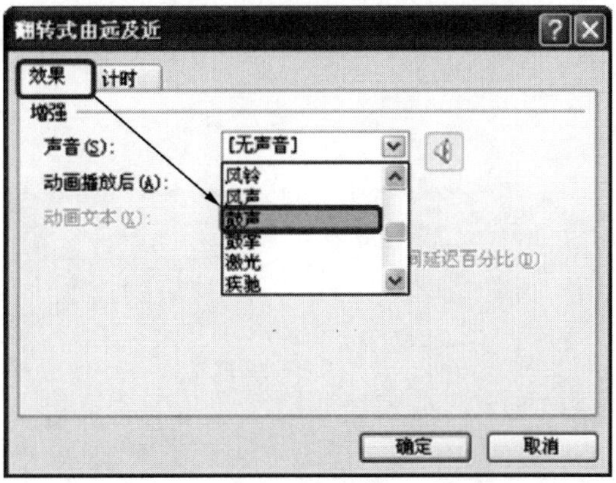

图 6-48　“翻转式由远及近”效果选项

项目七　为PowerPoint课件设计交互

传统教学资料和课件都是实现教学目的的一种方式，是课堂教学的一种教学手段，而交互性是课件与其他教学资料最重要的区别，合理恰当地使用课件可以展示更加丰富的教学内容。课件的交互功能能够辅助教师根据学生学习能力、思维方式、课堂知识接受情况灵活控制教学流程，适时调整教学内容出现的顺序和形式。

课件的交互从根本上来说有两层含义：一是指教师与课件之间的交互，课件的交互性可以让教师操控课件更方便，课堂灵活性更强；二是指学生与课件之间的交互，学生通过某种方式与课件进行互动，课件及时将信息反馈给学生参考学习，从而提高学习效率。

项目向导

本项目是为课件《认识时钟》设计交互效果，使得课件使用者能够灵活控制课件内容出现的顺序和形式，为课件使用者提供不同的呈现内容和反馈信息，同时为不熟悉本课件操作方式的使用者提供帮助信息。

需要完成的主要操作：

- 为课件《认识时钟》添加导航页；
- 为课件《认识时钟》添加热区交互效果；
- 为课件《认识时钟》添加使用说明交互效果。

需要掌握的主要技能：

- 超链接的功能与使用；
- 动作设置的功能与使用；
- 触发器的功能与使用；
- 热区的功能与使用。

相关知识

通常来说，PowerPoint 课件制作主要是利用 PowerPoint 相关技术实现课件的交互功能。

➢ 超链接

超链接是一种内容跳转技术，使用超链接可以实现从课件的任意一内容跳转到任意另一个内容，因而可以利用超链接实现对课件内容的重新组织，以适应不同师生和教学情境的需要。

➢ 动作设置

动作设置的作用和功能与超链接类似，但是超链接只能实现“单击”操作，而动作设置还提供了“鼠标经过”操作。

➢ 触发器

触发器是 PowerPoint 中一种非常神奇的“装置”。本质上触发器是一个开关，就像日常生活中只有按下开关后灯才会亮。在 PowerPoint 中，利用触发器可以为自定义动画设置各种播放条件，从而实现“判断”“选择”等效果。

➢ VBA

VBA 是 Visual Basic for Application 的缩写，它以 VB 语言为基础，经过修改并运行于 Microsoft Office 的应用程序。利用 VBA 可以使 PowerPoint 具备程序设计和开发功能，通常 VBA 在 PowerPoint 中以宏的方式来使用。VBA 增强了 PowerPoint 的交互功能。

一、按钮

1. 按钮的定义

使用按钮是课件制作中最常见的一种实现交互的方式。按钮可以是形状、外部图片或文本，它可以响应鼠标“单击”或“移过”操作。

2. 制作按钮

在 PowerPoint 中制作按钮可以用到图片处理中所用的方法。图 7-1 所示是一个由形状和文本组合而成的按钮。

图 7-1　自定义按钮

3. 为按钮设置交互

在课件中可以为按钮对象添加超链接或者动作设置，从而让它具有按钮的功能。

使用超链接为按钮对象设置交互功能的操作方法：选定按钮对象，单击“插入”选项卡“链接”组中的“超链接”按钮，打开“插入超链接”对话框，设置超链接的对象及内容，如图 7-2 所示。

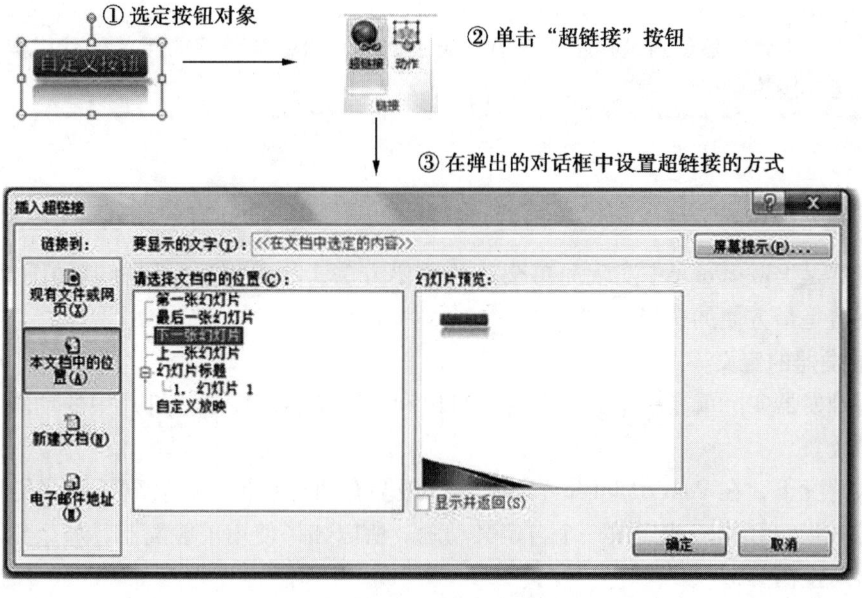

图 7-2　设置超链接

插入超链接可以为按钮指定“单击”时跳转的位置，链接的内容可以是本课件中的幻灯片，也可以是外部的文档或者网页链接。当然也可以使用动作设置为按钮对象创建超链接。

使用动作设置为按钮对象设置交互功能的操作方法：选定按钮对象，单击“插入”选项卡“链接”组中的“动作”按钮，打开“动作设置”对话框，设置超链接的对象及内容，如图 7-3 所示，其中“播放声音”选项可以为按钮添加音效。

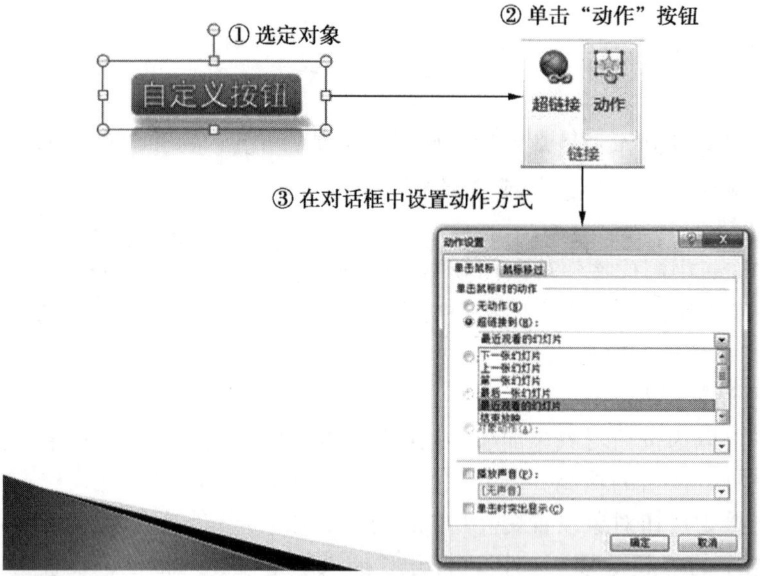

图 7-3　设置鼠标动作

> 提示
> **当鼠标移动到设置超链接的对象上面时，鼠标会转变为手的形状以提示超链接的存在。**

二、触发器

触发器是 PowerPoint 中实现简单交互的重要方法，如果想要精确控制动画播放次序，使用触发器是最方便的选择。

1. 触发器的定义

所谓触发器实际就是一个触发条件，可以利用触发器来控制幻灯片中的动画、视频和声音的播放。

默认情况下，在 PowerPoint 中单击鼠标一般会有两种结果：跳转到下一张幻灯片（或链接到另一张幻灯片）或播放一个自定义动画。所以如果使用了触发器，那么建议取消幻灯片单击切换内容选项。

2. 可以设置为触发器的对象

在 PowerPoint 中，图片、图形、按钮等对象都可以作为触发器，一段文字或文本框也可以作为触发器，单击触发器时它会触发一个指定操作，如播放动画、声音或者视频。

3. 触发器与超链接的区别

触发器与超链接最大的区别：超链接实现跳转到指定的幻灯片或打开指定的程序；触发器是在同一张幻灯片中实现指定动画播放。在效果上，使用超链接（动作设置）可以实现触发器的功能，只是需要使用更多的幻灯片。例如在一张幻灯片中，可以通过单击图片播放指定动画，也可以通过设置超链接链接到指定动画的幻灯片上。

使用触发器最主要的目的是设置自定义动画的播放条件，精简幻灯片的结构。

三、热区

为了让学生了解物体的结构，很多课件会使用图片或模型来展示。如果想让学生详细了解物体各部分的结构，在课件中需要对物体的不同部分进行交互设计，这就是热区交互。

1. 热区的定义

热区也是按钮，是隐形的或看不见的按钮。

2. 制作热区的方法

热区与按钮相似，也是先绘制形状，然后为形状设置超链接或动作，不同的是用作热区的形状是无线条色和填充色的，是一个完全透明的形状。热区制作的方法与按钮相似。图 7-4 就是一个热区案例。

图 7-4　热区

四、VBA

很多人认为，PowerPoint 做不出很好的人机交互效果，实际上这种看法是错误的。当然，利用自定义动画与触发器，PowerPoint 的确无法实现相应用户输入文字、随机出题、拖动物体等交互方式，但是 PowerPoint 还有一个利器——VBA，利用 VBA 可以轻松实现这些交互效果。

1. VBA 的定义

VBA 是微软专为 Office 系列软件设计的编程语言，是 Visual Basic 的一个子集。与其他程序设计语言相比，VBA 最大的特点就是简单、易学、灵活。它是 PowerPoint 能听得懂的一种语言，通过它可以控制 PowerPoint 中的一切，如幻灯片、图片、文本等。

2. VBA 的编写界面

要编写 VBA，需要显示“开发工具”选项卡，至于如何显示“开发工具”前面已经介绍，这里不再赘述。在“开发工具”选项卡“控件”组中有很多控件，如按钮、文本框、列表框、单选按钮等，选择一个控件，然后在幻灯片中拖动鼠标“画”出一个实例，双击绘制好的控件即可进入 VBA 程序编写界面，如图 7-5 所示。

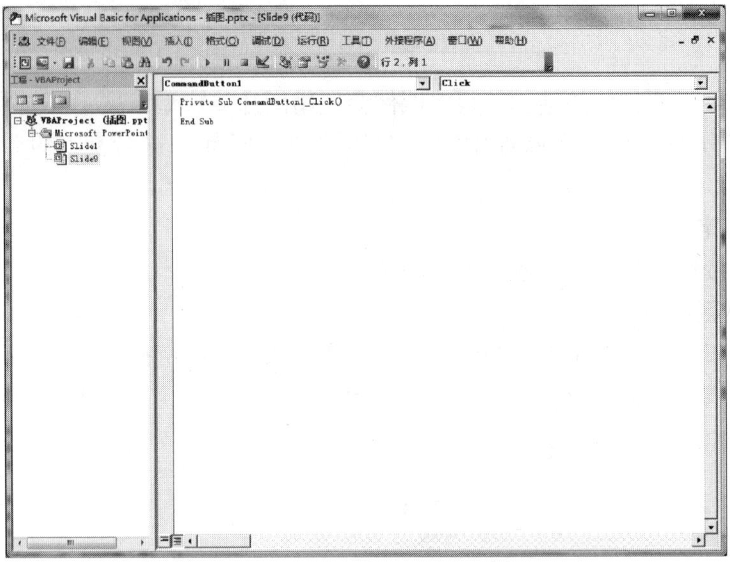

图 7-5 VBA 代码编写界面

如果要想更改控件的外观，可以在该控件的属性对话框进行设置。

项目实施

一、为课件添加导航功能

步骤 1 启动 PowerPoint 应用程序，打开“认识时钟 . pptx”演示文稿。

步骤 2 在第一张幻灯片后插入“节标题”版式幻灯片，并在相应位置插入文本框，输入文本“听一听”“看一看”“想一想”“玩一玩”，如图 7-6 所示。

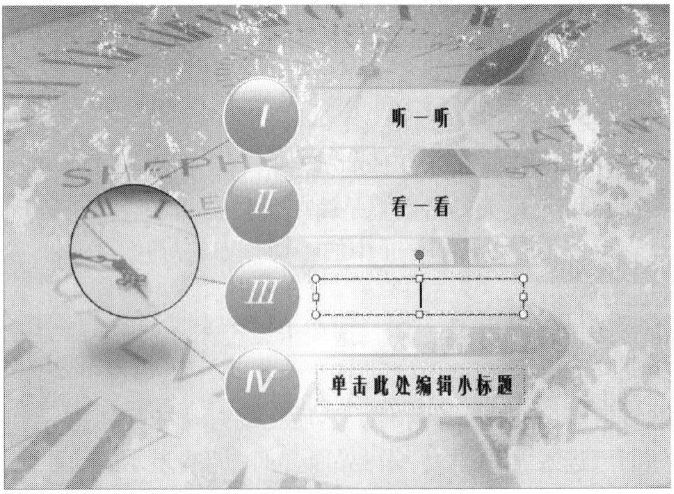

图 7-6 设置导航页文本

步骤 3　选择文本“听一听”，单击“插入”选项卡“链接”组中的“超链接”按钮，打开“插入超链接”对话框，编辑超链接，设置链接位置为本文档中的幻灯片 3，如图7-7 所示。用同样的方法分别给“看一看”“想一想”“玩一玩”三个文本框设置超链接，链接位置分别是幻灯片 4、幻灯片 7、幻灯片 8。

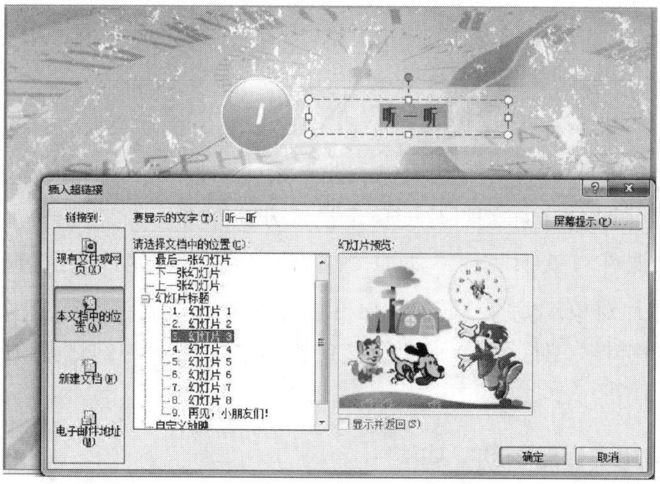

图 7-7　给导航页设置超链接

二、为课件添加“返回”功能

导航页可以方便师生进入相关内容环节，如果想要从不同内容环节返回导航目录，还需要设置“返回”按钮。

步骤 1　为“听一听”模块添加返回功能。选择第三张幻灯片，在左下角插入图片“房子 1”，选择图片“房子 1”，单击“插入”选项卡“链接”组中的“超链接”按钮，打开“编辑超链接”对话框，设置链接位置为本文档中的幻灯片 2，如图 7-8 所示。

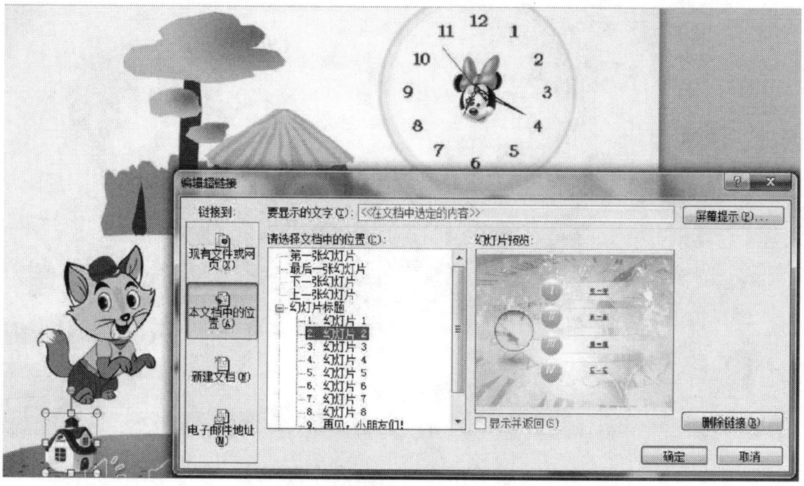

图 7-8　设置“返回”功能

步骤 2 在课件“蓝猫的客人来报到”的那一页（即第三张幻灯片）已为小猫、小狗等设置房子作为其动画播放的触发器，在课件播放的操作过程中，如果不小心没有单击到房子，那动画就不会播放而是直接切换到下一张幻灯片，解决这一问题的方法是取消该幻灯片编辑状态下“切换”选项卡“计时”组“换片方式”中的“单击鼠标时”选项，如图 7-9 所示。

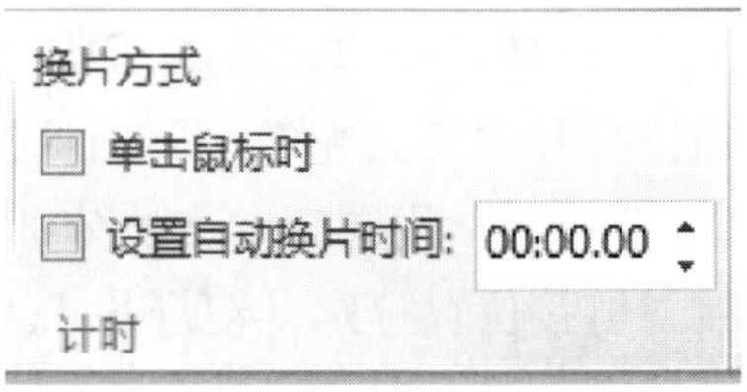

图 7-9 设置换片方式

步骤 3 为“看一看”“想一想”“玩一玩”三个模块添加“返回”功能。复制第三张幻灯片中图片对象“房子 1”到第三、四、六张幻灯中，就可以快速在这些幻灯片中添加“返回”功能。将第七张幻灯片的单击换片方式取消。

步骤 4 为课件《认识时钟》添加“结束”功能。在第八张幻灯片左下角插入图片“房子 2”，选择图片对象“房子 2”，单击“插入”选项卡“链接”组中的“超链接”按钮，打开“编辑超链接”对话框，设置链接位置为本文档中的幻灯片 9，取消幻灯片单击换片方式。

三、为课件添加“使用帮助”功能

在课件的使用过程中，可以通过提示文字的方式为不熟悉课件操作的使用者提供关于操作流程与功能的使用帮助，这样可以极大地方便使用者快速地熟悉课件操作方法。

步骤 1 创建帮助文本。在幻灯片 3 右下角创建一个“?”图形对象及一个标注图形对象，并且在标注图形里面添加帮助文本，如图 7-10 所示。

图 7-10 创建帮助文本

步骤 2　为帮助文本创建动画效果，并且设置触发对象。为标注图形设置进入动画及退出动画，触发器对象均为“?”图形，如图 7-11 所示。

图 7-11　创建动画效果

步骤 3　将“?”对象及标注图形一起复制到第四、五、七、八张幻灯片中，并修改标注图形的文本内容，保存文件。

拓展视野

一、制作连线题

在练习型课件或者一般课件的课堂练习部分，经常会出现连线题，这种连线题如何制作呢?

1. 设计思路

在连线题中，一般单击连线对象就出现连线动画，因此可以考虑将连线对象作为连线动画的触发器。

2. 主要步骤

步骤 1　根据题目要求，在幻灯片中添加文字、图形和直线，如图 7-12 所示。

步骤 2　为三条直线设置“擦除”的动画出现方式，动画效果为“自左侧”。

步骤 3　设置三条直线动画触发器为相对应的图形对象，完成后动画窗格如图 7-13 所示。

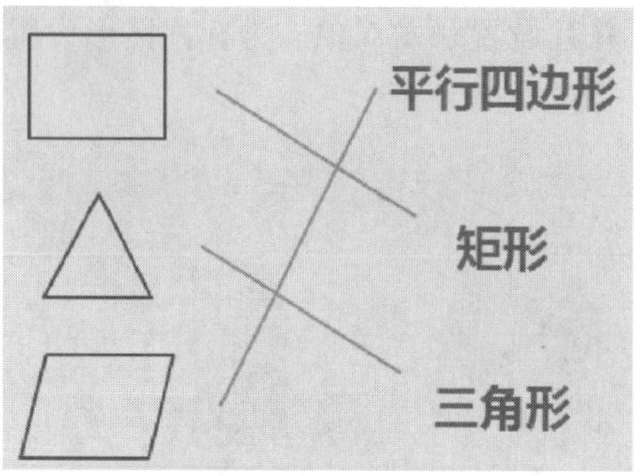

图 7-12 连线题界面

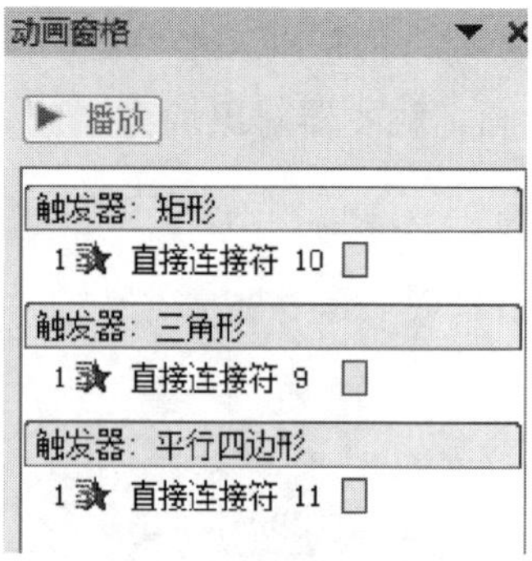

图 7-13 连线题的动画窗格

提示 需要注意的是，本例中三角形、矩形及平行四边形需要将填充色设置成背景色（如果背景不是单一色，则可以将填充色的透明度设为 100%），否则会导致操作时只有单击图形的框线才有效的情况。

3. 应用拓展

（1）选择题是课件中常见的练习方式，一般在设计选择题时，会为各选项设计反馈信息，可以把选项制作成触发器，让它们触发各自的反馈结果，如图 7-14 所示。

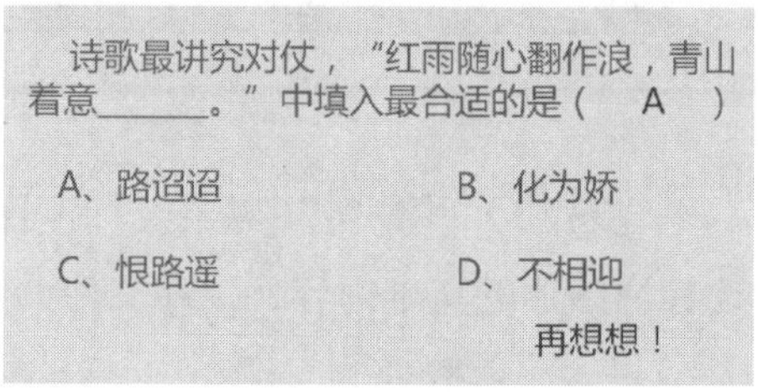

图 7-14 选择题

（2）填空题也是一种常见的练习形式，在课件中设计填空题时可以考虑使用热区的方法来实现。将答案选项和题目制作在同一张幻灯片上，为答案选项添加“进入”和“退出”两种自定义动画，然后在填空的位置添加一个透明的形状用作触发器，来控制答案的显示和隐藏。

*二、Flash 播放器

项目六中已经介绍了利用 Shockwave Flash Object 控件播放 Flash 视频（SWF 格式）的方法，那么在课件中如何控制 Flash 视频播放呢？

1. 设计思路

使用控制编程实现对 Shockwave Flash Object 控件的控制。

2. 难点及解决方法

难点：如何对 Flash 进行播放控制？

解决方法

使用“命令”按钮，通过对控件的编程来实现对控件的调用，这样可以实现复杂的程序功能。

3. 主要步骤

步骤 1 加载“开发工具”选项卡，在幻灯片中绘制 Shockwave Flash Object 控件，将 Shockwave Flash Object 控件的 Movie 属性设置为要播放的 Flash 文件，EmbedMovie 属性设置为“True”，Playing 属性设置为“False”。

步骤 2　在“开发工具”选项卡的“控件”组中单击“命令”按钮，在幻灯片中绘制一个“命令”按钮，如图 7-15 所示。

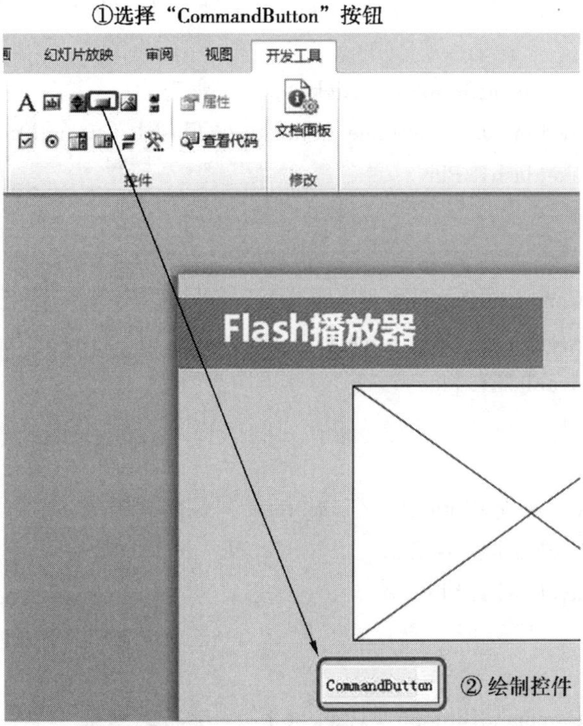

图 7-15　绘制“CommandButton”按钮

步骤 3　选中命令按钮，单击“开发工具”选项卡“控件”组中的“属性”按钮，打开“控件属性”对话框，将控件的“Caption”属性更改为“播放”，这一属性值表示命令按钮表面的标题文字。选择“Font”选项，单击该选项右侧出现的按钮打开“字体”对话框，使用该对话框可设置命令按钮标题文字的外观，如字体、字形、大小等。单击“FontColor”属性，在下拉列表中选择设置字体颜色。

步骤 4　双击“播放”命令按钮，打开 Visual Basic 编辑器的代码编辑窗口，为命令按钮控件的“Click”事件添加代码如下：

```
Private Sub CommandButton1_ Click ( )
    ShockwaveFlash1. Play
    ShockwaveFlash1. Loop = True
End Sub
```

步骤 5　复制“播放”命令按钮，将其“Caption”属性更改为“停止”，并为该命令按钮的“Click”事件编写代码如下：

```
Private Sub CommandButton2_ Click ()
    ShockwaveFlash1. Stop
End Sub
```

步骤 6 用同样的方法复制四个按钮，将它们的“Caption”属性分别改为“步进”、“步退”、“跳转到开始”和“跳转到结束”，并分别为它们的“Click”事件编写代码如下：

```
Private Sub CommandButton3_ Click ()    '步进
    ShockwaveFlash1. GotoFrame (ShockwaveFlash1. CurrentFrame + 100)
    ShockwaveFlash1. Play
End Sub

Private Sub CommandButton4_ Click ()    '步退
    ShockwaveFlash1. GotoFrame (ShockwaveFlash1. CurrentFrame - 100)
    ShockwaveFlash1. Play
End Sub

Private Sub CommandButton5_ Click ()    '跳转到开始
    ShockwaveFlash1. Rewind
    ShockwaveFlash1. Play
End Sub

Private Sub CommandButton6_ Click ()    '跳转到结束
    ShockwaveFlash1. GotoFrame (ShockwaveFlash1. TotalFrames)
End Sub
```

以上程序代码中，“ShockwaveFlash1. Play”语句是调用 Shockwave Flash Object 控件的 Play 方法来实现动画播放的。“ShockwaveFlash1. Loop = True”语句是将控件的“Loop”属性设置为“True”，从而使动画能够循环播放。“ShockwaveFlash1. Stop”语句是调用 Shockwave Flash Object 控件的 Stop 方法暂停动画的播放。“CurrentFrame”是 Flash 控件的方法，用于获取当前放映的帧数。“GotoFrame”为 Flash 控件的方法，用于使播放头跳转到指定的帧。“TotalFrames”是 Flash 控件的属性，其值为 Flash 动画的总帧数。“Rewind”为 Flash 控件的方法，用于跳转到动画的开始播放。

提示

需要注意的是在保存文档时，必须将含有控件的演示文稿以“另存为”的形式保存为“＊. pptm”格式。如果试图保存为“＊. pptx”文件格式，则 PowerPoint 会提示用户更改保存的文件类型。

项目八 幼儿园课件

幼儿园教学是指教师从幼儿的兴趣和实际水平出发，根据幼儿园教育目标，有目的、有计划地组织和指导幼儿主动学习，以获取有利于其身心发展经验的教育活动。在教学中，利用课件将文字、图片、声音、动画等多媒体组织起来，创设各种形象生动、灵活多变的学习情境和教学情境，可以有效地吸引幼儿的注意力，激发幼儿的学习兴趣；通过鲜明的色彩、多变的动态画面、声音的配合及直观演示、人机交互、实时操作等多种形式，实现幼儿对知识性较强的内容的理解，培养幼儿的创造能力和正确的思维能力，充分调动幼儿学习的主动性，以提高课堂教学效率。

项目向导

本项目是教材的综合项目部分，以幼儿园大班教材（上册）语言活动《秋天的雨》为例，介绍幼儿园课件的一般制作过程。

需要完成的主要操作：

- ◆ 分析教学设计，收集教学素材；
- ◆ 分析教学设计，制作课件脚本；
- ◆ 制作教学课件。

需要掌握的主要技能：

- ◆ 分析教学设计，掌握制作课件脚本的方法；
- ◆ 设计制作课件母版；
- ◆ 课件中各种对象（文本、图片、音视频、动画）的编辑；
- ◆ 为课件中各对象添加合适的动画样式并合理设置；
- ◆ 为课件中各幻灯片及对象间设置合适的交互；
- ◆ 添加幻灯片切换动画并合理设置。

相关知识

在设计幼儿园课件时，要潜心研究教学设计，合理添加素材，做到张弛有度，让课件成为辅助教师教学的有利工具。制作幼儿园课件主要有以下几点注意事项：

（1）分析教学设计，收集与教学内容相关的资料和素材；

（2）关注幼儿的兴趣和生活经验，立足于幼儿的生活实际；

（3）关注创新适用并能引导幼儿进行互动；

（4）注意课件整体画面简约，色彩鲜明、画面生动活泼、音视频适宜、搭配合理、较少文字符合幼儿的视觉心理；

（5）注意信息量适度，由于学前儿童的年龄等各方面的因素，课件在制作过程中内容一定不能太“深”，媒体和课件都是为教学服务的手段，千万不要被这些手段牵着鼻子走，舍本逐末。

项目实施

一、分析教学设计

本项目教学内容选自幼儿园大班教材（上册）语言活动《秋天的雨》，教学设计如下。

幼儿园大班语言活动《秋天的雨》

【教材分析】

《秋天的雨》是一篇语言优美、意境幽远的散文，作者巧妙地运用拟人的手法将秋天的雨赋予了生命，从秋雨的歌唱、颜色、气味和发出的信息四个方面展开，以秋雨为线索，呈现出一个丰富多彩、诗情画意的秋天。其中，拟人的手法更能让孩子领略散文的语言美、意境美，从而激发孩子热爱大自然的情感，非常适合大班幼儿欣赏、学习。

【活动目标】

1. 帮助幼儿熟悉散文诗，并理解散文内容。

2. 初步理解散文所描绘的画面及修辞手法的运用，学习“她把×颜色给了××，××××像××”的句式，并模仿散文片段。

3. 激发幼儿对大自然热爱的情感，体验秋雨季节的美妙意境。

【活动重点、难点】

1. 通过散文感受秋天的美，巩固对秋天主要特征的认识。

2. 体验散文的语言美，学习散文中优美的词句。

【活动准备】

1. 音频《雨声》和《秋日私语》。

2. 制作多媒体课件。

【活动课时安排】

1 课时

【活动过程】

一、倾听雨声，激发兴趣

1. 听音频《雨声》，引出雨声。（课件播放《雨声》音频）

师：小朋友注意听一听，这是什么声音？

2. 再听音频《雨声》，引导幼儿发现下雨时发出的声音。（课件播放《雨声》音频）

师：小朋友见过下雨吗？雨是怎样下的？（幼儿借助肢体语言表现雨是滴答滴答地下的）

师：下雨时，雨点会落在哪里呢？（鼓励幼儿踊跃回答，为仿编散文片段提供经验基础。如大树、屋顶、地面、大海里、小河里……）

二、初步感知散文诗

1. 幼儿欣赏

师：我们都知道春天的雨是细细的、绵绵的，那么秋天的雨是怎样的呢？小朋友们一起来听听《秋天的雨》这篇散文。听过以后可要告诉老师，你最喜欢散文诗里的哪一句。（教师配乐《秋日私语》有感情地朗诵散文）

2. 教师提问

师：这篇散文叫什么名字？你喜欢散文诗里的哪一句？（启发幼儿尽量说或者用动作表演出和其他人不同的观点）

三、完整欣赏散文诗

师：小朋友们，请在雨声中听老师朗诵散文诗。（播放《雨声》音频，教师朗诵）

四、运用课件图文结合，帮助幼儿分段理解散文诗的内容

师：我们来看一看秋天的雨在大自然中都有哪些变化？

1. 欣赏散文第二段：想——秋天的雨。

提问：为什么说秋天的雨是一把钥匙呢？请你先和旁边的小朋友讲一讲。（学习词：清凉和温柔、轻轻地、悄悄地）

教师小结：秋天雨后，自然中发生了变化，就像一把钥匙打开了秋天的门。

2. 欣赏散文第三段：看——秋天的雨。

师：为什么说秋天的雨像一盒颜料？她把各种各样的颜料给了谁？（学习“她把×颜色给了××，××××像××”的句式）

教师小结：秋天到了，各种植物都发生了变化，银杏叶黄了，枫叶红了，金黄色的田野，橙红色的果园……

3. 欣赏散文第四段：闻——秋天的雨。

师：秋天的雨还有好闻的气味呢，它是从哪里来的呢？感觉怎样？（鼓励幼儿积极思考，谈谈自己的生活体验）

教师小结：原来秋天来了，水果都成熟了，会散发出香味，菠萝甜甜的，梨子香香的，还有苹果、橘子、稻谷……

4. 欣赏散文第五段：听——秋天的雨。

师：为什么秋天的雨有一支金色的小喇叭呢？它告诉我们冬天快来了，小动物要做什么？（学习词：衔、造、挖、油亮亮）

教师小结：小动物忙着做事情，小喜鹊造房子，小松鼠找粮食，小青蛙加紧挖洞，小树叶有的穿上厚厚的、油亮亮的衣裳，有的飘到大树妈妈的脚下，它们都准备要过冬了。

5. 欣赏散文第六段：秋天的雨会给我们带来什么？

师：秋天的雨为什么会给大地带来一首丰收的歌？为什么会给小朋友带来一首快乐的歌？（借此提升幼儿热爱大自然、热爱生活的情感）

教师小结：今天我们学了这首新的散文诗，小朋友也看到大自然这么美丽，那么，我们从小就要保护大自然，热爱大自然。

五、再完整欣赏一遍散文

师：我们一起再欣赏一遍这篇散文诗，等会儿请把你觉得最美的话记在心里。

六、幼儿学习仿编

1. 模仿句式仿编

师：刚才你们对哪个句子印象最深？（学习“她把×颜色给了××，××××像××”的句式，让幼儿模仿该句式编一句）

2. 仿编散文片段

师：如果你是秋天的雨，你会做什么？用散文里的话说一说。（引导幼儿结合生活经验进行仿编）

七、活动延伸

幼儿仿编，教师进行整理，并让幼儿为仿编的散文配上插图，展示在活动室里。

对教学设计分析如下：

➢ 根据教学设计，本课需要部分使用课件。

➢ 教学活动过程中“倾听雨声，激发兴趣”部分，借助课件播放《雨声》，引导幼儿根据雨声展开想象；“初步感知散文诗”部分，借助课件播放音乐《秋日私语》，教师进行配乐朗读；“运用课件图文结合，帮助幼儿分段理解散文诗的内容”部分分为“想”“看”“闻”“听”四个阶段，结合图片展示秋天的雨。

➢ 根据教学内容，可以把课件分为四个主要模块，模块间交互可通过导航实现。

课件制作过程中需要注意：

➢ 本课件的教学对象是幼儿园大班的小朋友，注意力比较分散，对色彩鲜明的画面和动画比较感兴趣，在选材上尽量选取暖色调的图片，避免使用大段文字，最好以图和动画的方式呈现，以提高教学效果。

➢ 需要提前搜集与散文相关的图片、音频等素材。

二、制作课件脚本

分析教学设计，对本课件进行设计如下：

（1）本课件由“想”“看”“闻”“听”四个模块构成。

（2）课件主体部分根据教学设计，首先借助下雨的动画来创设学习情境，再分模块以图片和动画的方式展现散文诗的内容，帮助幼儿领略语言美、意境美。

根据以上分析，依据制作课件脚本的具体方法，完成课件脚本制作。

《秋天的雨》课件脚本

课件题目	幼儿园大班教材（上册）语言活动《秋天的雨》
教学目标	1. 帮助幼儿熟悉散文诗，并理解散文内容。 2. 初步理解散文所描绘的画面及修辞手法的运用，学习“她把×颜色给了××，××××像××”的句式，并模仿散文片段。 3. 朗读、背诵课文。 4. 激发幼儿对大自然热爱的情感，体验秋雨季节的美妙意境。
创作平台	PowerPoint 2010
创作思路	这是一首优美的散文诗，为了让孩子们能从中感受到语言的优美和意境的温馨，在课件制作过程中，搜集了大量富有童趣，且符合儿童认知的图片，下雨动画导入部分的喧染让孩子们在秋的意境、雨的情境中去学习。
内容简介	该课件由“看”“想”“闻”“听”四个模块组成，课件可通过超链接任选模块学习。

<table>
<tr><td>课件整体结构图</td><td>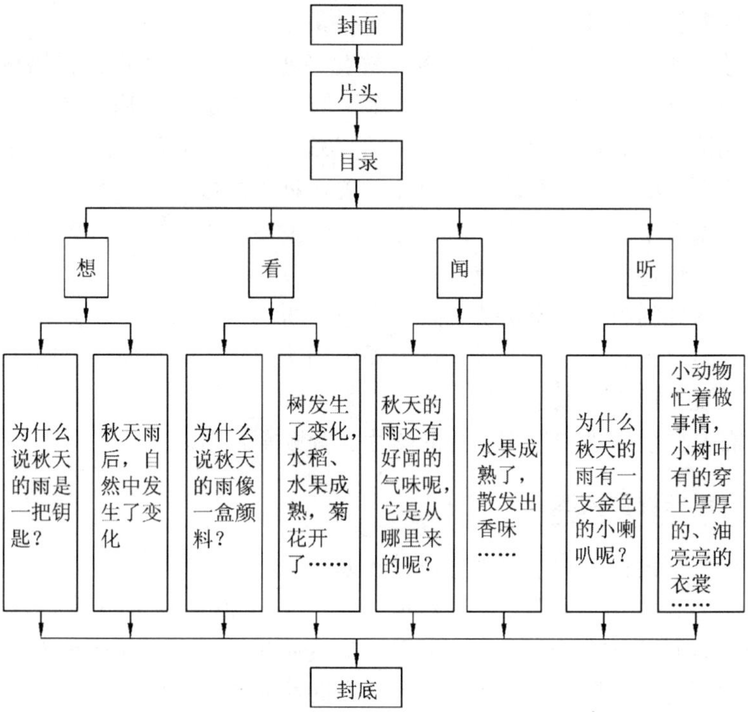
</td></tr>
</table>

<table>
<tr><td>页面序号</td><td>1</td><td>页面内容
简要说明</td><td>课件封面</td></tr>
<tr><td>屏幕显示</td><td colspan="3">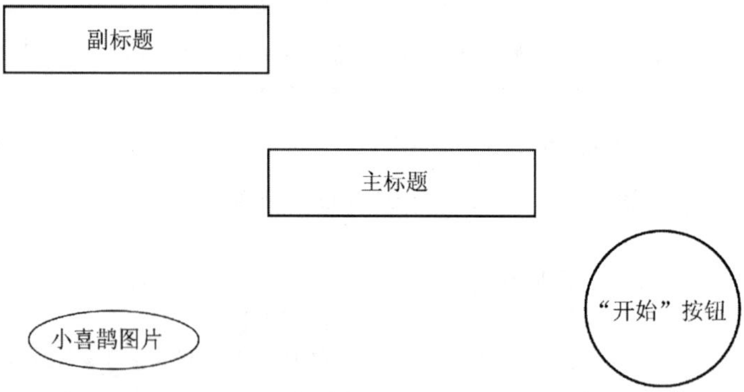
</td></tr>
<tr><td>说明</td><td colspan="3">1. 幻灯片展开，副标题文字、右上角图片依次以动画效果出现；
2. 标题文字、开始图片分别以动画效果出现；
3. 小喜鹊图片从右上角飞到左下角；
4. 单击“开始”按钮进入下一个页面。</td></tr>
</table>

页面序号	2	页面内容简要说明	下雨动画
屏幕显示	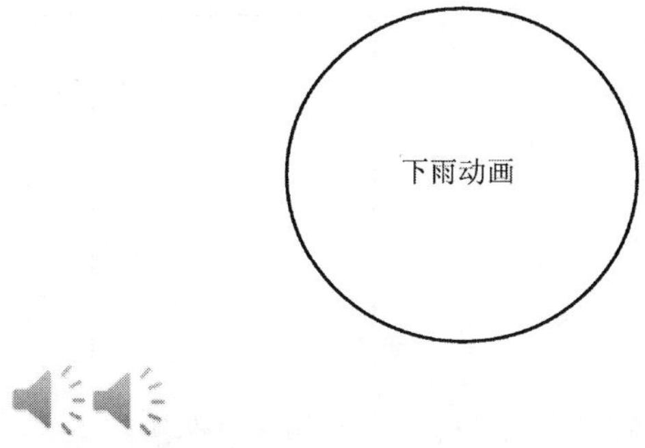		
说明	1. 雨滴落到地面，地面出现波纹； 2. 音频按钮可以播放音频； 3. 单击鼠标进入下一个页面。		

页面序号	3	页面内容简要说明	课件目录
屏幕显示	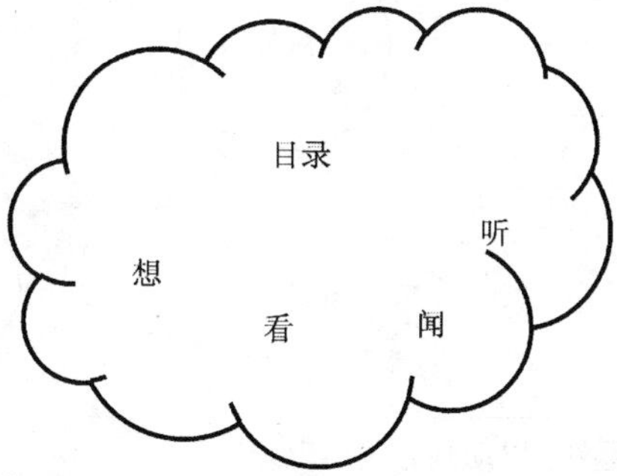		
说明	1. 目录文本以动画方式呈现； 2. 单击目录内容，进入相应内容页面的第一页； 3. 单击鼠标进入下一个页面。		

页面序号	4	页面内容简要说明	想一想：为什么说秋天的雨是一把钥匙呢？
屏幕显示	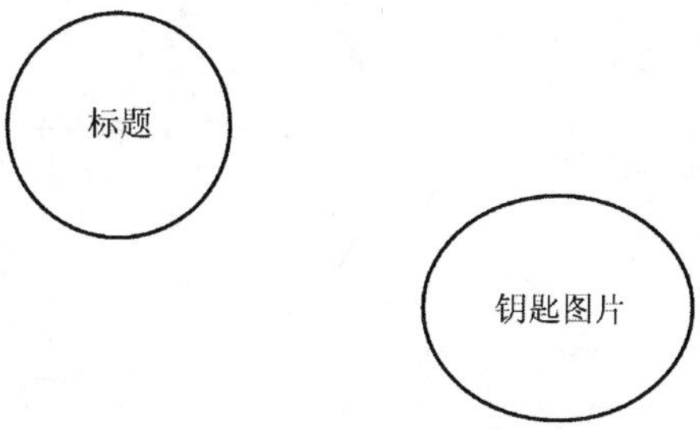		
说明	1. 标题文字以动画方式呈现； 2. 单击出现钥匙图片； 3. 单击鼠标进入下一个页面。		

页面序号	5	页面内容 简要说明	秋天的门，悄悄地打开了。
屏幕显示	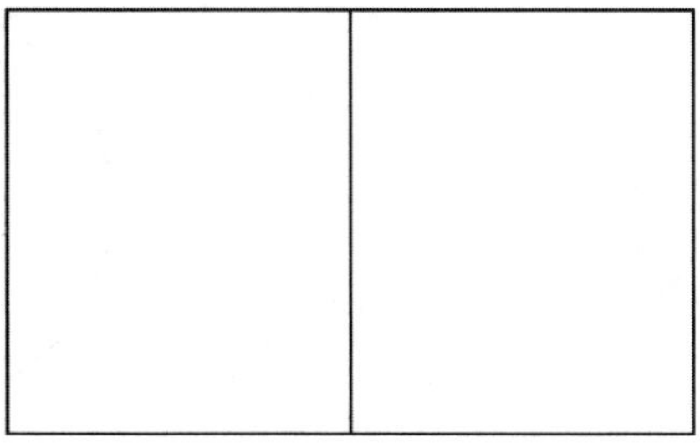		
说明	1. 单击门打开，门后是秋天的各种果实； 2. 单击“返回”，回到目录； 3. 单击鼠标进入下一个页面。		

页面序号	6	页面内容 简要说明	看一看：为什么说秋天的雨像一盒颜料？
屏幕显示	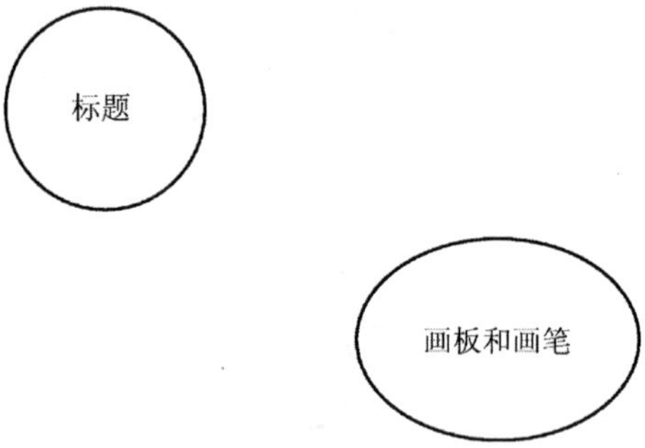		
说明	1. 标题文字以动画方式出现； 2. 单击出现画板和画笔； 3. 单击鼠标进入下一个页面。		

页面序号	7	页面内容 简要说明	她把黄颜色给了银杏……黄了的树叶扇呀扇呀
屏幕显示	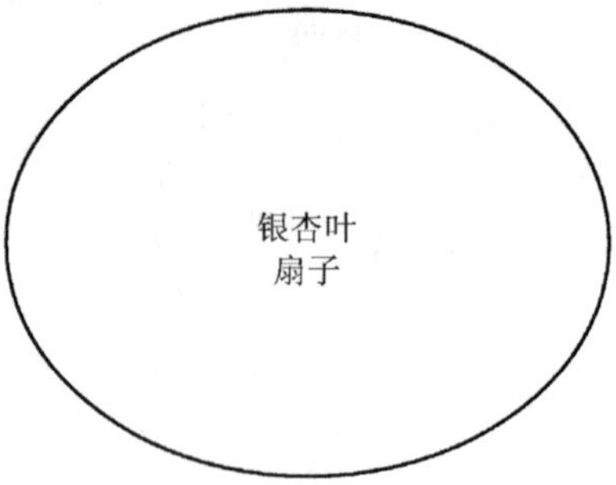		
说明	1. 单击鼠标出现银杏树叶； 2. 再次单击出现几面扇子图片，再次单击扇子图片同时退出； 3. 单击鼠标图片依次出现； 4. 单击鼠标进入下一个页面。		

页面序号	8	页面内容简要说明	她把红色给了枫树……金黄颜色呢，是给田野的……橙红颜色呢，是给果树的……
屏幕显示	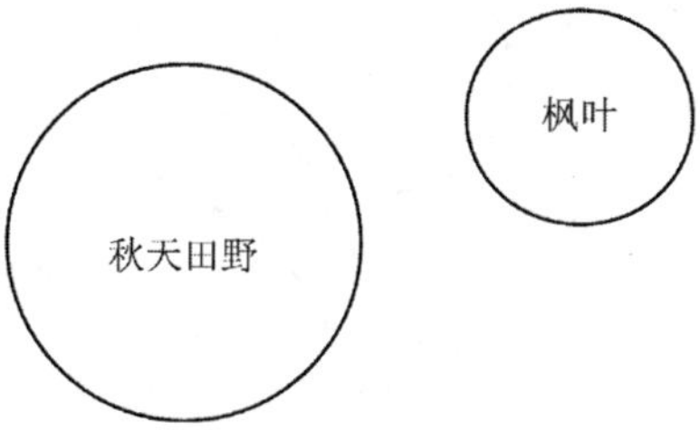		
说明	1. 呈现秋天的田野； 2. 单击右上角枫叶图片枫叶飘落下来； 3. 单击鼠标进入下一个页面。		

页面序号	9	页面内容简要说明	还有各种各样的颜色，都给菊花仙子……
屏幕显示	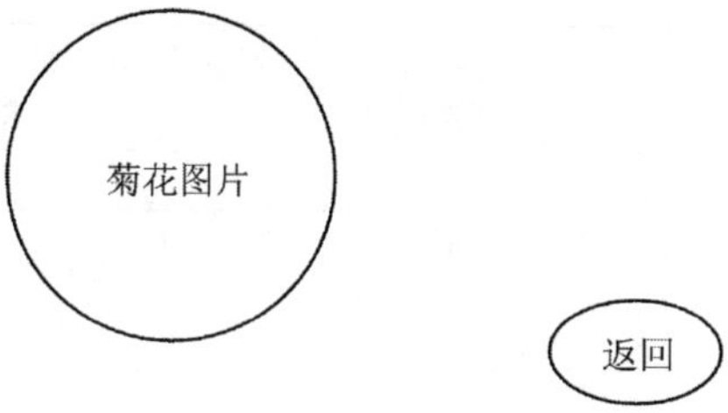		
说明	1. 展示菊花图片； 2. 单击“返回”，回到目录； 3. 单击鼠标进入下一个页面。		

页面序号	10—11	页面内容简要说明	闻一闻
屏幕显示	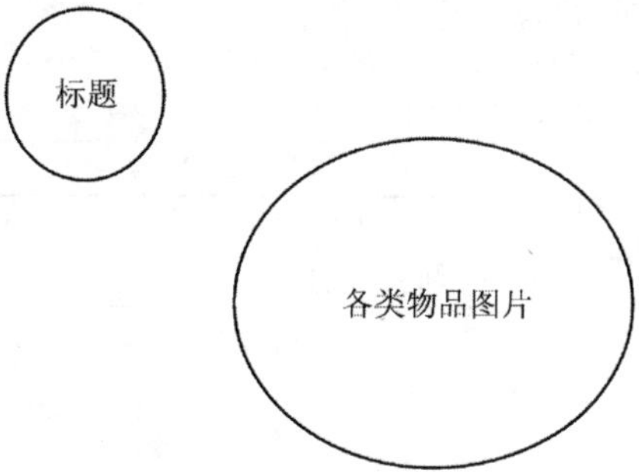		
说明	1. 标题自动出现； 2. 单击鼠标依次出现各类物品； 3. 单击鼠标进入下一个页面。		

<table>
<tr><td>页面序号</td><td>12</td><td>页面内容
简要说明</td><td>听一听</td></tr>
<tr><td>屏幕显示</td><td colspan="3">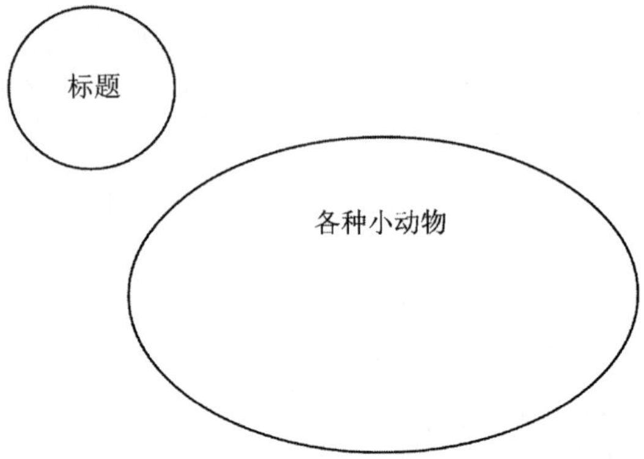
</td></tr>
<tr><td>说明</td><td colspan="3">1. 标题自动出现；
2. 喇叭及各种小动物依次出现；
3. 小喜鹊图片飞出的同时枫叶图片飘落；
4. 单击鼠标进入下一个页面。</td></tr>
</table>

<table>
<tr><td>页面序号</td><td>13</td><td>页面内容
简要说明</td><td>秋天的雨，带给大地的是一首丰收的歌，带给小朋友的是一首快乐的歌。</td></tr>
<tr><td>屏幕显示</td><td colspan="3">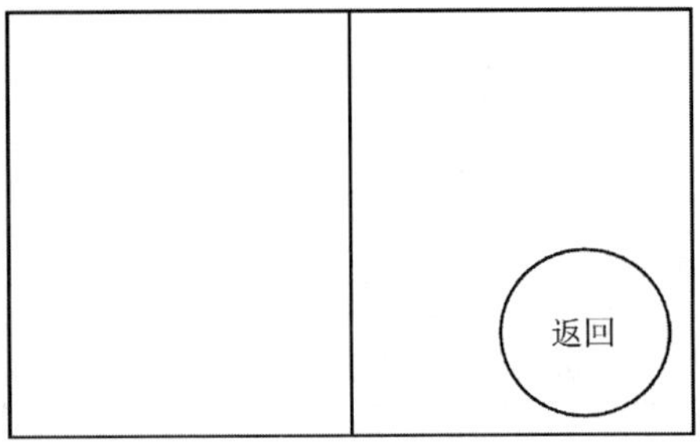
</td></tr>
<tr><td>说明</td><td colspan="3">1. 展示秋天的丰收果实；
2. 孩子歌唱；
3. 关门并出现“返回”字样；
4. 单击“返回”，回到目录；
5. 单击鼠标进入下一个页面。</td></tr>
</table>

<table>
<tr><td>页面序号</td><td>14</td><td>页面内容
简要说明</td><td>课件封底</td></tr>
<tr><td>屏幕显示</td><td colspan="3">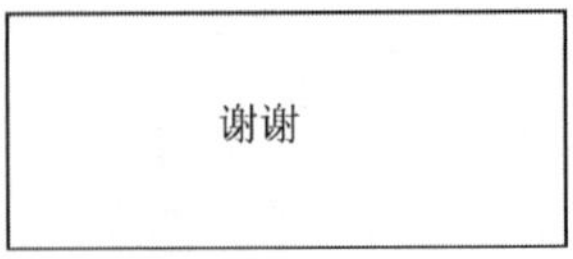
</td></tr>
<tr><td>说明</td><td colspan="3">1. 动画展示“谢谢”两个字；
2. 单击结束放映。</td></tr>
</table>

三、制作教学课件

依据教学设计及课件脚本制作教学课件，主要步骤如下：

步骤 1　启动 PowerPoint 应用程序，新建空白演示文稿文件，并命名为“秋天的雨 . pptx”。在“视图”选项卡“母版视图”组中单击“幻灯片母版”按钮，打开“编辑幻灯片母版”界面。

步骤 2　在左侧幻灯片浏览窗格中选择标题幻灯片母版，设置标题幻灯片母版，包括指定背景图片、枫叶图片和小邮箱图片。选择枫叶图片和小邮箱图片，删除背景，调整图片大小，添加到如图 8-1 位置。为枫叶图片添加“进入—飞入”动画，动画效果选项为“自右上部”，持续时间 1 s，开始方式为“与上一动画同时”；为小邮箱图片添加“进入—飞入”动画，动画效果选项为“自左侧”，持续时间 1 s，开始方式为“上一动画之后”，如图 8-1 所示。

图 8-1　标题幻灯片母版

步骤 3　选择标题和内容版式幻灯片母版并改名为“标题和内容 - 1”，参照标题幻灯片母版进行设置，用同样的方法设置标题和内容幻灯片母版 2、3。

步骤 4　关闭母版视图，回到普通视图编辑界面，新建“标题”版式幻灯片，副标题“大班散文诗欣赏”，字体为“华文楷体，32 磅，加粗”，自定义颜色为“红色 255，绿色 102，蓝色 0”，添加“进入—飞入”动画，动画效果选项为“自右侧”，开始方式为“与上一动画同时”，持续时间 1 s；标题“秋天的雨”艺术字样式，文本填充自定义颜色为“红色 255，绿色 102，蓝色 0”，文本轮廓颜色为白色，粗细 2. 25 磅，字号为“88 磅，加粗”，文本效果“阴影，左下斜偏移”，添加“进入—下拉”动画，动画效果选项为“动画文本按字母”，字母延迟百分比为 50，开始方式为“上一动画之后”，持续时间 1 s，如图 8-2 所示。

图 8-2　标题幻灯片动画文本设置

步骤 5　选择小喜鹊图片，添加“自定义动作路径”的“路径”动画，开始方式为“上一动画之后”，持续时间 3 s。

步骤 6　单击“插入”选项卡“插图”组中的“形状”按钮，选择“基本形状”中的“梯形”工具添加梯形，设置为置于最底层，填充效果为“中等效果—橙色，强调颜色 6”，复制该梯形，调整大小，设置形状轮廓为“橙色，强调文字颜色 6，深色 25%，0.75 磅，单实线”。

步骤 7　单击“插入”选项卡“文本”组中的“文本框”按钮，选择“横排文本框”绘制文本框，输入文字“开始”，设置文字主题颜色“橙色，强调文字颜色 6，深色 50%，28 磅，华文楷体”。

步骤 8　同时选择两个梯形和文本框将其组合起来，单击“格式”选项卡“形状样式”组中的“形状效果”按钮，选择“三维旋转”选项中“极左极大透视”中的“透视”效果设置组合图形的形状效果，添加到如图 8-3 所示位置。添加“进入—浮入”动画，动画效果选项为“上浮”，开始方式为“上一动画之后”，持续时间 3 s，如图 8-3 所示。

图 8-3　标题幻灯片设置

步骤 9　新建“标题和内容 - 1”版式幻灯片，单击“插入”选项卡“插图”组中的“形状”按钮，选择“线条—直线”作为雨滴，设置线条轮廓色为“白色，背景 1，深色 25%，0.75 磅，实线”。先添加“进入—淡出”的动画，持续时间 0.5 s，延迟 0 s，开始方式为“与上一动画同时”，再添加“动作路径”的“直线”动画，调整动作路径的终点位置至左下方，持续时间 1 s，延迟 0 s，开始方式为“与上一动画同时”，最后在“动画”选项卡“高级动画”组中单击“添加动画”按钮，为雨滴添加“退出—淡出”动画，持续时间 0.1 s，延迟 1 s，开始方式为“与上一动画同时”。多次复制作为雨滴的直线，修改其进入动画、路径动画和退出动画的延迟时间，每复制一次，延迟时间增加 0.25 s。图 8-4 所示为复制第一个雨滴后的效果。

图 8-4　复制第一个雨滴后的效果

步骤 10　参照雨滴的添加，绘制椭圆作为“波纹”，设置椭圆轮廓色为“主题颜色白色，背景 1，深色 25%，0.75 磅，实线”。先添加“进入—淡出”动画，持续时间 0.5 s，延迟 1 s 开始方式为“与上一动画同时”。再添加“强调—放大/缩小”动画，持续时间 0.4 s，延迟 1.5 s，开始方式为“与上一动画同时”。最后添加“退出—淡出”动画，持续时间 0.5 s，延迟 1.5 s，开始方式为“与上一动画同时”。多次复制作为波纹的椭圆，修改其进入动画、强调动画和退出动画的延迟时间，每复制一次，延迟时间增加 0.25 s。

步骤 11　在“插入”选项卡“媒体”组中单击“音频”按钮，添加《雨声》和《秋日私语》音频。

步骤 12　新建“标题和内容 - 1”版式幻灯片，绘制云形标注，设置其填充及轮廓并添加动画效果；插入文本框，录入文字“目录”并进行相应的字体及动画设置；插入枫叶图片，裁剪并删除背景，绘制文本框输入文字“想”，文本框置于枫叶上并设置相应的字体，将枫叶图片和文本框组合后添加动画；用同样的方法完成“看”“闻”“听”模块并添加动画，完成效果如图 8-5 所示。

图 8-5　目录幻灯片设置

步骤 13　新建“标题和内容”版式幻灯片，复制目录幻灯片中的“想”模块，调整位置到幻灯片左上角，修改其动画效果为“进入—弹跳”，持续时间 1 s，开始方式为“上一动画之后”；复制组合对象“想”，粘贴两次，修改其中一个文字为“一”，调整三者位置如图 8-6 所示。插入钥匙图片，裁剪并删除背景，调整大小并设置动画效果。

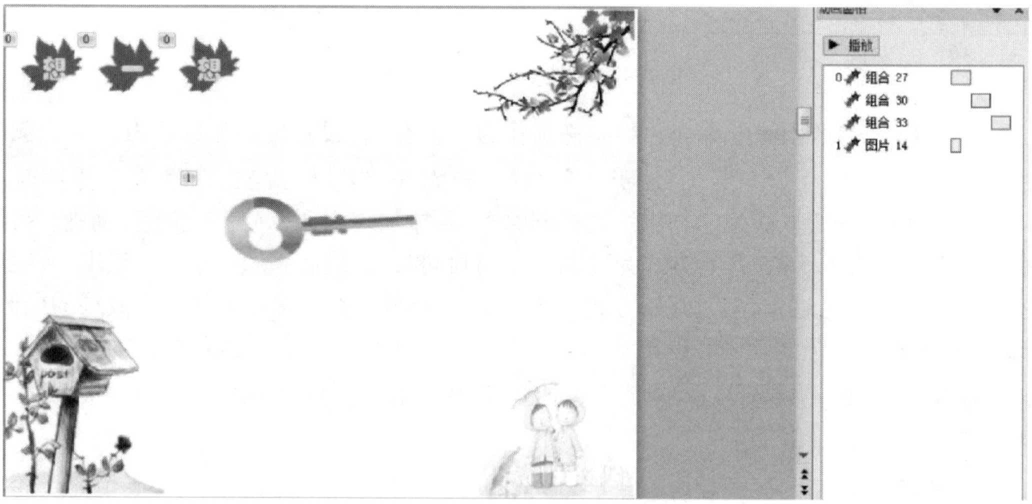

图 8-6　“想一想”幻灯片设置

步骤 14　新建“空白”版式幻灯片，插入秋日丰收图片，选择图片，裁剪图片并调整大小，如图 8-7 所示。

图 8-7　秋日丰收图幻灯片设置

步骤 15　插入秋日童话图片，裁剪图片，设置图片边框主题颜色“白色，背景 1，6 磅，单实线”，图片效果“阴影，内部—内部左上角”，调整大小和位置，如图 8-8 所示；添加“退出—飞出”动画，动画效果选项为“到左侧”，持续时间 3 s，开始方式为“单击时”；复制秋日童话图片，调整裁剪后保留右侧内容，修改动画效果选项为“到右侧”，开始方式为“与上一动画同时”。

图 8-8　“秋天的门”幻灯片左半边设置

步骤 16　参照步骤 13 完成余下各幻灯片的设计与制作。

步骤 17　设置超链接。选择第 3 张幻灯片，选中文本框“想”，单击“插入”选项卡“链接”组中的“超链接”按钮，打开“插入超链接”对话框，如图 8-9 所示，设置其链接到文本档中的第 4 张幻灯片；用同样的方法为“看”“闻”“听”分别创建超链接。选择第 5 张幻灯片，插入枫叶图片，裁剪并删除背景；插入文本框并输入文本“返回”，设置文本字体格式，并调整文本框位置，使其位于枫叶上方；选中文本，设置其链接到第 3 张幻灯片；将枫叶和文本框组合成一个整体并调整位置至幻灯片右下角，复制这个整体到第 7，11，13 张幻灯片。

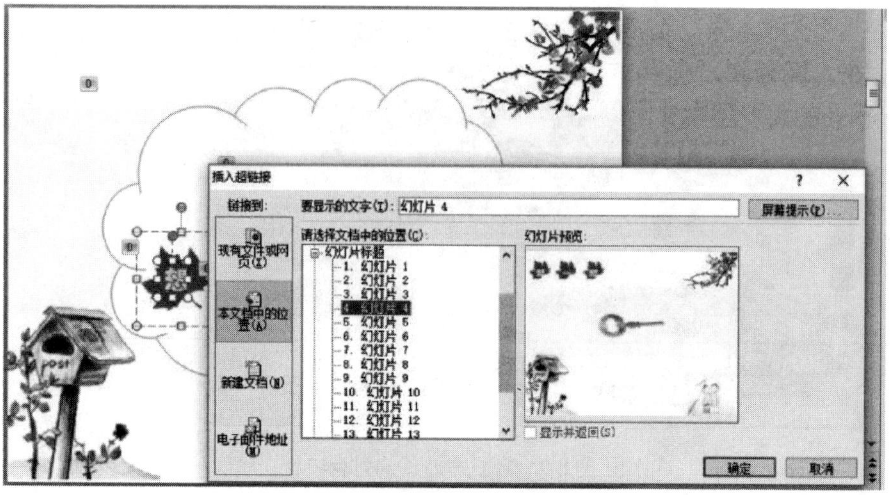

图 8-9　设置超链接

步骤 18　设置幻灯片切换效果。封面幻灯片为“华丽型”的“门”，动画效果选项为“垂直”；片头幻灯片为“华丽型”的“涟漪”，动画效果选项为“居中”；目录幻灯片为“华丽型”的“框”，动画效果选项为“自右侧”；“想一想”“看一看”“闻一闻”“听一听”幻灯片为“华丽型”的“立方体”，动画效果选项为“自右侧”；“秋天的门”“银杏叶打开”幻灯片为“细微型”的“推进”，动画效果选项为“自底部”；田野、枫叶、菊花幻灯片为“细微型”的“随机线条”，动画效果选项为“垂直”；“秋天的雨是一首丰收的歌”幻灯片为“动态内容”的“摩天轮”，动画效果选项为“自右侧”；封底幻灯片为“动态内容”的“窗口”，动画效果选项为“垂直”；其他幻灯片为“华丽型”的“立方体”，动画效果选项为“垂直”。除封面、目录页无换片方式外，其他幻灯片的换片方式都为“单击时”。

步骤 19　在快速访问工具栏中单击“保存”按钮，保存更改后的“秋天的雨”演示文稿。

项目九 小学语文课件

小学语文教学的主要内容是培养小学生听、说、读、写的能力。在语文教学中，使用多媒体课件可以创设图文并茂、动静结合、声情融汇的教学环境，有利于小学生理解学习内容，而且多媒体课件还可以集中学生的注意力，引导学生积极思维，提高思维能力；同时因多媒体课件提供了图形、声音、语言等交互界面和窗口，小学生可以通过各种灵活、方便的交互界面进行学习，充分调动小学生参与教学过程的积极性，从而提高教学效果。

项目向导

本项目是教材的综合项目部分，以部编人教版小学语文一年级上册《乌鸦喝水》为例，介绍小学语文课件的一般制作过程。

需要完成的主要操作：

◆ 分析教学设计；
◆ 设计课件，制作课件脚本，收集课件素材；
◆ 制作教学课件。

需要掌握的主要技能：

◆ 分析教学设计，掌握制作课件脚本的方法；
◆ 制作课件母版；
◆ 对课件中各种对象（文本、图片、音视频、动画）进行编辑；
◆ 为课件中各对象添加合适的动画样式并合理设置；
◆ 为课件中各幻灯片及对象间设置合适的交互；
◆ 添加幻灯片切换动画并合理设置。

相关知识

在设计小学语文课件时，要潜心研究教学设计，合理添加素材，做到张弛有度，让课件成为辅助教师教学的有利工具。制作小学语文课件主要有以下几点注意事项：

（1）分析教学设计，收集与教学内容相关的资料和素材；

（2）注重语文学科的文学性，添加素材适当适度，不要过于花哨；

（3）合理设计课件脚本，不要让课件成为课本和板书的替代品；

（4）注意语文课堂的主体是学生，课堂不能单单是课件的放映，应以培养学生听、读、说、写能力为主；

（5）语文教学不同文体课件制作的着重点也有所不同，如写景文章要注意画面的逼真，记叙文要注意写作背景，议论文与说明文要注意将几要素呈现清楚，不能千篇一律。

项目实施

一、分析教学设计

本项目教学内容选自部编人教版小学语文一年级上册《乌鸦喝水》，教学设计如下。

人教版小学语文一年级上册《乌鸦喝水》

【教材分析】

《乌鸦喝水》是一篇经典有趣的童话故事，选自《伊索寓言》。课文讲的是乌鸦动脑筋想办法解决水少、瓶口小的困难，最终喝到水的故事。课文篇幅短小，语言浅显，通俗易懂，很适合低年级学生阅读。伟大的科学家爱因斯坦说过："兴趣是最好的老师。"本课设计本着"时时激趣"的原则，充分激发学生的求知欲，从猜谜入手，一步步引导学生亲历语言实践，在反复地朗读、识记、想象等语言活动中帮助学生理解、领会文章大意，提高学生的阅读能力。设计中特别坚持把识字寓于诵读课文的过程中，引导学生结合语言环境，理解汉字的意义；并把认识生字与正确、连贯地诵读课文紧密结合起来，使学生在轻松、愉悦的氛围中完成学习目标。

【教学目标】

1. 认识"乌、鸦"等 11 个生字和反文旁 1 个偏旁。

2. 会写"只、石"等 5 个生字。

3. 能正确、流利地朗读课文，了解乌鸦喝水的过程，认识自然段。

4. 懂得遇到困难时应认真思考、积极想办法解决的道理。

【教学重、难点】

教学重点：正确、流利地朗读课文；认识自然段。

教学难点：了解乌鸦喝水的过程，领悟其中的道理。

【教学策略】

在教学过程中，教师根据低年级孩子抽象思维能力弱于形象思维能力的特点，在课堂上设计了猜谜语、角色表演、动手实操等环节，增强了孩子们的学习兴趣。

教师摒弃细碎的讲解，精心创设实践活动，给足学生自主、合作、探究的机会；引导学生通过不同形式、不同层次、不同角度的阅读，感悟文本内涵。

课堂上开展"说一说""想一想""演一演""做一做""圈一圈"等学习活动，培养学生学习的方法，使之能熟练运用学会的知识，养成良好的学习习惯。

【教学过程】

一、激趣导入，初读课文

1. 同学们喜欢猜谜语吗？今天老师带来了一则谜语，看谁猜得准：身穿黑袍子，长个丑样子，懂得爱妈妈，是个好孩子。（谜底：乌鸦）

2. 图上的乌鸦在干什么？（生：乌鸦在喝水）这节课我们就来学习《乌鸦喝水》这一课。

〈设计意图〉

爱猜谜语是低年级孩子的天性，联系生活实际，结合图片，加深孩子们对乌鸦的印象，激发学习热情。

3. 学生轻声读课文。

自读要求：

（1）借助拼音读准字音，读通句子。

（2）不会读的字圈出来，多读几遍。

二、认写生字

1. 将会认字和会写字圈画在课文中，并和你的小伙伴互相读一读。

〈设计意图〉

在阅读中感受课文，学习生字词，反复地引导孩子们结合拼音阅读课文，降低生字的学习难度，是识记生字的有效方法。

2. 出示本课生字课件，请学生认读，巩固记忆。

（1）生字组成了词语，你会读吗？

乌鸦　到处　办法　旁边　许多　放进　升高　找到

（2）生字放在句子中，你能读对吗？

★ 一只乌鸦口渴了，到处找水喝。

★ 乌鸦看见一个瓶子，瓶子里有水，但是喝不着。

★ 乌鸦看见旁边有许多小石子，想出办法来了。

★ 乌鸦把小石子一颗一颗地放进瓶子里。

★ 瓶子里的水渐渐升高，乌鸦就喝着水了。

〈设计意图〉

在阅读课文的基础上，孩子们初步认读了生字，但是印象并不深刻，结合文本的具体语境，在教学中以多种方式复现生字，帮助学生加深记忆。

3. 小乌鸦想出办法喝到了水，你会写下面这些字吗？（课件展示生字并组词造句）

只：共 5 笔，第 2 笔是横折。

石：共 5 笔，第 4 笔是横折。

多：共 6 笔，第 2 笔是横撇。

出：共 5 笔，第 3 笔是竖。

见：共 4 笔，第 4 笔是竖折钩。

〈设计意图〉

此时的学生已经有了初步的独立识字能力，教师应引导学生运用已经学过的识字方法独立识字。

4. 教师指导书写。

（1）观察“只、石、多、出、见”五个字的结构特点。

（2）教师范写，学生仿写，评议修改。

〈设计意图〉

教师在指导书写时应有层次、有重点。间架结构或笔画繁难的字要重点指导，比较简单的字可放手让学生独立观察并书写，借以培养学生的书写能力。

三、细读、感悟、明理（解读课文）

1. 同学们字词掌握得很好，课文也一定能学好。这篇课文一共有几个自然段？（三个自然段）

2. 指名读这三个自然段，思考：每个自然段讲了什么？

3. 学习第一自然段。

（1）出示课件：乌鸦口渴了，它当时是什么样的感觉？请学生结合自己的生活实际谈谈“口渴”时的感受。

（2）乌鸦是怎样找水的？你能用课文中的句子告诉大家这个故事吗？

出示课件：一只乌鸦口渴了，到处找水喝。

想一想：乌鸦为了找水，飞过了哪些地方呢？

演一演：乌鸦到处找水喝。

（3）你能体会乌鸦非常想喝水的心情吗？

（4）乌鸦找到水了吗？指读课文第二句，想想怎样读？（高兴）

（5）那么，小乌鸦喝到水了吗？

出示课件：可是，瓶子里水不多，瓶口又小，乌鸦喝不着水。

板画三个不同的瓶子（口大水不多、口小水不多、口小水多），让学生仔细观察瓶子的形状及瓶子里水的多少，并用手指当乌鸦嘴伸向课前准备的装有水的透明瓶子，帮助学生理解乌鸦喝不到水的原因。

（6）请你再把第一自然段读一遍，注意读出小乌鸦到处找水、找到水喝不着、想办法时的不同语气。

〈设计意图〉

以读为主，通过不同形式的读，指导学生在朗读中熟悉课文，理解课文，使学生在多读中悟得读的方法，在多读中悟情。

4. 学习第二、三自然段。

（1）喝不到水，小乌鸦就不喝吗？它是怎样做的？（想办法）

（2）小乌鸦想到了什么办法？请同学们用横线画在书上，再读一读。

（3）它是怎么想到这个办法的？（观察周围）

（4）这个办法行吗？我们来做个实验。（提示学生仔细观察水面的变化）

（5）课文中是怎样描写这个现象的？（瓶子里的水渐渐升高，乌鸦就喝着水了）

（6）句子练习：__________渐渐__________。

（7）同学们，你们喜欢这只小乌鸦吗？为什么？（遇到问题仔细观察、认真思考，爱动脑筋）

〈设计意图〉

此环节的设计目的在于，不以教师的分析来代替学生的阅读实践，而是通过阅读、画、批和动手操作，使学生加深对课文的理解，让学生在积极主动的思维和情感活动中感悟课文。

四、感情读背

1. 这一节课，我们认识了一只可爱、聪明、遇到困难肯动脑筋的乌鸦，请同桌间相互讲一讲这个故事吧！

2. 说一说你有什么办法记住这个故事？

〈设计意图〉

让学生自己悟出背诵的方法，如看图背诵、想情节背诵、看板书背诵、看动画片背诵等，引导学生学会巧背课文。

3. 学生练习背诵。

4. 指名背诵。

五、课文拓展，发散思维

1. 同学们都觉得乌鸦很聪明，能够想出这么好的办法，假如乌鸦的旁边没有小石子，该怎么办？指名说说。

预设：乌鸦可以找一根吸管，把水吸上来。乌鸦可以找一个碗，把水倒出来喝。乌鸦可以请他的好朋友帮忙，把水拿起来给他喝。

〈设计意图〉

这个问题，既为学生的思维留下了广阔的空间，也为学生的动手操作与探究提供了实践的机会。

2. 看来，同学们比乌鸦还聪明。在遇到困难的时候，我们只要动一动脑筋，就能想出办法来。

3. 作业：

（1）认读生字，写一写。

（2）课后可以把这个故事讲给爸爸、妈妈听。

➢ 对教学设计分析如下：

（1）根据教学设计，本课需要部分使用课件。

（2）教学活动过程中“引入新课”部分，借助课件完成猜谜游戏，引入新课的学习；“认写生字”部分根据教学目标用课件展示会读生字和四会生字；“解读课文”部分，借助课件提出问题，引导学生阅读、思考，帮助学生理解课文，让学生在积极主动的思维和情感活动中感悟课文；“课文拓展”部分，借助图片，引导学生开动脑筋，拓展思维；“作业”部分将作业用课件呈现，减少板书时间，提高课堂效率。

（3）根据教学内容，可以把课件分为五个主要模块，模块间的交互可通过导航实现。

➢ 课件制作过程中需要注意：

（1）课件根据学习对象年龄小，课堂容易分心走神的生理和心理特征，适当添加动画，以抓住学生眼球，提高学习效率。

（2）制作课件前，需要根据课件设计制作课件脚本，搜集课件制作需要图片、声音等素材。

二、制作课件脚本

分析教学设计，对本课件进行如下设计：

（1）本课件主要由引入课题、认写生字、解读课文、课文拓展、作业五大模块构成。

（2）模块间交互通过页面底端的导航条来实现，导航条包含五大学习模块及“退出”模块，方便教学。

（3）课件主体部分根据教学设计，从以下几个方面逐步完成：首先从生字开始，生字的学习从“会读、四会”两个不同要求指导学生学习；接着通过多种教学方式让学生感悟课文，明白课文的寓意，可以用强调动画，突出重点；最后通过提问的方式引导学生进一步思考“如果瓶子旁边没有小石子，该怎么办？”拓展学生思维。

根据以上分析，依据制作课件脚本的具体方法，制作课件脚本如下。

《乌鸦喝水》课件脚本

课件题目	部编人教版小学语文一年级上册《乌鸦喝水》
教学目标	1. 认识“乌、鸦”等 11 个生字和反文旁 1 个偏旁。 2. 会写“只、石”等 5 个生字。 3. 能正确、流利地朗读课文，了解乌鸦喝水的过程，认识自然段。 4. 懂得遇到困难，应认真思考、积极想办法解决的道理。
创作平台	PowerPoint 2010
创作思路	《乌鸦喝水》是一篇经典有趣的童话故事，选自《伊索寓言》。课文讲的是乌鸦通过动脑筋想办法解决水少、瓶口小的困难，最终喝到水的故事。所以为了帮助学生更好地学习该课文，我们采用了图片、动画等方式帮助他们在意境中带着愉悦的心情去学习。
内容简介	该课件由导入、认写生字、解读课文、课文拓展和作业五个模块组成，课件可通过导航条任选模块学习。
课件整体结构图	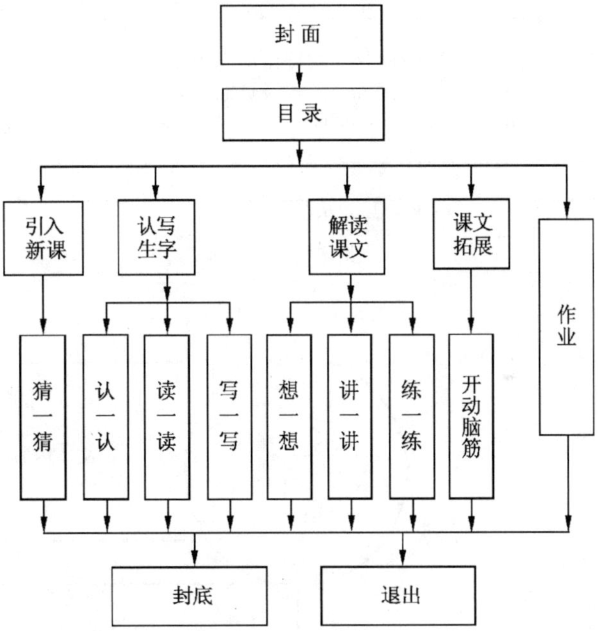

页面序号	1	页面内容简要说明	课件封面
屏幕显示	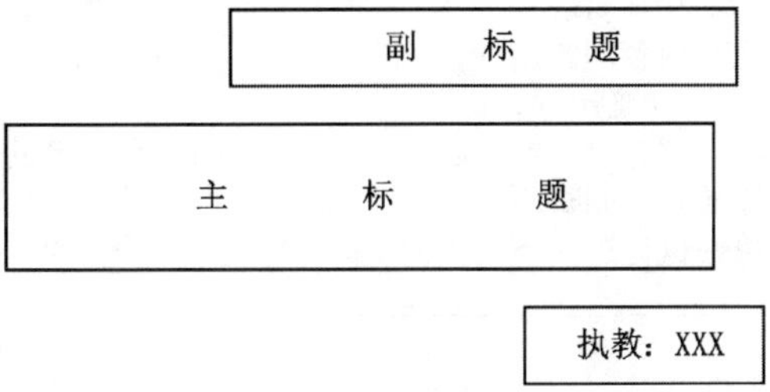		
说明	1. 幻灯片展开，副标题、主标题、执教者文字框动画效果出现； 2. 单击鼠标进入下一个页面。		

页面序号	2	页面内容简要说明	目录
屏幕显示			
说明	1. 乌鸦、水瓶图片及导航按钮动态出现； 2. 单击各导航按钮可进入相应页面； 3. 单击鼠标进入下一页面。		

页面序号	3	页面内容简要说明	猜一猜
屏幕显示	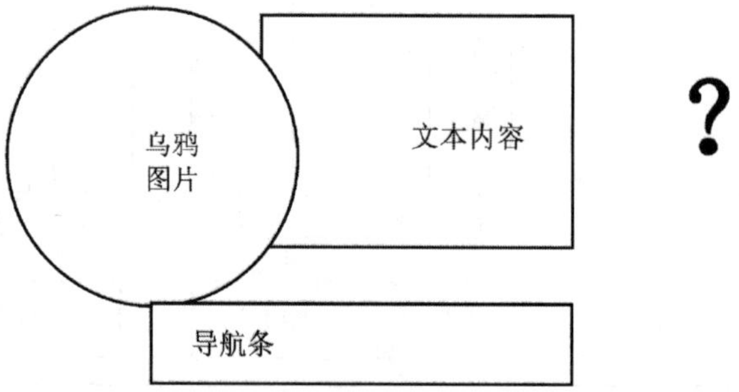		
说明	1. 标题动画出现； 2. 文本内容动画出现； 3. “?” 动画出现； 4. 单击 “?”对象，文本内容消失，图片在文本的位置出现； 5. 导航条控制页面转换； 6. 单击鼠标进入下一页面。		

页面序号	4－5	页面内容简要说明	认一认
屏幕显示	标题 拼音 生字 导航条		
说明	1. 标题动画出现； 2. 会读生字内容在标题后出现，拼音和生字整体出现； 3. 导航条控制页面转换； 4. 单击鼠标进入下一页面。		

页面序号	6	页面内容简要说明	读一读
屏幕显示	标题 组词 导航条		
说明	1. 标题动画出现； 2. 组词整体动画出现，并将生字用红色标注； 3. 导航条控制页面转换； 4. 单击鼠标进入下一页面。		

页面序号	7	页面内容简要说明	读一读
屏幕显示	标题 句子 导航条		
说明	1. 标题动画出现； 2. 五个句子文本设置不同颜色，在幻灯片同一位置一条一条动画出现； 3. 导航条控制页面转换； 4. 单击鼠标进入下一页面。		

页面序号	8－12	页面内容简要说明	写一写
屏幕显示	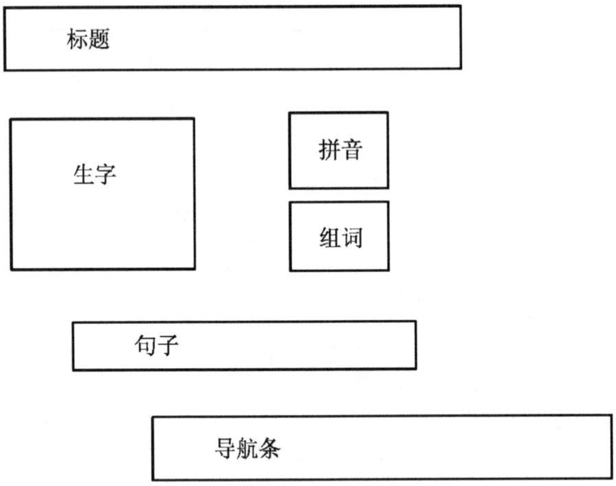		
说明	1. 标题和生字动画出现； 2. 依次单击鼠标动画出现拼音、生字、组词、句子； 3. 单击鼠标在句中的生字下方出现三角着重号并用强调动画突出； 4. 导航条控制页面转换； 5. 单击鼠标进入下一页面。		

页面序号	13	页面内容简要说明	想一想
屏幕显示	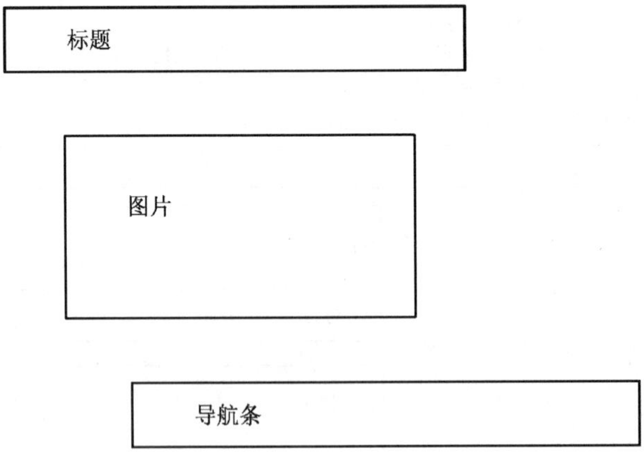		
说明	1. 标题动画出现； 2. 图片在标题后动画出现； 3. 导航条控制页面转换； 4. 单击鼠标进入下一页面。		

<table>
<tr><td>页面序号</td><td>14－15</td><td>页面内容
简要说明</td><td>讲一讲</td></tr>
<tr><td>屏幕显示</td><td colspan="3">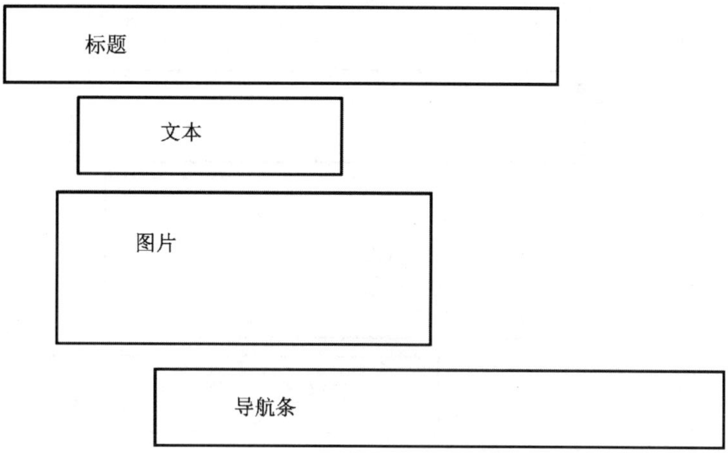
</td></tr>
<tr><td>说明</td><td colspan="3">1. 标题动画出现；
2. 文本在标题后动画出现；
3. 单击鼠标出现图片；
4. 导航条控制页面转换；
5. 单击鼠标进入下一页面。</td></tr>
</table>

<table>
<tr><td>页面序号</td><td>16</td><td>页面内容
简要说明</td><td>练一练</td></tr>
<tr><td>屏幕显示</td><td colspan="3">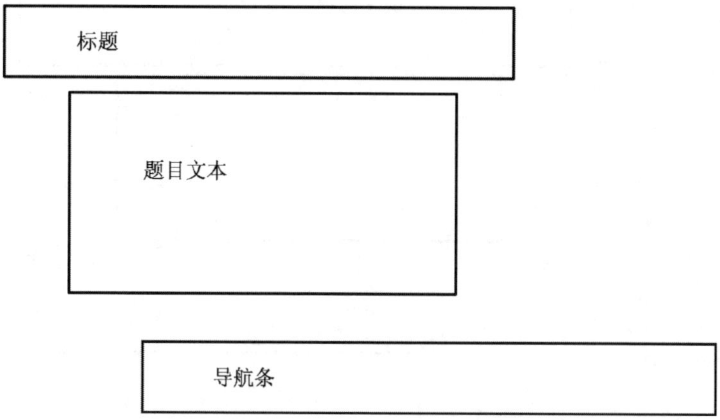
</td></tr>
<tr><td>说明</td><td colspan="3">1. 标题动画出现；
2. 题目文本在标题后动画出现；
3. 导航条控制页面转换；
4. 单击鼠标进入下一页面。</td></tr>
</table>

页面序号	17	页面内容 简要说明	课文拓展
屏幕显示	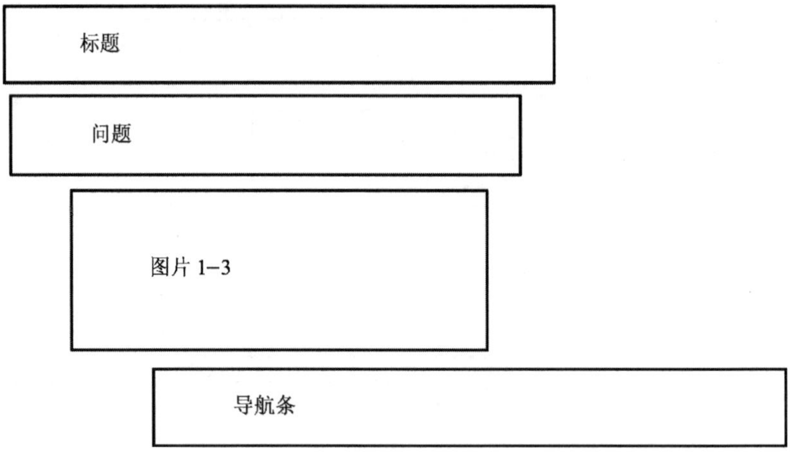 		
说明	1. 标题动画出现； 2. 问题在标题后动画出现； 3. 单击鼠标在幻灯片同一位置依次出现图片； 4. 导航条控制页面转换； 5. 单击鼠标进入下一页面。		

页面序号	18	页面内容 简要说明	全班齐读
屏幕显示	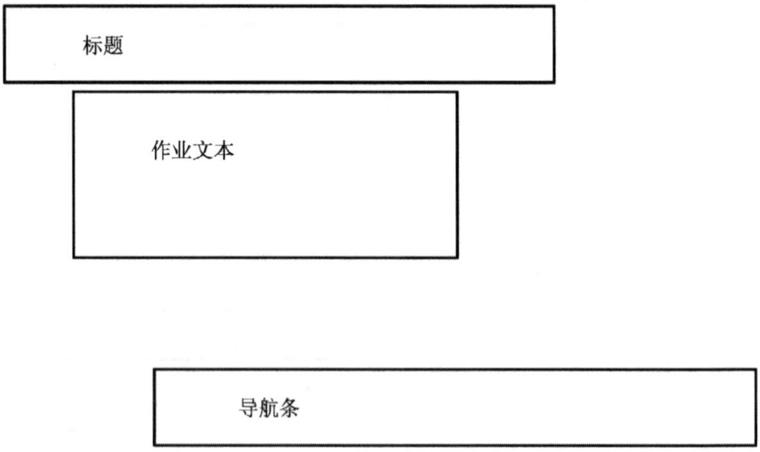 		
说明	1. 标题动画出现； 2. 作业文本在标题后逐行出现； 3. 导航条控制页面转换； 4. 单击鼠标进入下一页面。		

页面序号	19	页面内容 简要说明	课件封底
屏幕显示			
说明	1. 设置文本背景，及文本边框样式； 2. 卷轴动画打开幻灯片，显示文本内容； 3. 单击鼠标结束课件。		

三、制作教学课件

依据教学设计及课件脚本制作教学课件，主要步骤如下：

步骤 1　启动 PowerPoint 应用程序，新建空白演示文稿文件，并命名为“乌鸦喝水.pptx”。单击“视图”选项卡“母版视图”组中的“幻灯片母版”按钮，进入“编辑幻灯片母版”编辑界面。

步骤 2　在左侧幻灯片浏览窗格中选第 1 个 Office 主题幻灯片母版，设置 Office 主题幻灯片母版，单击“背景”组“背景样式”下拉列表中的“设置背景格式”按钮，在弹出的对话框中选择“图片或纹理填充”，单击下方的“文件”按钮，弹出“插入图片”对话框，选择需要的背景图片，如图 9-1 所示。幻灯片版式保留“标题幻灯片”版式、“标题和内容”版式和“节标题”版式，其余版式删除。

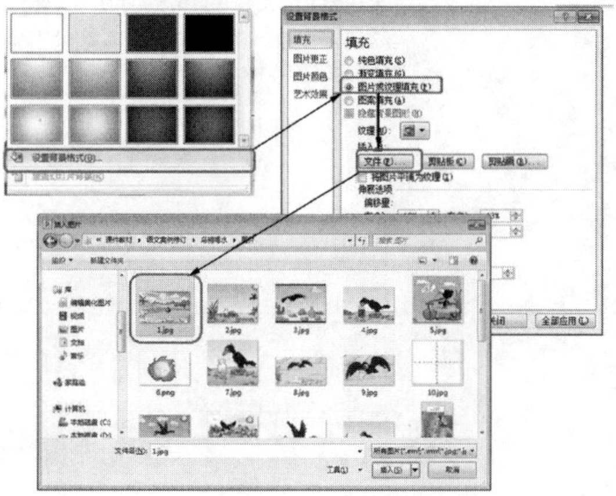

图 9-1　设计 Office 母版背景

步骤 3　选择“标题幻灯片”版式，设置幻灯片标题占位符字体格式为“华文新魏，208 磅，加粗，加阴影”，文本效果为“发光—红色，5pt 发光，强调颜色 2”，修改占位符提示内容为“输入标题”，占位符相对于幻灯片左右居中；副标题占位符字体格式为

“黑体，32 磅，加粗，靠右对齐，无项目符号”，如图 9-2 所示。

图 9-2　“标题幻灯片”母版

步骤 4　在“标题和内容”版式母版上，为标题添加圆角矩形为背景形状，设置形状为置于最底层，填充效果为“细微效果—水绿色，强调颜色 5”，渐变效果为“线性对象—左上到右下”，轮廓为黑色，0. 75 磅，标题文字“楷体 40 磅，加粗”，添加“进入—劈裂”动画，效果选项为“左右向中间收缩”，开始方式为“与上一动画同时”；为内容添加矩形为背景形状，设置形状为最底层填充效果为“细微效果—水绿色，强调颜色 5”，渐变效果为“线性对象—右下到左上”，轮廓为黑色，0. 75 磅，内容文字为“楷体 28 磅，加粗”，如图 9-3 所示。

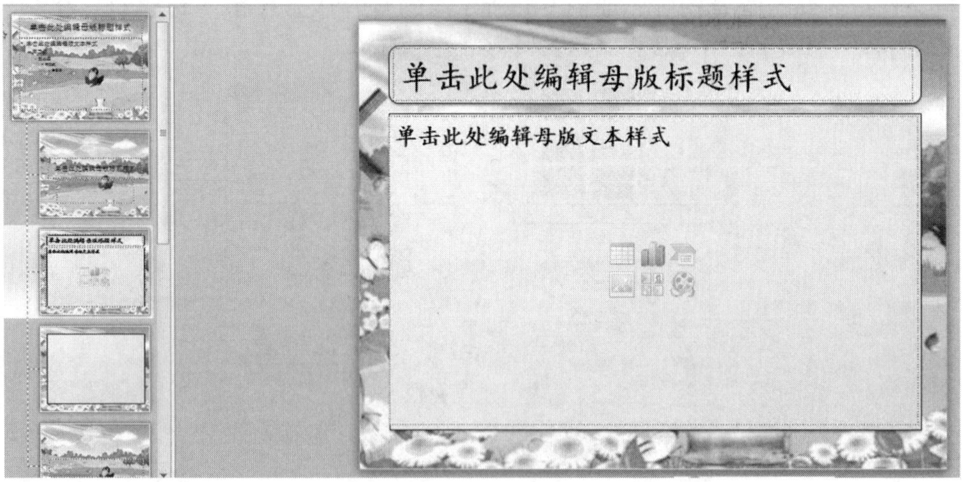

图 9-3　“标题和内容”版式母版

步骤 5　在幻灯片母版右下角位置添加 1 行 6 列表格的导航条，单元格高度为 1 厘米，宽度为 3 厘米，设置表格样式为“中度样式 2—强调 1”，单元格凹凸效果为“棱纹”，表格文字“宋体，16 磅，加粗”，内容分别为“导入新课”、“认写生字”、“解读课文”、

“课文拓展”、“作业”和“退出”，如图 9-4 所示；单击“幻灯片母版”选项卡“编辑主题”组中的“颜色”按钮，在下拉列表中选择“新建主题颜色”，弹出“新建主题颜色”对话框，将超链接的文本颜色改为白色，如图 9-5 所示。

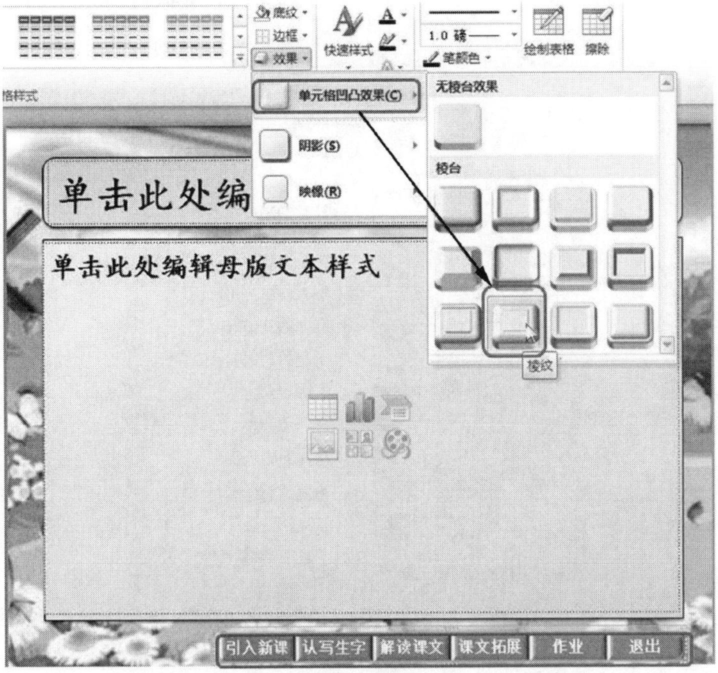

图 9-4 导航条设置

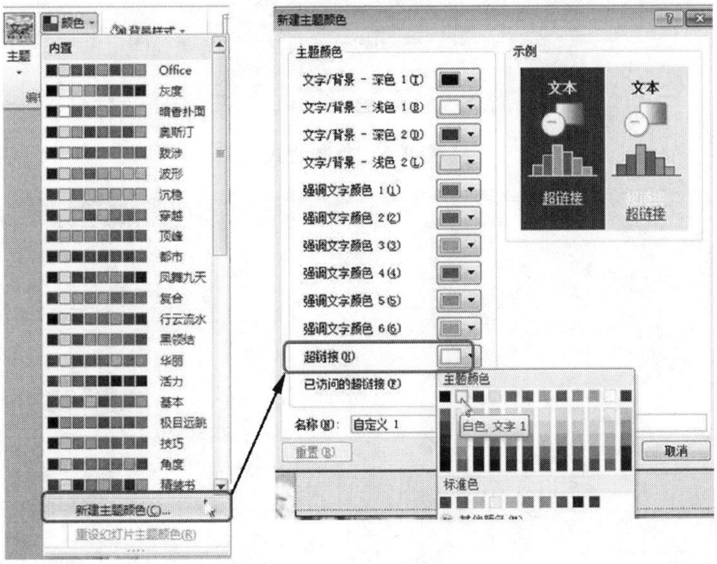

图 9-5 修改主题颜色

步骤 6 在左侧幻灯片缩略图窗格选中“标题和内容”版式幻灯片缩略图，右击鼠标，在弹出的快捷菜单中选择“复制版式”命令，如图 9-6 所示。修改新复制的幻灯片版式名为“内容”，然后删除幻灯片上的导航表格、标题栏和内容文本框，设置矩形为“长

23 厘米，宽 16 厘米”，效果如图 9-7 所示。

图 9-6　复制版式

图 9-7　“内容”母版

步骤 7　关闭母版视图，回到普通视图编辑界面，在左侧缩略图窗格选中“标题版式”幻灯片，在标题占位符位置输入文本“乌鸦喝水”，在副标题位置输入文本“执教：×××”，新建文本框，输入文本“部编人教版小学语文一年级上册”，设置为“黑体，

32 磅，加粗，深红”，添加“进入—浮入”动画，效果选项为“下浮”，开始方式为“上一动画之后”，持续时间 1 s；为标题添加“进入—翻转式由远及近”动画，开始方式为“上一动画之后”，持续时间 1 s；为副标题添加“进入—擦除”动画，效果选项为“自左侧”，开始方式为“上一动画之后”，持续时间 0. 5 s。整个界面如图 9-8 所示。

图 9-8　标题幻灯片

步骤 8　新建“内容”版式幻灯片，插入图片，添加到如图 9-9 所示位置，删除图片对象背景。插入垂直项目符号列表的 Smart 图形，宽 7 厘米，高 11 厘米，命名为“目录项”，Smart 样式为强烈型，形状样式为“强烈效果—水绿色，强调颜色 5”，文本为“宋体，28 磅，加粗，加阴影，白色”。添加“进入—擦除”动画，效果选项为“自顶部”，持续时间 2s，开始方式为“上一动画之后”，如图 9-9 所示。

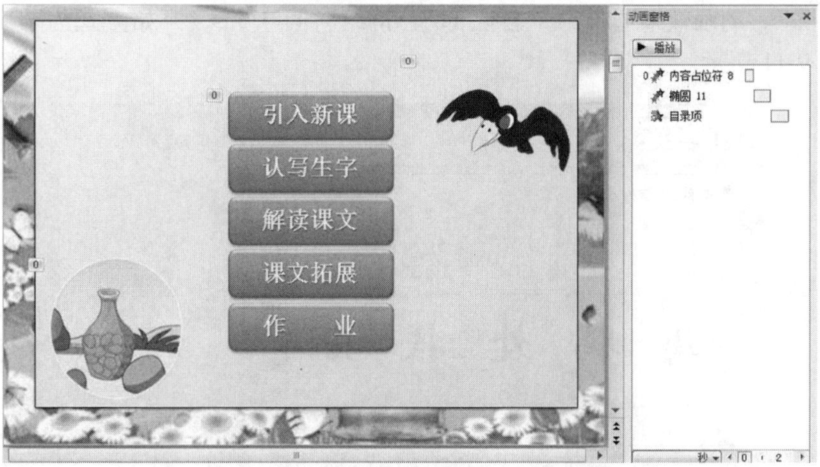

图 9-9　目录

步骤 9　新建“标题和内容”版式幻灯片，插入 1 行 1 列表格，单元格高度为 1 厘米，宽度为 3 厘米，设置表格样式为“中度样式 2—强调 1”，单元格凹凸效果为“棱纹”，表格文字“宋体，16 磅，加粗”，单元格内容为“引入新课”，字体格式“深红色，加粗，阴影，16 磅”，移动表格使其覆盖导航条“引入新课”内容；添加标题文字“猜一猜：”和猜谜文本内容，设置文本格式。插入样式为“填充—红色，填充文字颜色 2，暖色粗糙棱台”的艺术字“?”，设置文本轮廓色为“黄色”，为艺术字对象添加“进入—旋转”动画，持续时间 1 s，开始方式为“上一动画之后”；添加猜谜文本“退出—消失”动画，触发方式为单击“?”。插入乌鸦的图片，图片覆盖住猜谜文本，为图片设置“进入—缩放”动画，动画效果选项为“对象中心”，开始方式为“单击时”，完成效果如图 9-10 所示。

图 9-10　“猜一猜”显示效果

步骤 10　新建“标题和内容”版式幻灯片，插入 1 行 1 列表格，单元格高度为 1 厘米，宽度为 3 厘米，设置表格样式为“中度样式 2—强调 1”，单元格凹凸效果为“棱纹”，表格文字“宋体，16 磅，加粗”，单元格内容为“认写生字”，字体格式“深红色，加粗，阴影，16 磅”，移动表格使其覆盖导航条“认写生字”内容；添加标题和文本内容，汉语拼音字体为“宋体，44 磅，加粗，红色”，其文本为“楷体，加粗，72 磅”；文本动画为“进入—擦除”，动画效果选项为“自底部”，持续时间 0.5 s，开始方式为“上一动画之后”，如图 9-11 所示。

图 9-11　“认一认”显示效果

步骤 11　参照步骤 10 完成第 5 张幻灯片。

步骤 12　新建“标题和内容”版式幻灯片，复制上一张幻灯片中 1 行 1 列的表格至本幻灯片；添加标题“读一读:”，添加文本内容，生字用红色标注，为文本设置“进入—擦除”动画，效果选项为“自顶部”，动画开始方式为“上一动画之后”，如图 9-12 所示。

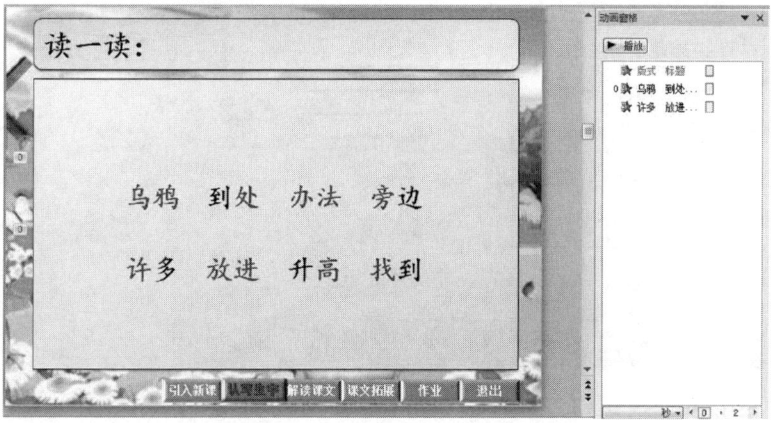

图 9-12　“读一读”生字效果显示

步骤 13　新建“标题和内容”版式幻灯片，复制上一张幻灯片中 1 行 1 列的表格至本幻灯片；添加标题“读一读:”，添加文本框句子 1—句子 5，设置每个句子为不同文本颜色，文本格式“楷体，40 磅，加粗”。5 个句子重叠，单击鼠标依次出现每个句子，为文本设置“进入—随机线条”动画和“退出—消失”动画，如图 9-13 所示。

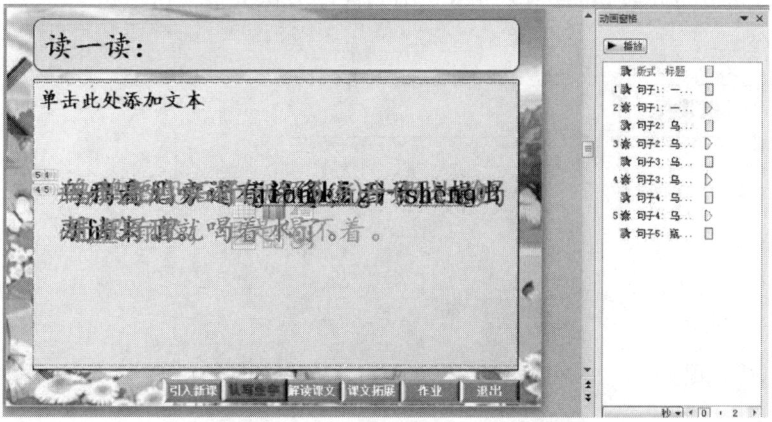

图 9-13　“读一读”句子效果显示

步骤 14　新建“标题和内容”版式幻灯片，复制上一张幻灯片中 1 行 1 列的表格至本幻灯片；添加标题“写一写:”，绘制四线格和田字格，在四线格和田字格上分别插入拼音文本和汉字“只”的文本，参照项目五写字动画，给汉字“只”添加书写动画，输入汉字“只”的拼音文本，设置“进入—出现”动画，动画开始方式为“单击时”。输入汉字“只”的组词文本，设置“进入—擦除”动画，动画效果选项为“自顶部”，动画开始方式为“单击时”。输入句子文本，设置“进入—擦除”动画，动画效果选项为“自底部”，动画开始方式为“单击时”。在文本“一只”下面添加“▲”自选图形，轮廓深红色，填充黄色，设置“进入—出现”动画，开始方式为“单击时”，添加“强调—闪烁”

动画，重复两次，动画开始方式为“上一动画之后”。完成后的界面如图 9-14 所示。

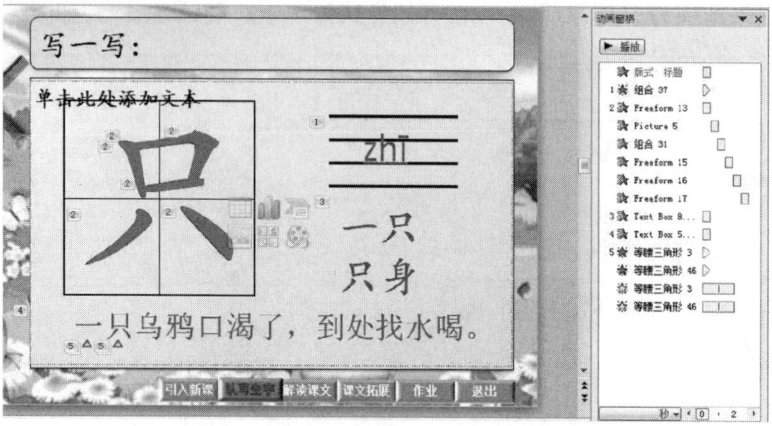

图 9-14　“四会生字”显示效果

步骤 15　参照步骤 14 完成“石、多、出、见”四个“四会生字”幻灯片的制作。

步骤 16　新建“标题和内容”版式幻灯片，插入 1 行 1 列表格，单元格高度为 1 厘米，宽度为 3 厘米，设置表格样式为“中度样式 2—强调 1”，单元格凹凸效果为“棱纹”，表格文字“宋体，16 磅，加粗”，单元格内容为“解读课文”，字体格式为“深红色，加粗，阴影，16 磅”，移动表格使其覆盖导航条“解读课文”内容；添加文本和图片并设置动画效果，完成后的界面如图 9-15 所示。用同样的方法完成“讲一讲”“练一练”的幻灯片内容。

图 9-15　“解读课文”显示效果

步骤 17　新建“标题和内容”版式幻灯片，插入 1 行 1 列表格，单元格高度为 1 厘米，宽度为 3 厘米，设置表格样式为“中度样式 2—强调 1”，单元格凹凸效果为“棱纹”，表格文字“宋体，16 磅，加粗”，单元格内容为“课文拓展”，字体格式为“深红色，加粗，阴影，16 磅”，移动表格使其覆盖导航条“课文拓展”内容；添加文本和图片并设置动画效果，最后将三幅图片上下左右居中对齐排列，完成后的界面如图 9-16 所示。

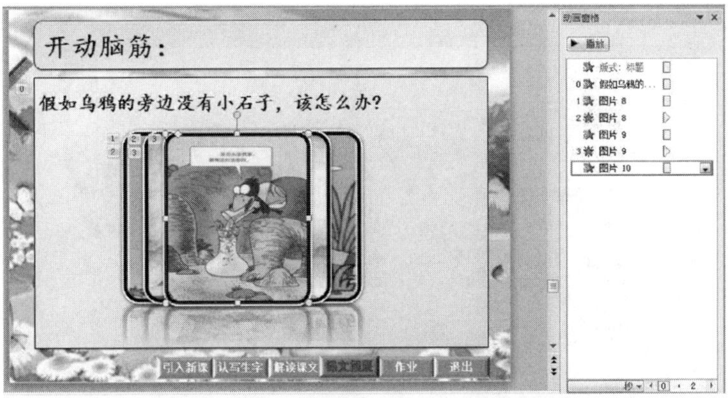

图 9-16　“课文拓展”显示效果

步骤 18　新建“标题和内容”版式幻灯片，完成“作业”幻灯片的制作。

步骤 19　新建“节标题”版式幻灯片，绘制圆角矩形填充效果为“细微效果—水绿色，强调颜色 5”，渐变效果为“线性对象—左上到右下”，轮廓为蓝色，20 磅；输入文本“谢谢大家，再见!”，设置为“楷体 72 磅，加粗，阴影”，艺术字样式为“填充—红色，强调文字颜色 2，粗糙棱台”；将文本、圆角矩形组合命名为底层，添加“进入—劈裂”动画，效果选项为“中央向左右展开”，持续时间 2 s，开始方式为“与上一动画同时”。左轴、右轴分别添加左、右路径动画，开始方式为“与上一动画同时”，持续时间 2 s，如图 9-17 所示。

图 9-17　“封底”显示效果

步骤 20　设置幻灯片切换效果，封面幻灯片为“华丽型”的“涟漪”，效果选项为“居中”；封底幻灯片为“细微型”的“随机线条”，效果选项为“垂直”；其他幻灯片为“华丽型”的“立方体”，效果选项为“自底部”，切换方式都为单击鼠标。

步骤 21　选择第 2 张幻灯片，选中形状“引入新课”，单击“插入”选项卡“链接”组中的“超链接”按钮，打开“插入超链接”对话框，如图 9-18 所示，设置其链接到本文档中的第 3 张幻灯片，用同样的方法设置“认写生字”“解读课文”“课文拓展”“作业”分别链接到幻灯片 4，13，17，18。

图 9-18　设置超链接

步骤 22　设置母版导航。单击“视图”选项卡“母版视图”组中的“幻灯片母版”按钮，进入“编辑幻灯片母版”编辑界面。选择“标题和内容”版式，选中文本“引入课文”，单击“插入”选项卡“链接”组中的“超链接”按钮，打开“插入超链接”对话框，设置其链接到本文档中第 3 张幻灯片，用同样的方法为“认写生字”“解读课文”“课文拓展”“作业”设置相应的超链接。单击“退出”按钮，单击“插入”选项卡“链接”组中的“超链接”按钮，打开“动作”对话框，打开“动作设置”对话框，设置如图 9-19 所示。

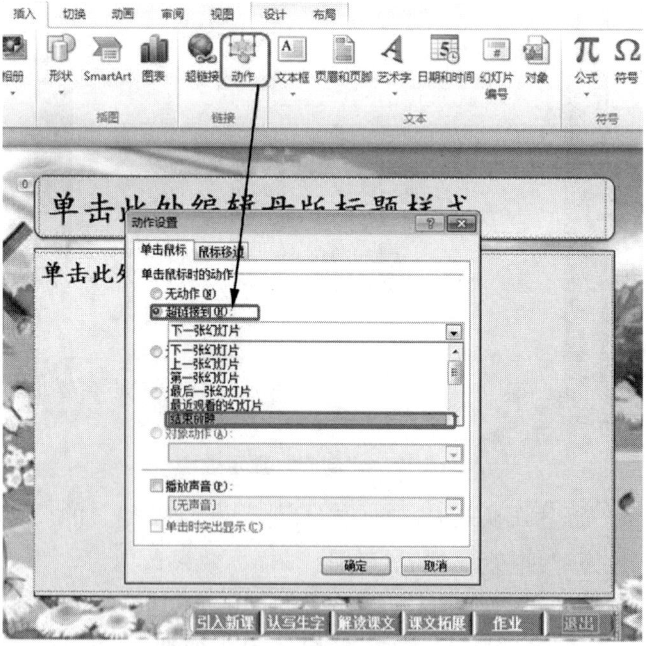

图 9-19　“退出”超链接

步骤 23　关闭母版视图，回到普通视图编辑界面，在快速访问工具栏中单击“保存”按钮，保存更改后的“乌鸦喝水”演示文稿。

项目十 小学数学课件

小学数学教学的主要内容是培养学生的计算能力、逻辑思维能力及归纳推理能力，发展学生的空间观念，让学生能够运用所学知识解决实际问题。在数学教学中，充分合理地使用多媒体课件可以创设图文并茂、有声有色的教学情境，激发小学生学习数学的兴趣。同时多媒体课件将图像与声音、动态与静态完美地结合起来，有利于突破重点和难点，化抽象为形象，使数学问题生活化，吸引小学生积极参与到课堂知识的学习中来，充分调动他们参与教学过程的积极性，从而真正提高数学课堂教学效果。

项目向导

本项目是教材的综合项目部分，以苏教版小学数学三年级上册《轴对称图形》为例，介绍小学数学课件的一般制作过程。

需要完成的主要操作：

- ◆ 分析教学设计；
- ◆ 设计课件，制作课件脚本，收集课件素材；
- ◆ 制作教学课件。

需要掌握的主要技能：

- ◆ 分析教学设计，掌握制作课件脚本的方法；
- ◆ 制作课件母版；
- ◆ 课件中各种对象（文本、图片、音视频、动画）的编辑；
- ◆ 为课件中各对象添加合适的动画样式并合理设置；
- ◆ 为课件中各幻灯片及对象间设置合适的交互；
- ◆ 添加幻灯片切换动画并合理设置。

相关知识

在设计小学数学课件时，要潜心研究教学设计，合理添加素材，做到张弛有度，让课件成为辅助教师教学的有利工具。制作小学数学课件主要有以下几点注意事项：

（1）分析教学设计，收集与教学内容相关的资料和素材；

（2）体现数学生活化的原则，添加素材适当适度，不要过于花哨；

（3）合理设计课件脚本，不要让课件成为课本和板书的替代品；

（4）注意数学课堂的主体是学生，课堂不能单单是课件的放映，应以培养学生的计算能力、逻辑思维能力及归纳推理能力为主；

（5）数学教学内容不同，课件制作的侧重点也不同，如从静态到动态的过渡注重变化过程，从平面图形向空间图形的过渡注重画面的连贯，不能千篇一律。

项目实施

一、分析教学设计

本项目教学内容选自苏教版小学数学三年级上册《轴对称图形》，教学设计如下。

苏教版小学数学三年级上册《轴对称图形》

【教材分析】

《轴对称图形》从学生熟悉的事物入手，通过形式多样的活动，让学生初步感知生活中的对称现象，进而认识简单的轴对称图形。教材先通过蝴蝶、天坛、飞机的实物图片让学生观察、分析它们的共同特点，引出“对称”的概念。然后将这几种物品抽象为平面图形，引导学生通过对折发现轴对称图形的基本特征，并初步描述轴对称图形的概念。初步认识轴对称图形后，能用简便的方法制作轴对称图形。在“想想做做”中，通过一系列的习题，加深学生对轴对称图形的认识。“你知道吗”部分介绍自然界中一些对称现象及世界上一些著名的对称建筑，以进一步拓展学生的知识视野，帮助学生体会“对称”的科学与美学价值。

【教学目标】

1. 了解生活中的对称现象；认识轴对称图形的一些基本特征，能正确识别轴对称图形；会设计制作简单的轴对称图形。

2. 通过观察、猜想、操作、验证，经历认识轴对称图形的过程，掌握判断轴对称图形的方法。

3. 在认识、制作和欣赏轴对称图形的过程中，感受物体或图形的对称美，激发学生学习数学的积极情感。

【教学重点、难点】

1. 理解轴对称图形的特征。

2. 掌握判断轴对称图形的方法。

【教学教具准备】

1. 剪刀、彩纸、相关图片、视频素材。

2. 制作课件。

【教学课时安排】

1 课时

【教学内容】

苏教版义务教育教科书《数学》三年级上册第 83—86 页例 3、例 4 和相对应的“试一试”、“想想做做”第 1—5 题、“动手做”及“你知道吗”。

【教学过程】

一、引入新课

（一）猜一猜

师：同学们，老师带来了一个“猜猜看”的游戏，你们想试试吗？（课件展示）

（二）引出对称

师：刚才我出示物体一小部分的时候，同学们的答案各不相同，可是当物体出示到一半时，大家就能异口同声地说出它是什么物体了，这是为什么呢？

生：两边完全一样。

师：像这样两边形状、大小完全相同的物体，我们就说它们是对称的。（板书：对称）像这样对称的物体，在生活中你还看到过哪些？

生：花、蜻蜓等。

师：同学们观察得真仔细，对称就在我们的身边。

二、探究新知

1. 实物抽象出图片，引入探究。

师：请看屏幕，每个物体对称吗？［教师出示例 3 主题图（蝴蝶、天坛、飞机实物照片图）］

师：把上面的物体画下来，可以得到下面的图形，它们对称吗？

生：对称。

2. 合作探究，认识轴对称图形的特征。

师：你能通过折一折、比一比来验证自己的想法吗？请同学们从 107 页选择自己喜欢的一个图形剪下来并对折。（板书：对折）

师：完成的同学请举手。

师：请仔细观察对折后的图形，你发现了什么？

生：一样（或对齐、相同、对称）。

师：你还发现了什么？

师："一样""对齐""相同"在数学里面我们称它为完全重合。（板书：完全重合）

师：现在我们来看一看电脑是如何演示对折过程的。仔细观察，对折后是否完全重合。（课件演示蝴蝶、天坛、飞机图形对折、翻转的过程）

师：完全重合吗？（生：重合）

师：像这样对折后能完全重合的图形是轴对称图形。（板书：对折　轴对称图形）

师：同学们，你觉得在理解这个概念时需要注意的是哪几个字？

生：完全重合。

师：请同学们打开刚才对折的图形，观察一下，对折后与对折前相比图形有什么变化吗？

师：像这样对折后能完全重合的图形，是轴对称图形。

3. "创"对称，深化体验。

师：同学们，通过刚才的学习，我们进一步认识了轴对称图形。那你想自己动手创造一个轴对称图形吗？

教师提出创作要求，让学生用一张纸对折，再照样子画一画、剪一剪。（结合课件讲解）

学生发挥想象自主创作，分组进行剪一剪，拉一拉，印一印，画一画，撕一撕，创作出轴对称图形。

（部分展示欣赏）

三、练习体悟特征

判断是否是轴对称图形。

1. 师：我们以前学过的平面图形哪些是轴对称图形呢？

（生结合手中学具，小组合作，共同验证猜想）

2. 全班交流，着重引导学生说出判断的依据。

生1：这个三角形是轴对称图形，因为它对折后两边完全重合。
生2：这个矩形是轴对称图形，它对折后两边也完全重合。
生3：这个平行四边形不是轴对称图形，它对折后两边不能完全重合。
师：还有其他折法吗？看来这个平行四边形无论怎么对折，都不能完全重合，那我们就说这个平行四边形不是轴对称图形。
[出示菱形，强调这是特殊的平行四边形，对折后可完全重合，所以是轴对称图形]
师：通过刚才的活动，你们觉得在判断一个图形是不是轴对称图形的时候，什么最重要？
生：对折，完全重合。

四、"辩"对称，提升认识

1. "想想做做"第1题。
师：同学们能利用轴对称图形的特点，发挥你的想象来判断下面的图形是不是轴对称图形吗？(出示图形，组织学生逐一进行判断)
师：通过刚才的学习和交流，老师发现同学们对于轴对称图形的特征掌握得还真不错，继续加油。
2. "想想做做"第2题。
逐一判断。
3. "想想做做"第3题。
猜一猜下面的图案是从哪张纸上剪下来的？请你连一连。
4. "想想做做"第4题。
师：其实在一些常见的交通标志中也可以找到轴对称图形（课件逐一出示交通标志，一一判断）
师：日常生活中，同学们要时刻遵守交通规则，注意交通安全。
5. 猜汉字游戏。
6. 比一比谁最聪明。
7. 画一画。(画出图形的另一半，使它成为一个轴对称图形)。

五、总结欣赏，动手实践

1. 师：同学们，其实数学知识并不一定都在课本里，它还可能藏在生活中，藏在自然界中，让我们用智慧的双眼去寻找，去发现生活中和自然界中的轴对称图形吧！
2. 完成"动手做"。

六、布置作业

学生课后收集一些轴对称的标志、图案或对称物体的图片，和同学一起欣赏，交流感受。

板　书：

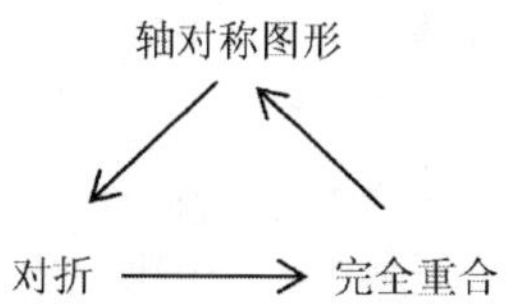

对教学设计分析如下：

➢ 根据教学设计，本课需要部分使用课件。

➢ 教学活动过程中“引入新课”部分，“猜一猜”游戏借助课件逐步呈现；“探究新知”部分首先借助课件展示多个对称物体，然后通过“折一折”视频展示对称图形；“‘创’对称”部分，在学生动手操作的基础上借助课件展示剪对称图形的过程；“练习体悟特征”部分，将习题借助课件展示，减少板书时间，提高课堂效率；“‘辩’对称，提升认识”部分的习题也借助课件展示；“总结欣赏，动手实践”部分，在学生发言后借助课件进行总结；“布置作业”部分用课件呈现出来。

➢ 根据教学内容，可以把课件分为六个主要模块，模块间交互可通过导航实现。

课件制作过程中需要注意：

➢ 本课教学对象为三年级学生，学生年龄较小，学习时注意力很难持久，在课件中添加适当的动画效果，可吸引学生注意力，提升学生的学习效率。

➢ 课件制作前需要收集与轴对称相关的图片、视频等素材。

二、制作课件脚本

分析教学设计，对本课件进行设计如下：

（1）本课件由引入新课、探究新知、练习体悟、“辩”对称、总结欣赏、布置作业六大模块构成。

（2）模块间交互通过页面顶端的导航条来实现，导航条包含六大模块和“退出”模块，页面之间切换通过“上一页”按钮及“下一页”按钮来完成。

（3）课件主体部分遵循教学设计从生活中的对称现象开始，到认识简单的轴对称图形，练习体悟特性，接着通过“辩”对称帮助学生把握简单图形之间的轴对称关系，最后是练习和布置作业。

根据以上分析，依据制作课件脚本的具体方法，完成课件脚本制作。

《轴对称图形》课件脚本

课件题目	苏教版小学数学三年级上册《轴对称图形》
教学目标	1. 了解生活中的对称现象；认识轴对称图形的一些基本特征；能正确识别轴对称图形；会设计制作简单的轴对称图形。 2. 通过观察、猜想、操作、验证，经历认识轴对称图形的过程，掌握判断轴对称图形。 3. 在认识、制作和欣赏轴对称图形的过程中，感受物体或图形的对称美，激发学生学习数学的积极情感。
创作平台	PowerPoint 2010
创作思路	本课从学生熟悉的事物入手，让学生初步感知生活中的对称现象，进而认识简单的轴对称图形，掌握判断轴对称图形的方法。“总结欣赏”环节选取了大量生活中、大自然中的轴对称图片来激发学生学习数学的热情。课件采用图片、视频及动画等方式让学生带着愉悦的心情去学习。
内容简介	该课件由引入新课、探索新知、练习体悟、“辩”对称、总结欣赏、布置作业六个模块组成，课件可通过导航条任选模块学习。

课件整体结构图	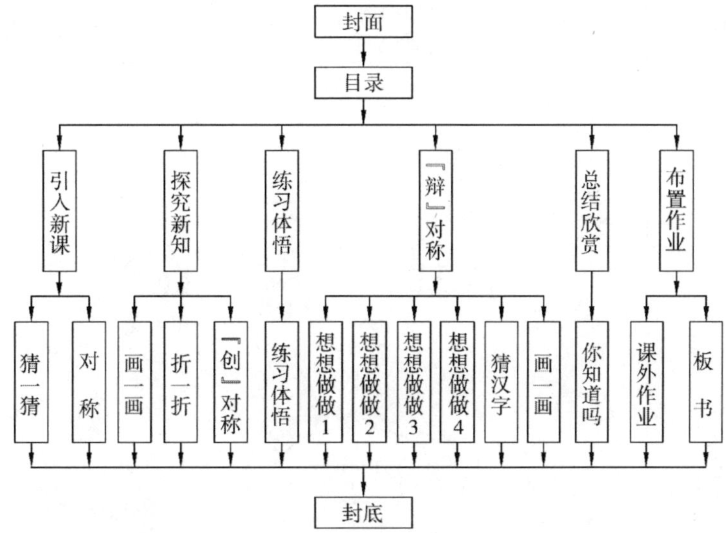

页面序号	1	页面内容简要说明	课件封面
屏幕显示	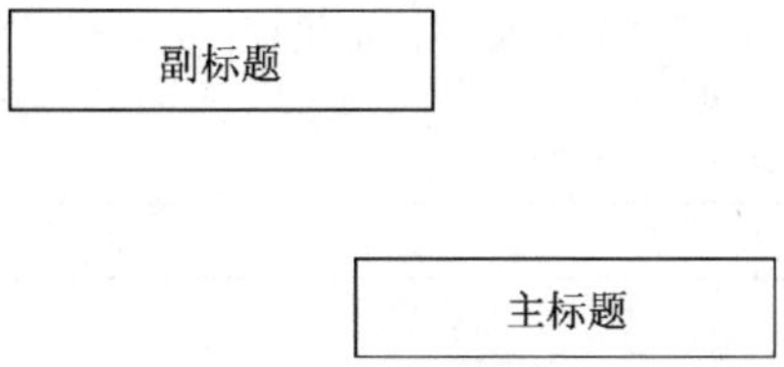		
说明	1. 幻灯片展开，副标题文字动画效果出现； 2. 标题文字分别以动画效果出现； 3. 单击进入下一个页面。		

页面序号	2	页面内容简要说明	目录
屏幕显示	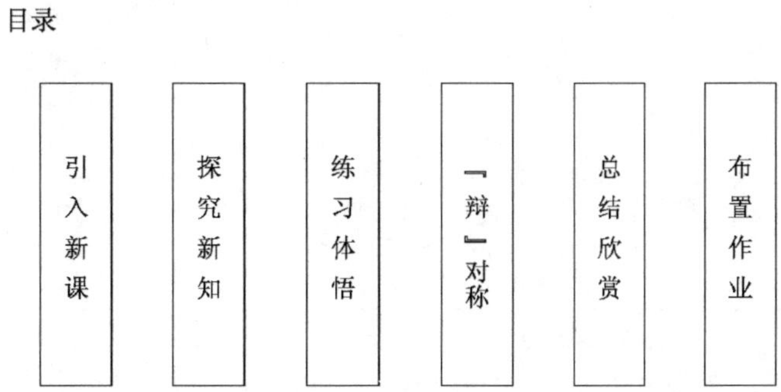		
说明	1. 目录内容以动画方式自动呈现； 2. 单击目录内容，进入相应内容页面的第一页； 3. 单击进入下一个页面。		

页面序号	3	页面内容简要说明	猜一猜
屏幕显示	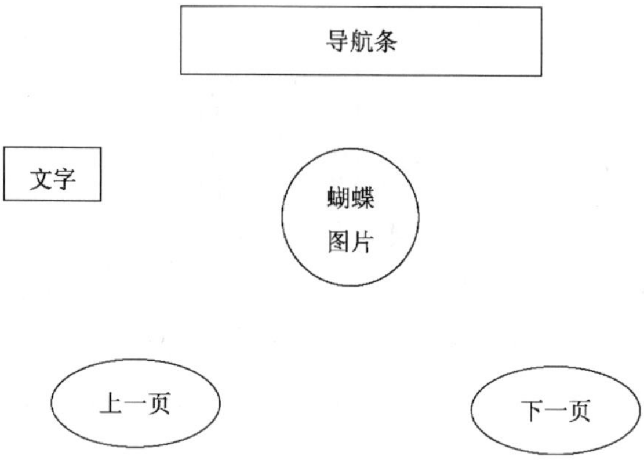		
说明	1. 标题自动动画出现； 2. 蝴蝶出现四分之一，一半，最后完全出现，以单击方式分别呈现； 3. 导航条控制页面转换； 4. “上一页”“下一页”按钮出现； 5. “上一页”“下一页”按钮可以在页面间切换； 6. 单击进入下一个页面。		

页面序号	4	页面内容简要说明	对称
屏幕显示	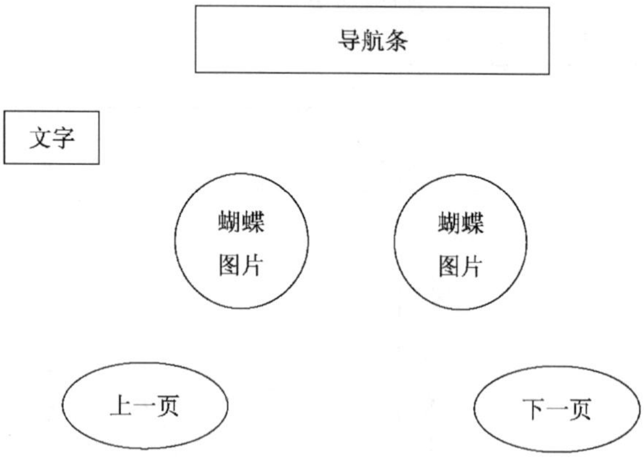		
说明	1. 图片动画出现； 2. 文本依次动画出现； 3. “上一页”“下一页”按钮出现； 4. 导航条控制页面转换； 5. “上一页”“下一页”按钮可以在页面间切换； 6. 单击进入下一个页面。		

<table>
<tr><td>页面序号</td><td>5</td><td>页面内容
简要说明</td><td>观察实物图</td></tr>
<tr><td>屏幕显示</td><td colspan="3">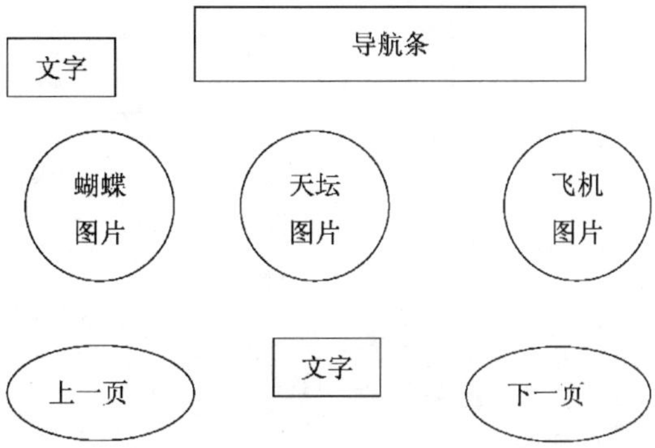
</td></tr>
<tr><td>说明</td><td colspan="3">1. 题目文字动画出现；
2. 图片在文字后动画出现；
3. 答案文字出现；
4. “上一页”“下一页”按钮出现；
5. 导航条控制页面转换；
6. “上一页”“下一页”按钮可以在页面间切换；
7. 单击进入下一个页面。</td></tr>
</table>

<table>
<tr><td>页面序号</td><td>6</td><td>页面内容
简要说明</td><td>画轮廓</td></tr>
<tr><td>屏幕显示</td><td colspan="3">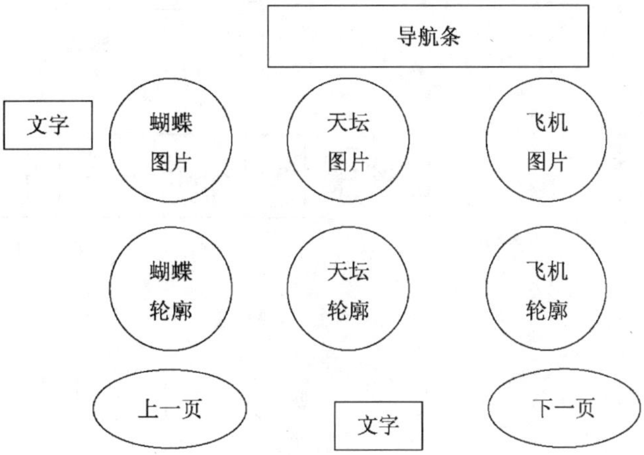
</td></tr>
<tr><td>说明</td><td colspan="3">1. 标题动画出现；
2. 轮廓动画出现；
3. 轮廓动画向下运动；
4. “上一页”“下一页”按钮出现；
5. 导航条控制页面转换；
6. “上一页”“下一页”按钮可以在页面间切换；
7. 单击进入下一个页面。</td></tr>
</table>

页面序号	7	页面内容简要说明	折一折（播放视频）
屏幕显示	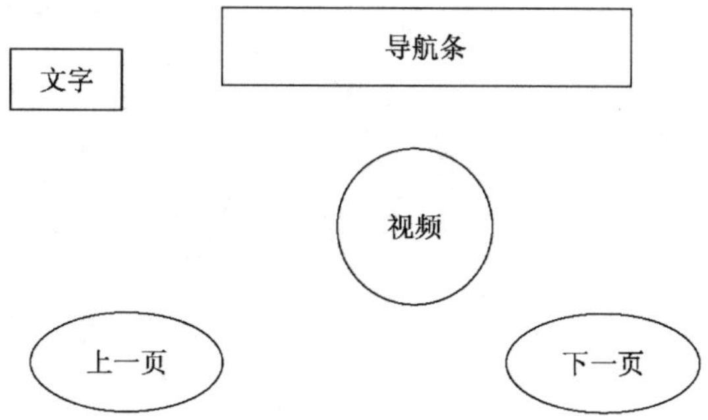		
说明	1. 标题动画出现； 2. 播放对折视频； 3. 导航条控制页面转换； 4. “上一页”“下一页”按钮出现； 5. 导航条控制页面转换； 6. “上一页”“下一页”按钮可以在页面间切换； 7. 单击进入下一个页面。		

页面序号	8	页面内容简要说明	“创”对称
屏幕显示	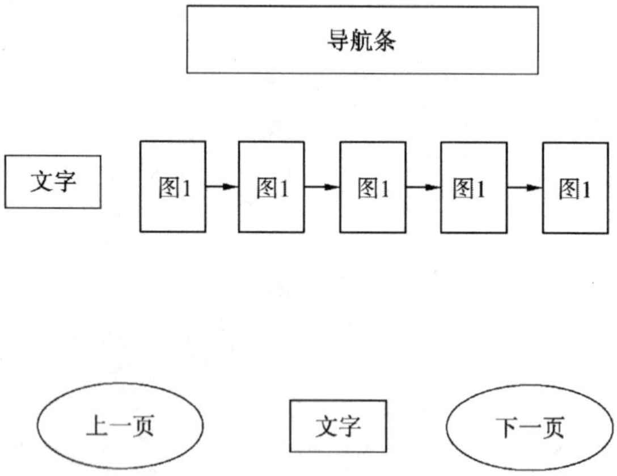		
说明	1. 标题动画出现； 2. 操作要求文字出现； 3. 图片操作步骤及箭头依次动画出现； 4. 问题文字出现； 5. “上一页”“下一页”按钮出现； 6. 导航条控制页面转换； 7. “上一页”“下一页”按钮可以在页面间切换； 8. 单击进入下一个页面。		

页面序号	9－14	页面内容 简要说明	练习体悟、“辩”对称、猜汉字
屏幕显示	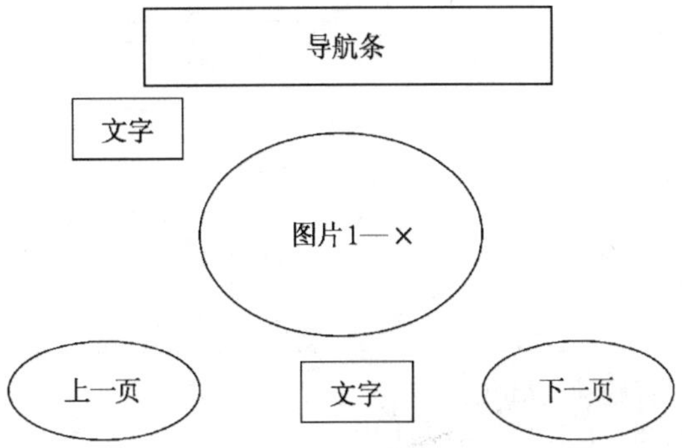		
说明	1. 题目及图形无动画； 2. 单击图形出现答案正误码符号； 3. “上一页”“下一页”按钮出现； 4. 导航条控制页面转换； 5. “上一页”“下一页”按钮可以在页面间切换； 6. 单击进入下一个页面。		

页面序号	15－16	页面内容 简要说明	比一比、画一画
屏幕显示	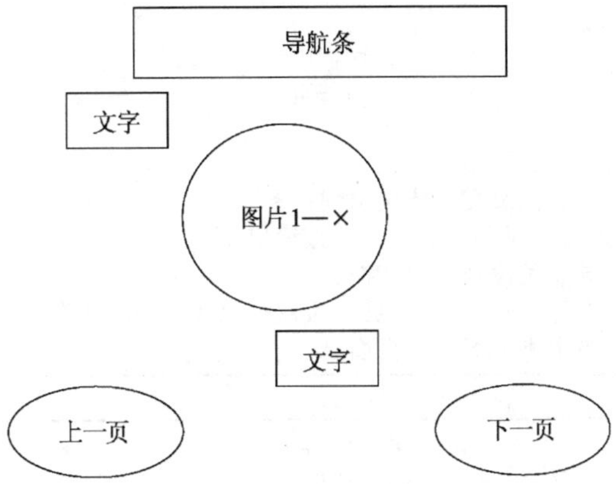		
说明	1. 文本及图片无动画； 2. 答案依次动画出现； 3. “上一页”“下一页”按钮出现； 4. 导航条控制页面转换； 5. “上一页”“下一页”按钮可以在页面间切换； 6. 单击进入下一个页面。		

页面序号	17－27	页面内容简要说明	总结欣赏
屏幕显示	导航条 图片1—× 文字 上一页　下一页		
说明	1. 标题动画出现； 2. 图片在标题后动画出现； 3. “上一页”“下一页”按钮出现； 4. 导航条控制页面转换； 5. “上一页”“下一页”按钮可以在页面间切换； 6. 单击进入下一个页面。		

页面序号	28－29	页面内容简要说明	布置作业
屏幕显示	导航条 文字 上一页　下一页		
说明	1. 标题词及文字依次出现； 2. “上一页”“下一页”按钮出现； 3. 导航条控制页面转换； 4. “上一页”“下一页”按钮可以在页面间切换； 5. 单击进入下一个页面。		

页面序号	30	页面内容简要说明	结束页
屏幕显示	谢谢		
说明	1. 文字动画出现； 2. 单击结束课件。		

三、制作教学课件

依据教学设计及课件脚本制作教学课件，主要步骤如下：

步骤 1　启动 PowerPoint 应用程序，新建空白演示文稿文件，并命名为“轴对称图形.pptx”。单击“视图”选项卡“母版视图”组中的“幻灯片母版”按钮，打开“编辑幻灯片母版”界面。

步骤 2　在左侧幻灯片浏览窗格中选第 1 个 Office 主题幻灯片母版，设置 Office 主题幻灯片母版。在 Office 主题幻灯片母版上依次添加文具图片、7 个同侧圆角矩形和直线作为导航条，同侧圆角矩形样式为“细微效果，橄榄色，强调文字颜色 3”，文字为“宋体，16 磅”；直线样式为“粗线，强调文字颜色 3”；添加圆角矩形，圆角矩形样式为“彩色轮廓，橄榄色，强调文字颜色 3”，完成后效果如图 10-1 所示。插入两个按钮图片到下方线条上，设置“进入—出现”动画，动画效果选项为“上一动画之后”，为左右两侧按钮分别设置动作链接到上一张幻灯片和下一张幻灯片，如图 10-2 所示。

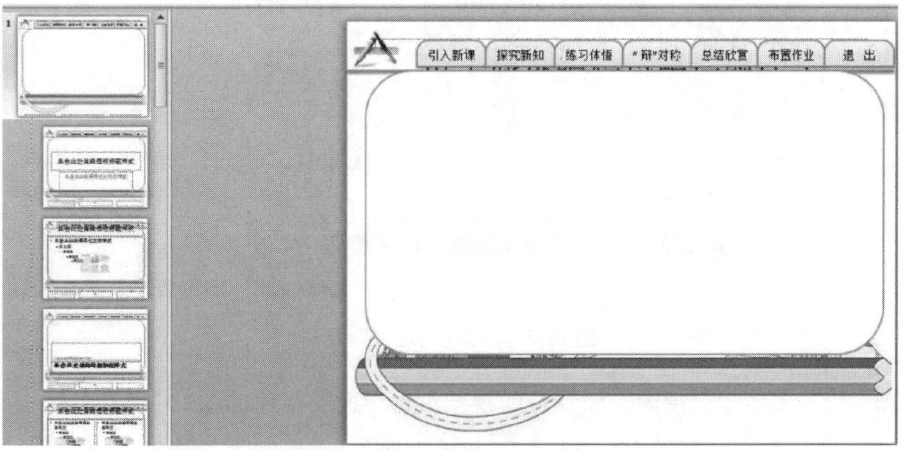

图 10-1　幻灯片母版及导航条

图 10-2　为按钮添加动作

步骤 3 选择“标题幻灯片”母版，勾选“幻灯片母版”选项卡“背景”组中的“隐藏背景图片”复选框，隐藏背景图片；单击“插入”选项卡“图像”组中的“图片”按钮，插入一张图片作为背景，设置图片置于最底层；设置标题文字为“方正剪纸，88磅，加粗，标准色橙色”，添加“进入—缩放”动画，动画效果选项为“幻灯片中间”，开始方式为“与上一动画同时”；副标题文字为“华文楷体，28 磅，黑色，文字 1”，添加“进入—飞入”动画，动画效果选项为“自左侧”，开始方式为“上一动画之后”，如图10-3 所示。

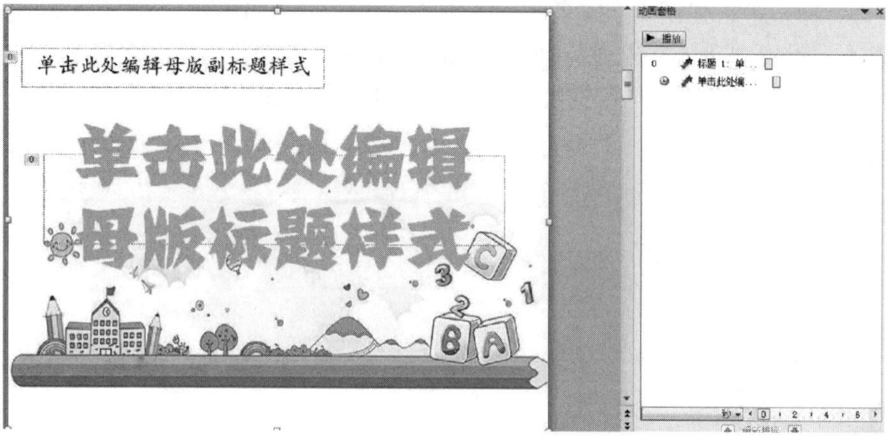

图 10-3 “标题幻灯片”母版

步骤 4 关闭母版视图，回到普通视图编辑界面，新建如图 10-4 所示的“标题幻灯片”版式，副标题为“苏教版小学数学三年级上册”，主标题为“轴对称图形”。

图 10-4 “标题”幻灯片设置

步骤 5 新建空白版式幻灯片，添加背景图片，添加“目录”文本框，设置字体及动画效果；添加样式为“中等效果，橙色，强调颜色 6”的椭圆，添加文字“1”，设置动画效果；绘制文本框，输入文字“引入新课”，设置字体及动画效果；复制 5 份椭圆和“引入新课”文本框，修改椭圆文字和文本框内容及椭圆的填充效果，修改动画延迟时间，如图 10-5 所示。

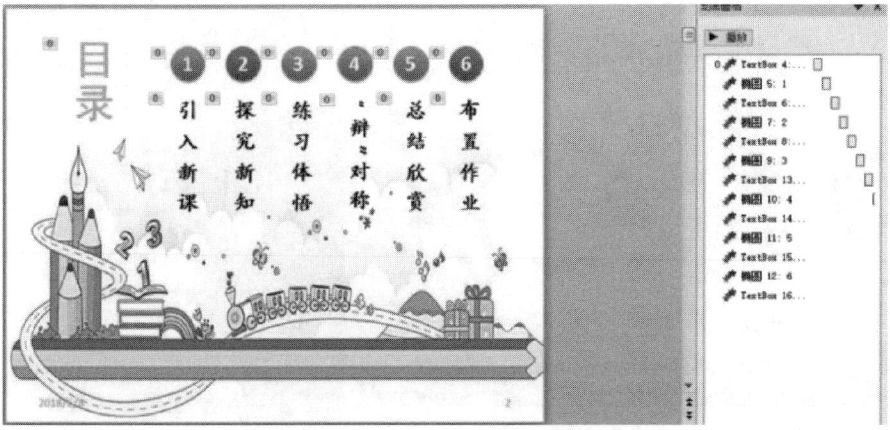

图 10-5 “目录”幻灯片设置

步骤 6 新建空白版式幻灯片，绘制同侧圆角矩形，样式为“细微效果，橙色，强调文字颜色 6”，添加文本“引入新课”，设置字体及颜色，移动位置使其完全覆盖导航条相同内容；添加“猜一猜”文本框，设置字体及颜色，添加动画效果；依次添加3 张蝴蝶图片，删除图片背景并分别裁剪图片为左上四分之一，左下四分之一和右侧二分之一，分别添加动画效果，如图 10-6 所示。

图 10-6 “猜一猜”幻灯片设置

步骤 7 参照步骤 6 完成“引入新课”模块的“对称”幻灯片制作。

步骤 8 新建空白版式幻灯片，在导航条绘制文本内容为“探究新知”的形状并覆盖于相应位置。依次完成绘制文本框并输入相应文字、插入图片等，并设置相应动画，效果如图 10-7 所示。

步骤 9 新建空白版式幻灯片，复制第 5 张幻灯片中“探究新知”图形到本幻灯片，并调整大小和位置；依次添加“画一画”文本、蝴蝶图片、蝴蝶轮廓图片、天坛图片、天坛轮廓图片、飞机图片、飞机轮廓图片并设置相应动画效果，如图 10-8 所示，该幻灯片播放时蝴蝶轮廓、天坛轮廓、飞机轮廓直线运动到下方。

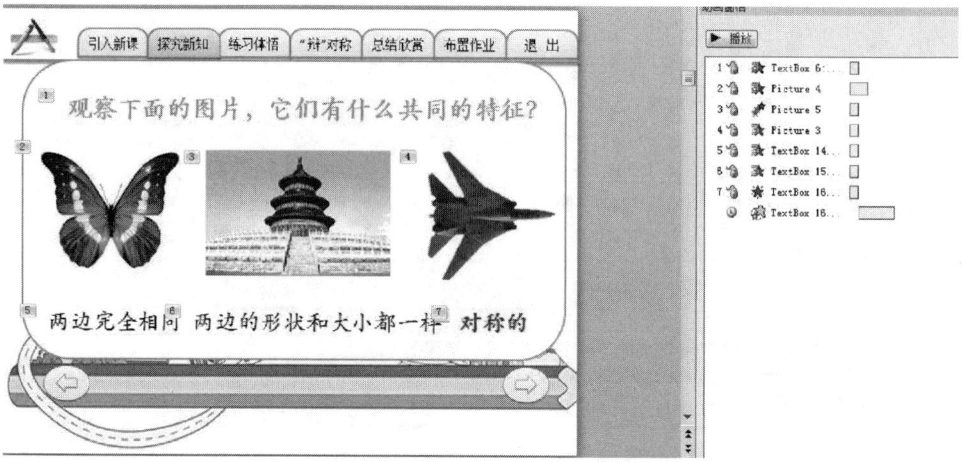

图 10-7　“观察”幻灯片设置

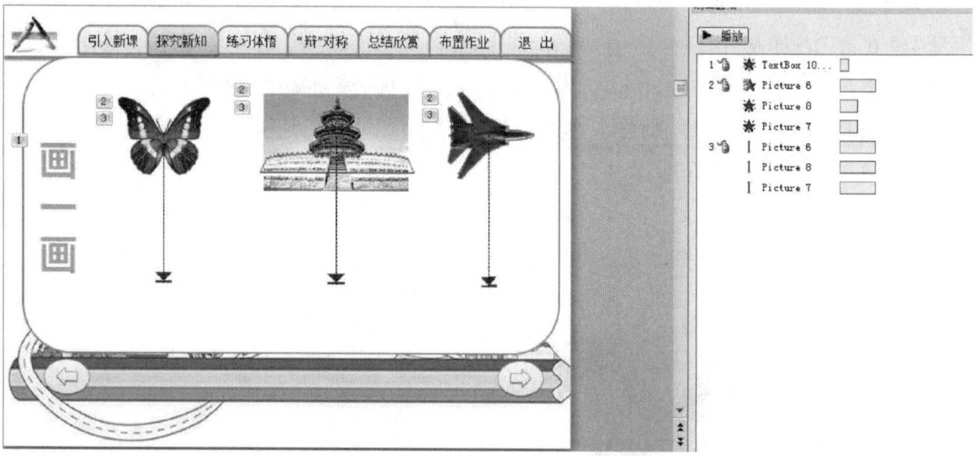

图 10-8　“画一画”幻灯片设置

步骤 10　参照步骤 9 创建“折一折”幻灯片，添加“折一折”文本和“对折 . wmv”视频并设置相应动画效果；用同样的方法完成“‘创’对称”幻灯片制作。

步骤 11　新建空白版式幻灯片，在导航条绘制文本内容为“练习体悟”的形状并覆盖于相应位置，添加并设置相应文本，单击“插入”选项卡“插图”组中的“形状”命令，绘制正方形、等腰三角形、平行四边形和菱形并进行相应的格式设置，为各对象设置动画效果，为所有对象设置触发器为相对应的图形，如图 10-9 所示。单击“切换”选项卡“计时”组中的“换片方式”，取消“单击鼠标时”选择，防止放映时误操作导致幻灯片切换到下一页。

步骤 12　参照步骤 11 完成模块“‘辩’对称”的第 1 张幻灯片“想想做做第 1 题”、“想想做做第 2 题”、“想想做做第 3 题”和“想想做做第 4 题”，注意有些图片需要裁剪、删除背景并为动画设置相应的触发器，另外需要取消单击换片功能。

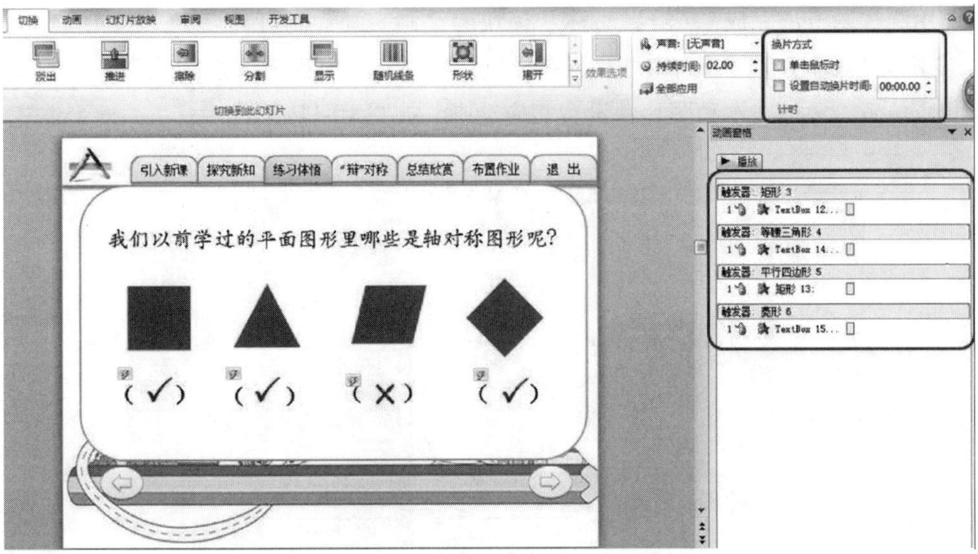

图 10-9　“练习体悟”幻灯片设置

步骤 13　新建空白版式幻灯片，在导航条绘制文本内容为“‘辩’对称”的形状并覆盖于相应位置。插入文本框，输入文本“猜汉字”，设置字体及颜色；插入文本框，输入文本“喜”，设置为“幼圆，80 磅，加粗，深红色”，选择文本，选择“剪切”命令，然后选择“粘贴为图片”，将文字保存为图片，裁剪文字图片，保留左半部分，再次粘贴为图片，裁剪文字图片，保留右半部分，将左右两部分图片分别命名为“喜左”和“喜右”，并将两部分图片拼接在一起，形成一个完整的字；为右半部分图片添加“进入—擦除”动画，持续时间 0.5 s，开始方式为“单击时”，动画效果选项为“自左侧”，在“动画”选项卡“高级动画”组中单击“触发”命令，选择对象“喜右”为触发对象；参照“喜”字，依次添加“工”“由”“甲”，并设置相应的动画和触发对象，如图 10-10 所示。

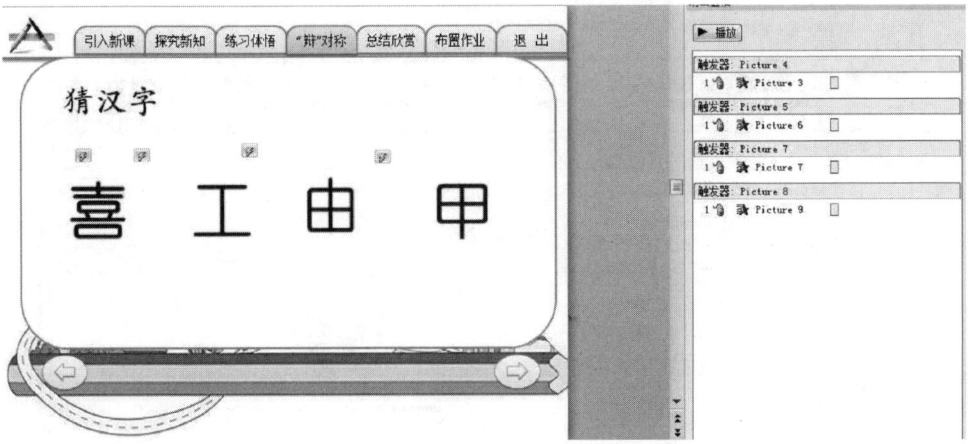

图 10-10　“猜汉字”幻灯片设置

步骤 14　新建空白版式幻灯片，复制第 14 张幻灯片中“‘辩’对称”图形到本幻灯片。添加文字、制作文字图片，为各对象设置相应的动画效果，完成“比一比”幻灯片的制作。用同样的方法完成“‘辩’对称”模块的“画一画”幻灯片。

步骤 15 新建空白版式幻灯片，在导航条绘制文本内容为“总结欣赏”的形状并覆盖于相应位置。添加文本和图片并设置相应动画，如图 10-11 所示。

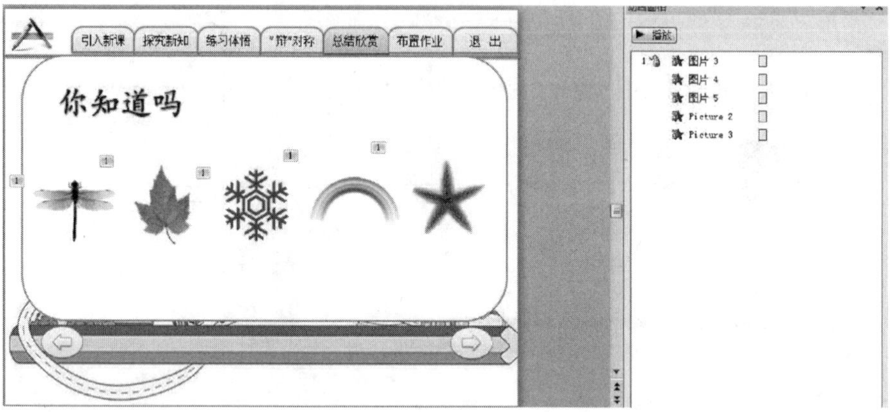

图 10-11 “你知道吗”幻灯片设置

步骤 16 用同样的方法完成“总结欣赏”其他几张幻灯片及“布置作业”幻灯片的设置。

步骤 17 新建“标题”版式幻灯片，主标题为“谢谢”，副标题为空。

步骤 18 设置导航。单击“视图”选项卡“母版视图”组中的“幻灯片母版”按钮，进入“编辑幻灯片母版”界面。打开 Office 主题幻灯片母版，选中“引入新课”图形，单击“插入”选项卡“链接”组中的“超链接”按钮，打开“编辑超链接”对话框，如图 10-12 所示，设置其链接到文本档中的第 3 张幻灯片；用同样的方法分别设置“探究新知”、“练习体悟”、“‘辩’对称”、“总结欣赏”、“布置作业”和“退出”超链接到幻灯片 7，9，10，17，28，29。

图 10-12 设置超链接

步骤 19　关闭母版视图，回到普通视图编辑界面，设置幻灯片切换效果，封面幻灯片为“华丽型”的“门”，动画效果选项为“垂直”；目录页为“细微型”的“推进”，动画效果选项为“自底部”；封底幻灯片为“华丽型”的“框”，动画效果选项为“自左侧”；其他幻灯片无切换效果。

步骤 20　在快速访问工具栏中单击“保存”按钮，保存更改后的“轴对称图形”演示文稿。

项目十一 小学音乐课件

小学音乐教学的主要内容是培养学生对音乐的感受力、审美力、表现力和创造力，在感悟音乐中陶冶情操。在音乐教学中使用多媒体课件，可以借助弹唱视频片段、音乐舞蹈表演场景、各种乐器高清图片等内容丰富音乐课堂内涵；通过图文结合、声情并茂、生动直观的展示方式，丰富课堂教学形式；营造良好的音乐欣赏教学氛围，提高音乐欣赏教学效果；充分调动小学生的主动性和积极性，进而逐渐提高小学生的音乐素养。

项目向导

本项目是教材的综合项目部分，以苏教版小学音乐四年级上册《彼得与狼》为例，介绍小学音乐课件的一般制作过程。

需要完成的主要操作：

◆ 分析教学设计；

◆ 设计课件，收集课件素材；

◆ 制作教学课件。

需要掌握的主要技能：

◆ 制作课件母版；

◆ 课件中各种对象（文本、图片、音视频、动画）的编辑；

◆ 为课件中各对象添加合适的动画样式并合理设置；

◆ 为课件中各幻灯片及对象间设置合适的交互；

◆ 添加幻灯片切换动画并合理设置。

相关知识

在设计小学音乐课件时，要认真研究教学设计，合理收集课件素材，特别是音乐素材，做到贴合教材、恰到好处，让多媒体课件成为辅助教学的神奇工具。制作小学音乐课件主要有以下几点注意事项：

◆ 分析教学设计，收集与教学内容相关的资料和素材；

◆ 注重音乐学科的趣味性和艺术性，添加素材恰当，既不能枯燥，也不能冗余复杂；

◆ 合理进行课件设计，必要的情况下可以先制作课件脚本，不要让课件成为课本和板书的替代品；

◆ 注意音乐课堂的主体是学生，课堂不能单单是课件的放映，应以培养学生音乐欣赏能力、审美能力、创作能力为主；

◆ 要学会合理处理音乐素材。

项目实施

一、分析教学设计

本项目教学内容选自苏教版小学音乐四年级上册《彼得与狼》，教学设计如下。

苏教版小学音乐四年级上册《彼得与狼》

【教学目标】

1. 通过欣赏交响童话《彼得与狼》，让学生分辨小提琴、长笛、单簧管、双簧管、大管、圆号、定音鼓等乐器的音色，能说出乐器所塑造的音乐形象。

2. 在活动过程中，指导学生熟悉交响童话中人物的音乐主题，说出人物的性格特征，并能哼唱彼得的音乐主题。培养和发展学生的音乐听觉和想象力，提高学生对音乐的理解能力。

3. 在音乐赏析过程中，培养学生对音乐童话的欣赏兴趣，让学生获得成功体验，增强学习信心。

【教学重难点】

1. 听辨各种乐器的音色，说出乐器名称及各种乐器音色所刻画出来的人物。

2. 说出各个角色的性格特征，并且哼唱彼得的音乐主题。

【教学过程】

一、故事导入，激发兴趣

（播放课件）一天清早，彼得来到草地上，见到了他的好朋友——小鸟，他们快乐地玩耍起来，鸭子见门没关也趁机溜了出来，小鸟和小鸭子互相争吵起来，“你这是什么鸟啊？都不会飞！”“你这又是什么鸭啊？都不会游泳，哼！”猫一声不响地想把小鸟抓住，在彼得的提醒下，小鸟飞上了大树。这时，老爷爷来了，他大声嚷嚷：“赶快回去！等会狼就来了。”说着就把彼得拉回了房子。不一会儿，狼真的来了，它吞下了小鸭子，又窥视着树上的小鸟和猫。彼得机灵地从围墙爬上大树，在小鸟的协助下，把大灰狼的尾巴套住了，吊在大树上。最后猎人和大家把狼送回了动物园。

师：刚才大家听到的童话是一位作曲家用音乐表达的故事，你们知道他是谁吗？（播放课件，介绍作曲家普罗科菲耶夫）

二、介绍“交响童话”和作者普罗科菲耶夫

师：《彼得与狼》是世界上第一部交响童话，交响童话就是通过管弦乐器演奏音乐来叙述的童话故事。它的作者是苏联杰出的钢琴家、作曲家、指挥家——普罗科菲耶夫。（板书：交响童话—彼得与狼—普罗科菲耶夫）

师：普罗科菲耶夫（1891—1953），苏联作曲家、钢琴家、指挥家。他自幼学习音乐，1904 年考入圣彼得堡音乐学院，1909 年毕业于作曲班，1914 年毕业于指挥班和钢琴班，后因演奏自己创作的《第一钢琴协奏曲》而获安东·鲁宾斯坦奖。

《彼得与狼》是一部小型管弦乐队演奏的作品，写于 1936 年春天。普罗科菲耶夫对儿童有特殊的感情，他的作品有不少是专为儿童写的，如交响童话《彼得与狼》、童话剧《对三个橘子的爱情》、舞剧音乐《灰姑娘》、歌曲《丑小鸭》等都享誉世界乐坛。

三、认识故事人物和演奏乐器

（一）认识故事中的主要人物

（播放课件）师：亲爱的同学们，今天我们一起来欣赏这个有趣的音乐小故事，这是现代著名作曲家普罗科菲耶夫发挥各种管弦乐器的特征，以自然音响的模拟和性格化音调的刻画，来描绘童话故事情节和角色动态的作品。故事生动活泼，富有教育意义。

师：故事中有一个小男孩，他的名字叫彼得，还有一只狼，这个故事叫《彼得与狼》。在这个故事中，除了彼得和狼外，还有谁呢？你们想知道吗？让我们一起来认识一下吧！（课件出示：彼得、小鸟、小鸭子、猫、老爷爷、狼、猎人）

（二）认识故事中的主要乐器

师：这几个主人公都有他们各自的音乐，你想完全明白这个故事，就一定要先了解这些音乐。有许多乐器参与了这个故事，我们一起来看看，你认识它们吗？（课件出示乐器图片：小提琴、长笛、双簧管、单簧管、大管、圆号、定音鼓）（依次播放各乐器的主题音乐）

师：请同学们说出各种乐器的音色特征及人物的性格特点。

- 长笛：音色甜美，高音轻快活泼，人们把它比作乐队中的女高音。（在这首乐曲中用长笛在高音区清脆、透明的音色模仿小鸟的叫声，吹奏出快速华彩乐段，表现小鸟灵活好动）

小鸟：轻快、活泼、跳跃。

- 双簧管：音色柔和、清悠，最适合表现田园风光的旋律。（双簧管的扁哨发出的嘎嘎声可让人联想到鸭子的扁嘴巴，同时在节奏和音调上也形象地刻画出了鸭子的蹒跚步伐）

鸭子：摇摇摆摆、步伐蹒跚。

- 单簧管：音色光辉华丽，表现力极为丰满，善于演奏流畅、快速的乐曲。（用单簧管低音区的跳音奏法描写小猫在捕捉猎物时的那种机警的神态）

小猫：机警、敏捷、欺软怕硬。

- 大管：低音乐器，音色浑厚又低粗，适合表现诙谐、滑稽，塑造丑角形象。（用大管所特有的浑厚又低粗的声音描写老爷爷的龙钟神态，在节奏音调上又着意刻画老人喋喋不休地规劝孙儿和自言自语的形象）

老爷爷：严肃、龙钟神态、喋喋不休（唠叨）。

- 圆号：声音柔和、丰满。（用三支圆号奏出浓重的和声效果，营造可怕的狼嚎声，描写狼的出现和行动迅速）

狼：阴险、凶狠、可怕。

- 定音鼓：猎人的枪声是用定音鼓和大鼓的音响来代替的。定音鼓最擅长表现力度变化。

猎人：坚定。

- 小提琴：明亮圆润。（用小提琴奏出一种温暖的情感，富有歌唱性。主人公彼得的主题是用弦乐演奏的，描绘出彼得的机智勇敢）

彼得：善良、勇敢、机智。

四、欣赏音乐，探究新知

（一）连一连

师：作曲家为每个故事中出现的人物和动物创作了不同的音乐，我一下分不清哪种乐器演奏的是哪个主人公，请大家听一听整个音乐故事，帮我选出来好吗？

彼得	小提琴（弦乐）
小鸟	长笛
鸭子	双簧管
猫	单簧管
老爷爷	大管
狼	圆号
猎人	木管组
猎人的枪声	定音鼓

（二）出示彼得的主题旋律

师：同学们说得很准确，不同的乐器有不同的表现力。在管弦乐队中用不同的乐器演奏不同的音乐主题来代表不同的人物，这是根据乐器的表现效果决定的。老师很喜欢彼得的机智勇敢，于是把他的主题旋律记了下来，让我们一起来唱一唱吧。（跟着琴声哼唱彼得的主题旋律）

五、重放故事、感知音乐

师：让我们再次欣赏这部有趣的交响童话，仔细感受神奇的音乐魅力。

1. 边看边听边想。（仔细聆听各种乐器的音色及它们所表达的人物或动物形象）
2. 随着音乐有节奏的即兴模仿有关动物的动作。

六、课堂小结

师：这个故事还告诉我们什么呢？

生：告诉我们只要团结起来，勇敢机智地做斗争，就能战胜敌人。

师：彼得是勇敢的，让我们和彼得一起分享这份胜利和快乐，把大灰狼送回动物园吧！（再次播放管弦乐演奏的凯旋主题）

七、教学

在设计《彼得与狼》课件时，思考几个问题：

1. 这首乐曲的故事情节较为简单，如何能透过简单的故事情节感悟真、善、美的主题。
2. 这首乐曲篇幅较大，全曲连音乐带解说总共 27 分钟，如何让学生能够愿意并自主地进行欣赏。
3. 如何能把“交响”这一形式带入学生的音乐世界，让他们接受并喜爱。

➢ 对教学设计分析如下：

（1）根据教学设计，本课需要部分使用课件。

（2）使用课件的内容为：①“故事导入，激发兴趣”部分，需要借助课件播放音乐和展示作者图像；②“认识故事人物和演奏乐器”部分，借助课件呈现故事中各人物关系并展示各种乐器及特点；③“欣赏音乐，探究新知”部分，将连线题用课件展示；④ 最后利用课件播放音乐，引导学生感知音乐。

（3）根据教学内容，可以把课件分为多个模块，模块间交互可通过导航实现。

➢ 课件制作前的准备工作包括：

（1）搜集与课题相关的图片、声音、视频等素材，创设教学场景，辅助课堂教学。

（2）对课件结构进行思考和定位，确定课件整体结构。

二、制作课件脚本

根据对教学设计的分析，对课件进行如下设计：

（1）本课件用导入新课、人物介绍、认识乐器、强化新知、拓展延伸五大模块展示。

（2）课件封面不需要太复杂，体现主题即可，考虑使用电影《彼得与狼》中的一幅图片配合文字。

（3）封面过后，添加一个目录页，通过目录可直接链接到相应内容。

（4）内容模块界面设计成左右两个部分，左侧为导航，右侧为教学内容，其中导入新课的第一部分插入一个音柱动画，带导航，让学生专心听音乐并展开想象，音乐播放结束后自动跳转到作者介绍页面。

由于本课件结构并不复杂，界面基本相似，且经过前面的学习，大家已经基本掌握了课件制作的方法，这里省略编写完整课件脚本的过程，绘出简单脚本如下。

《彼得与狼》课件脚本（部分）

<table>
<tr><td colspan="2">课件封面</td></tr>
<tr><td>屏幕显示</td><td>[课件标题] [图片]</td></tr>
<tr><td>说明</td><td>1. 课件标题文字和图片自动出现；
2. 单击鼠标进入下一个页面。</td></tr>
<tr><td colspan="2">目录页</td></tr>
<tr><td>屏幕显示</td><td>[导入新课 人物介绍 认识乐器 强化新知 拓展延伸 退出]</td></tr>
<tr><td>说明</td><td>1. 单击“目录”可链接到相应的内容页首页；
2. 单击“退出”可结束课件播放。</td></tr>
</table>

音乐欣赏	
屏幕显示	播放音柱动画
说明	1. 自动开始播放声音及音柱动画； 2. 播放结束自动切换到下一个页面。
内容界面	
屏幕显示	导入新课 人物介绍 认识乐器 相应内容的图片及文字
说明	1. 左侧设置导航，单击各导航可跳转到相应内容页面； 2. 右侧为相应课件内容； 3. 单击“退出”结束课件播放。

三、制作教学课件

依据教学设计及课件脚本设计制作教学课件，主要步骤如下：

步骤 1　新建文件。启动 PowerPoint 应用程序，新建空白演示文稿文件，并命名为“彼得与狼 . pptx”。单击“设计”选项卡“页面设置”组中的“页面设置”按钮，修改幻灯片大小为“全屏显示（16：9）”，如图 11-1 所示。

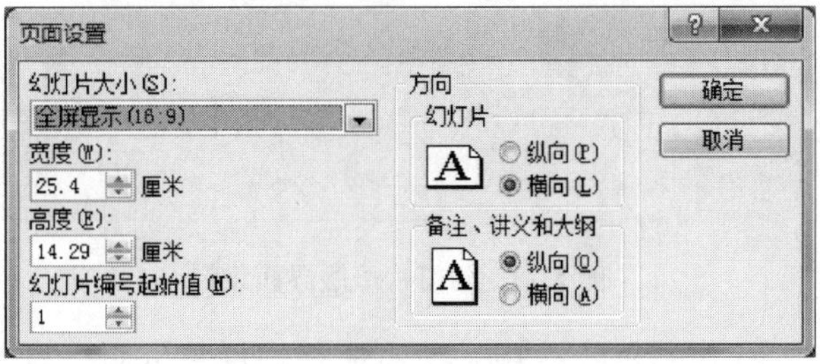

图 11-1　修改幻灯片大小

步骤 2　单击“视图”选项卡“母版视图”组中的“幻灯片母版”按钮，进入幻灯片母版编辑视图，在左侧幻灯片浏览窗格中选第 1 个 Office 主题幻灯片母版，设置Office

主题幻灯片。插入图片，调整大小和位置并设置图片的亮度为 20%，如图 11-2 所示，将图片置于底层。

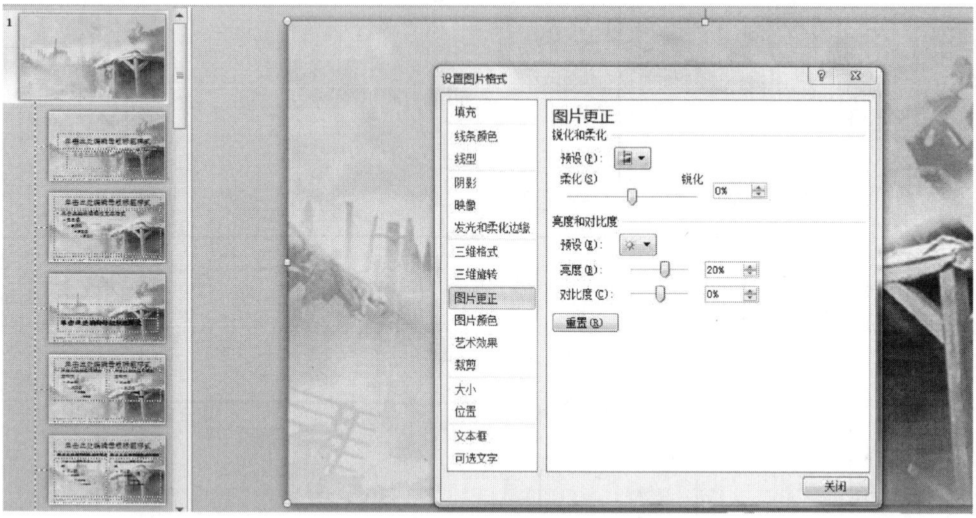

图 11-2　设置幻灯片母版背景图

步骤 3　使用形状工具绘制同侧圆角矩形并向右旋转 90°，设置图形填充色为“白色，背景 1，深色 5%”，填充透明度为 50%，无轮廓色，形状效果为“预设 5”，调整图形大小和圆角的大小，将图形放置到合适的位置；复制形状水平，翻转后调整形状的大小和位置；使用圆角矩形绘制导航按钮，设置圆角矩形的形状并添加文字，设置文字字体格式，注意对圆角矩形进行排列；将文字占位符移到最顶层，修改文字占位符的大小及字体格式，完成后效果如图 11-3 所示。

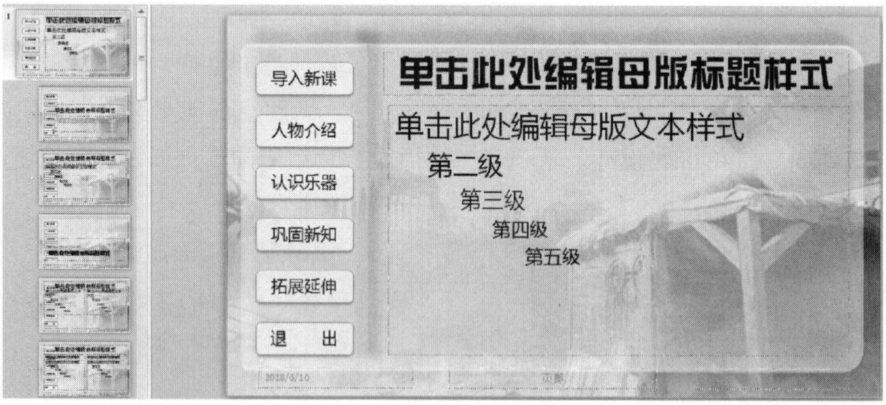

图 11-3　幻灯片母版界面设计

步骤 4　选择“标题幻灯片”版式，勾选“幻灯片母版”选项卡“背景”组中的“隐藏背景图形”复选框，隐藏统一的幻灯片背景图片，修改幻灯片背景颜色并插入图片，删除插入图片的背景色，如图 11-4 所示。

图 11-4　标题幻灯片版式设计

步骤 5　选择“标题和内容”版式，修改该版式的布局，添加图片占位符，完成效果如图 11-5 所示。

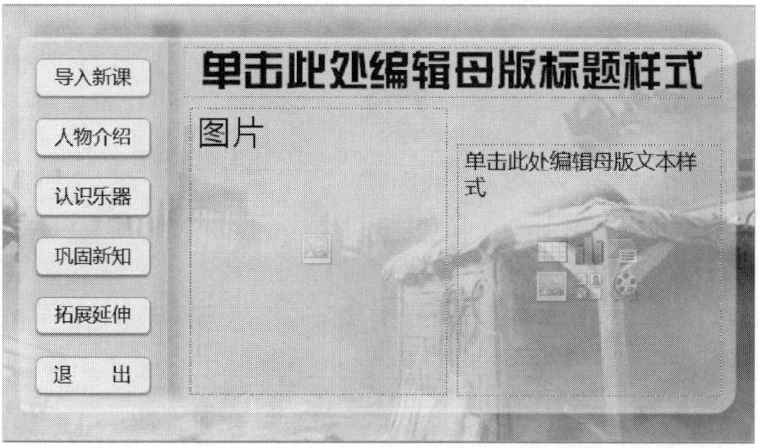

图 11-5　“标题和内容”版式布局

步骤 6　复制“标题和内容”版式，重命名为“内容”，删除该版式布局中的图片和内容占位符，仅保留标题占位符。

步骤 7　选择“节标题”版式并重命名为“目录”，插入图片，绘制圆角矩形，对图片和形状进行相应设置，完成效果如图 11-6 所示。其余版式用不到，可删除。

图 11-6　设置目录页版式

步骤 8 关闭母版视图，回到普通视图编辑状态。在课件封面上添加课题并设置相应的动画效果，如图 11-7 所示。

图 11-7 课件封面制作

步骤 9 新建“目录”版式幻灯片，插入垂直文本框，输入文本并进行相应文本格式设置，插入图片，删除图片背景色。将图片和文本调整排列如图 11-8 所示，并设置相应的动画效果。

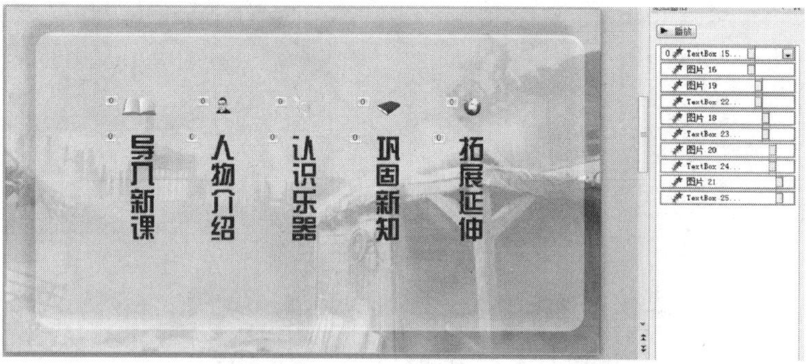

图 11-8 目录页设置

步骤 10 新建“目录”版式幻灯片，单击“设计”选项卡“背景”组右下角的“设置背景格式”按钮，打开“设置背景格式”对话框，勾选“隐藏背景图形”复选框，设置本页背景色为“黑色，文字 1”，如图 11-9 所示。

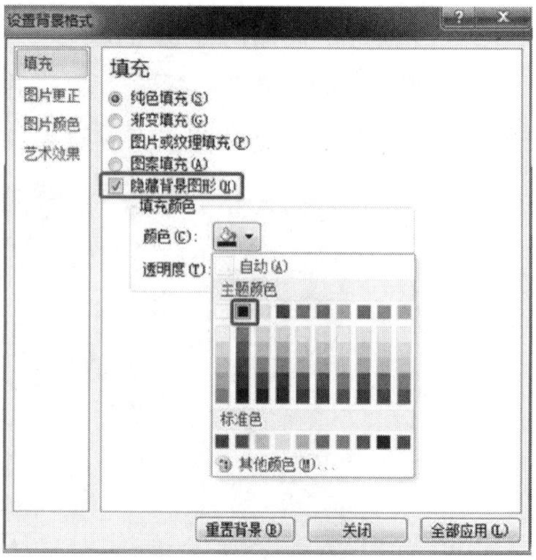

图 11-9 设置音乐欣赏页面背景

步骤 11 打开“开发工具”选项卡，单击该选项卡“控件”组中的“其他控件”按钮，打开“其他控件”对话框，选择“Shockwave Flash Object”控件，在幻灯片工作区绘制控件，打开控件“属性”对话框，设置控件的 Movie 属性为“flash. swf”，EmbedMovie 属性为“True”，如图 11-10 所示。需要注意的是，虽然

EmbedMovie 属性为“True”后，Flash 文件将嵌入 PPT，但在插入 Flash 时，Flash 文件必须与演示文稿处于同一文件夹下，否则第一次播放幻灯片时无法读取动画文件，也就没有办法将动画文件嵌入演示文稿。插入“彼得与狼”的音频文件，设置音频开始播放方式为“自动”。在这个页面上，可以将故事内容放置在备注中，完成效果如图 11-11 所示。

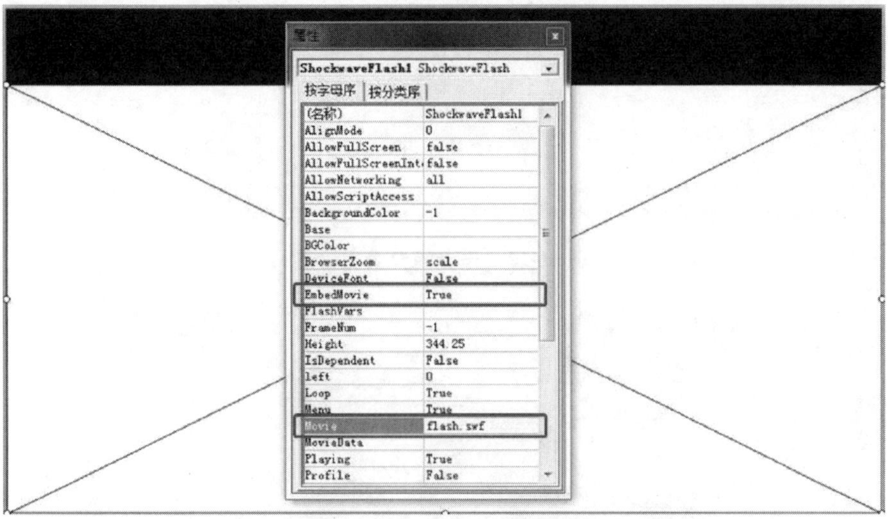

图 11-10　控件属性设置

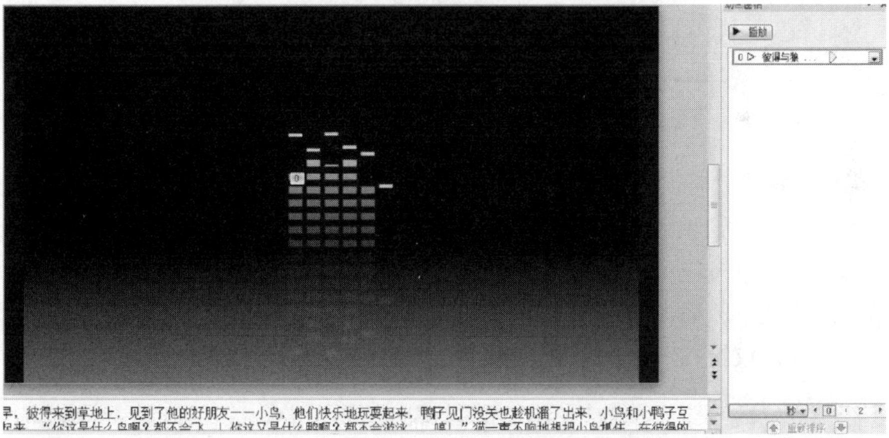

图 11-11　音乐欣赏页面设置

步骤 12　新建“内容”版式幻灯片，绘制一个与导航按钮相同大小的圆角矩形，输入文本“导入新课”，设置文字大小与字体和导航按钮一致，文字颜色为深红色，移动形状与导航按钮相应内容完全重合；插入图片和文字，设置图片大小、文字格式及动画效果，调整图片和文字位置如图 11-12 所示。

步骤 13　新建“内容”版式幻灯片，创建人物介绍幻灯片。绘制一个与导航按钮大小相同的圆角矩形形状，输入文本“人物介绍”，设置文字大小与字体和导航按钮一致，文字颜色为深红色，移动形状与导航按钮相应内容完全重合；插入相关图片，对图片进行形状裁剪并设置图片格式和动画效果，如图 11-13 所示。

图 11-12 作者简介页面设置

图 11-13 人物介绍页面设置

步骤 14 新建“标题和内容”版式幻灯片，绘制一个与导航按钮大小相同的圆角矩形形状，输入文本“认识乐器”，设置文字大小和字体与导航按钮一致，文字颜色为深红色，移动形状与导航按钮相应内容完全重合；标题处输入文本“小提琴”，插入小提琴的图片和相关说明文字；插入小提琴主题音乐，设置小提琴的图片为音乐播放触发器，放映时隐藏音乐图标；设置各对象的动画效果，完成效果如图 11-14 所示。

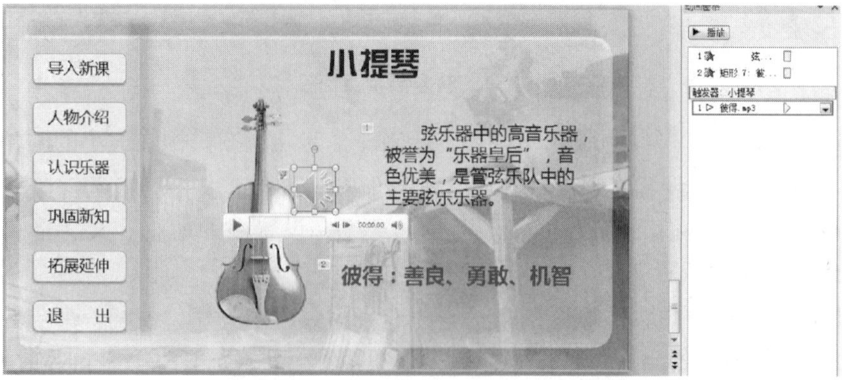

图 11-14 “认识乐器”小提琴页面设置

步骤 15　参照步骤 14 创建介绍长笛、双簧管、单簧管、圆号、大管、木管组、定音鼓的幻灯片。

步骤 16　新建“标题和内容”版式幻灯片，绘制一个与导航按钮大小相同的圆角矩形形状，输入文本“巩固新知”，设置文字大小与字体和导航按钮一致，文字颜色为深红色，移动形状与导航按钮相应内容完全重合；输入文本并绘制线条；插入“彼得与狼”的音频文件，设置“单击时”播放；设置所有线条动画效果为“进入—擦除”，动画效果选项为“自顶部”，每根线条的动画触发器为上一行相对应的文字，完成效果如图 11-15 所示。

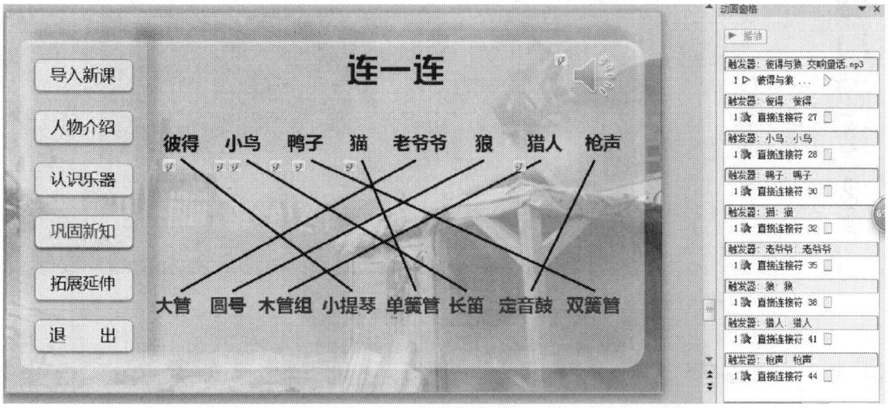

图 11-15　连线练习页面设置

步骤 17　新建“内容”版式幻灯片，插入图片和“彼得与狼”的音频，设置音频自动播放。

步骤 18　新建“内容”版式幻灯片，绘制一个与导航按钮大小相同的圆角矩形形状，输入文本“拓展延伸”，设置文字大小与字体和导航按钮一致，文字颜色为深红色，移动形状与导航按钮相应内容完全重合；插入 SmartArt 形状，输入文本并进行格式设置；添加艺术字“?”，为各对象设置动画效果。完成效果如图 11-16 所示。

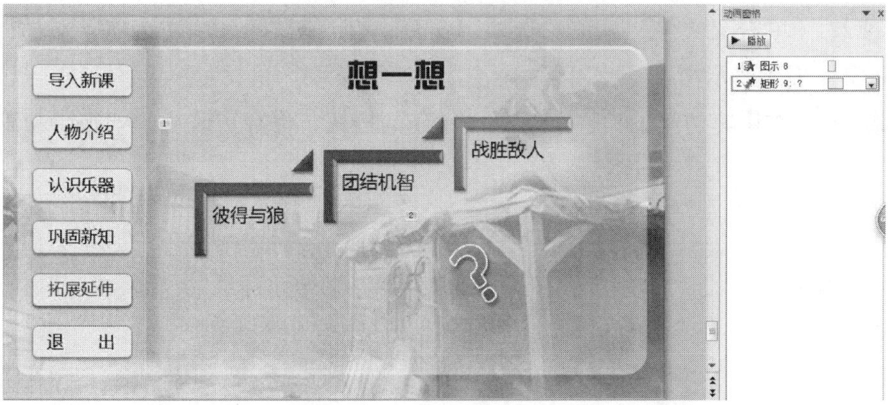

图 11-16　“拓展延伸”页面设置

步骤 19 在左侧窗格选择第 2 张幻灯片，单击选中文本框“导入新课”，单击“插入”选项卡“链接”组中的“超链接”按钮，打开“插入超链接”对话框，将其链接到本文档中的位置的幻灯片 3，如图 11-17 所示。用同样的方法为文本框“人物介绍”“认识乐器”“巩固新知”和“拓展延伸”设置超链接到幻灯片 5，6，14，16。

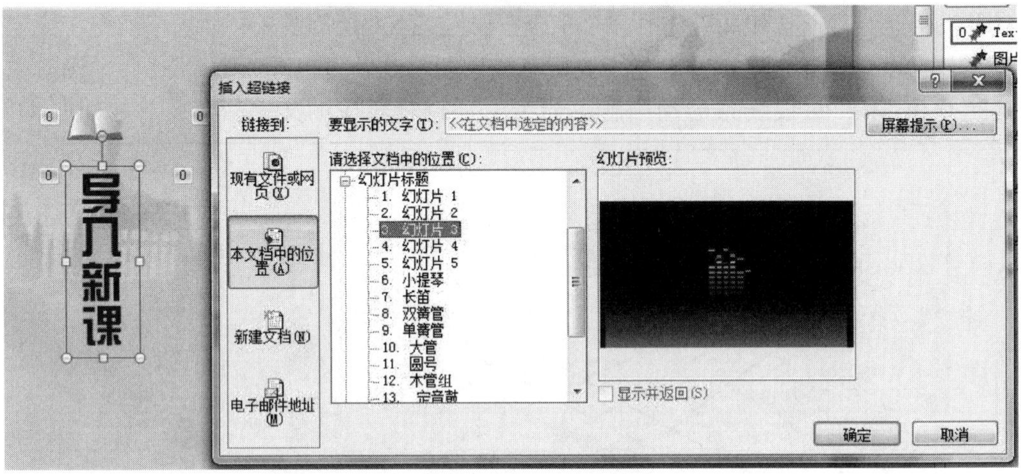

图 11-17 设置目录页超链接

步骤 20 为导航栏设置超链接。单击“视图”选项卡“母版视图”组中的“幻灯片母版”按钮，进入“编辑幻灯片母版”视图，选择幻灯片母版，然后选择“导入新课”圆角矩形，单击“插入”选项卡“链接”组中的“超链接”按钮，为“导入新课”按钮设置超链接到本文档中的位置幻灯片 3。用同样的方法为圆角矩形“人物介绍”“认识乐器”“巩固新知”和“拓展延伸”设置超链接到幻灯片 5，6，14，16。选择圆角矩形“退出”，单击“插入”选项卡“链接”组中的“动作”按钮，设置单击鼠标动作超链接到“结束放映”。

步骤 21 关闭母版视图，回到普通视图编辑状态，设置幻灯片切换效果，封面幻灯片为“华丽型”的“闪耀”，其他幻灯片为“华丽型”的“立方体”，动画效果选项为“自底部”；设置第 3 张幻灯片的自动换片时间为 10. 12 s。

步骤 22 单击“文件”菜单“选项”命令，打开“PowerPoint 选项”对话框，设置保存时将字体嵌入演示文稿。

步骤 23 在快速访问工具栏中单击“保存”按钮，保存更改后的“彼得与狼”演示文稿。

项目十二 小学美术课件

美术教育作为全面发展中不可缺少的组成部分被纳入学校的教育轨道，除了要对学生进行必要的美育教育，培养他们具有一定的审美能力和创造能力外，还需要通过美术教学活动，提高学生的观察力、想象力和动手能力，使学生有愿望也有能力动手动脑参与学习。在美术教学活动中，必要地借助多媒体课件，可以将图片、声音、文字等各类多媒体素材集合到一起，更逼真地呈现在学生面前，丰富课堂教学内容，提高课堂教学效率，营造良好的美术欣赏氛围。

项目向导

本项目是教材的综合项目部分，以人教版小学美术四年级下册《黑与白》为例，介绍美术课件的一般制作过程。

需要完成的主要操作：

◆ 分析教学设计；

◆ 对课件进行设计，收集课件素材；

◆ 制作教学课件。

需要掌握的主要技能：

◆ 分析教学设计，对课件进行设计，收集有用的素材；

◆ 设计制作课件母版；

◆ 在课件中使用图文素材；

◆ 为课件中各对象设置合适的动画效果。

相关知识

在设计制作小学美术课件时，要认真研究教学设计，合理收集课件素材，特别是图片素材，做到贴合教材、恰到好处。制作小学美术课件主要有以下注意事项：

（1）分析教学设计，收集与教学内容相关的资料和素材，注意图片风格的一致性；

（2）注重美术学科的视觉效果，添加素材恰当，既不能枯燥，也不能冗余复杂；

（3）合理进行课件设计，必要的情况下可以先制作课件脚本，不要让课件成为课本和板书的替代品；

（4）要按需使用课件，合理安排课件容量，重视学生的主体地位；

（5）能够合理处理图片素材。

项目实施

一、分析教学设计

本项目教学内容选自人教版小学美术四年级下册《黑与白》，教学设计如下。

人教版小学美术四年级下册《黑与白》

【课型】 造型·表现、欣赏·评述

【教材分析】

黑与白之间的相互转换，会取得意想不到的效果，但只有尝试才能了解。

【教学目标】

1. 引导学生欣赏黑与白图形，激发他们的灵感。
2. 使学生掌握黑与白图形的创作灵感。
3. 指导学生用学过的图形来表现不同的正负形。

【教学重难点】

1. 引导学生欣赏黑与白图形，激发学生创作黑与白图形灵感。
2. 指导学生用学过的图形来表现不同的正负形。

【教学准备】

教具：有关的图片、资料、范图（课件）。

学具：收集到的图片、资料、绘画工具。

【课时】 1 课时

【教学过程】

一、引导阶段

1. 引导学生欣赏有关黑与白的图形，感受黑与白图形之间的相互转换，激发他们的创作灵感。

2. 引导学生小组交流，谈谈各自的看法。

二、发展阶段

教师与学生一起总结创作黑白正负图形的要领：

1. 不规则图形组成的正负形：图形简洁，线条流畅，主要以面的形式表现。
2. 对称法组成的正负形：黑与白都是一个完整的图形。
3. 重复法组成的正负形：每个基本形大小相同，造型简洁。
4. 二方连续法组成的正负形：由一个基本形可以重复改变方向组成正负形。

三、讨论交流

引导学生讨论、交流，准备用什么方法设计一幅黑与白组成的图画。

四、作业要求

1. 用黑与白表现正负形。
2. 图形简洁，有创意，形式感强。
3. 线条流畅，涂色均匀。

五、展示评价

1. 学生将作品展示在黑板上。
2. 引导学生欣赏、评价。（你喜欢哪一幅作品？为什么？）
3. 引导作者反思。（说说你觉得自己这幅画有何可改进的地方？）

六、课后拓展

鼓励学生根据这节课所学的正负形创作，并体会其形式美。

【教学札记】

黑白图形之间的相互转换，会取得意想不到的效果，在作业过程中，许多孩子惊奇地发现：从黑纸上剪下花纹后，剩下的纸铺在白纸上居然也有着奇妙的效果。教师应适时引导他们：这世上并不缺少美，只是缺少发现。只要带着艺术的眼光看世界，就没有废弃物，只看你肯不肯动脑筋加工。

➢ 对教学设计分析如下：

（1）根据教学设计，本节课需要部分使用课件，主要用于“引导”和“发展”两个阶段，在引导阶段，借助课件展示相应的美术作品；在发展阶段，借助课件呈现师生一起总结黑白正负图形的创作。作业要求也可借助课件呈现。

（2）从教学内容需求来看，本课需要使用的课件结构相对简单，可以不使用导航。

➢ 课件制作前的准备工作包括：

（1）收集与课题相关的图片素材。

（2）对课件结构进行思考和定位，构思一个有特色的课件界面。

二、制作课件脚本

根据对教学设计的分析，对课件进行如下设计：

课件封面根据课题特色，使用黑白双色字做标题，配合部分黑白图片；课件主要展现引导阶段需要展示给学生的图片，并根据学生认知发展，分为三个部分：生活中的黑与白、黑白美术作品欣赏、黑白正负形作品欣赏；教学发展阶段，师生讨论总结黑白正负形图形创作要领，根据讨论进程，将各类型黑白正负形作品创作要领呈现出来，可以配一个该类型黑白正负形图片，让学生更直观地理解该类型黑白正负形作品；最后将作业要求用课件呈现。

本课件结构简单，且经过前面的学习，学习者已经基本掌握了课件制作方法，这里省略完整课件脚本的编写过程，只绘出简单脚本。

《黑与白》课件简单脚本

课件封面	
屏幕显示	
说明	1. 界面以黑白色搭配为主调，配黑白双色字标题； 2. 单击鼠标进入下一个页面。

<table>
<tr><td colspan="2">小标题页面</td></tr>
<tr><td>屏幕显示</td><td>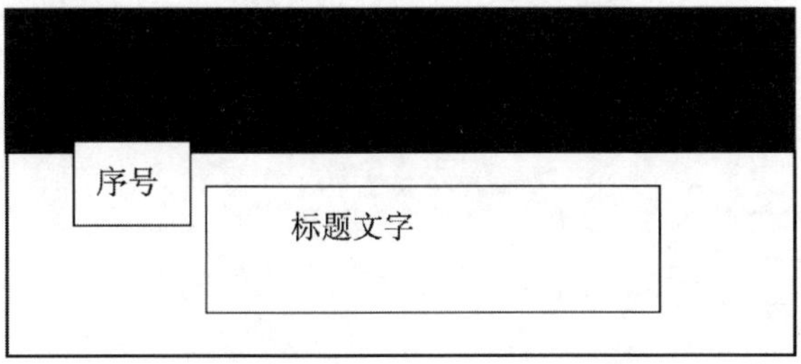
</td></tr>
<tr><td>说明</td><td>1. 界面以黑白色搭配为主调；
2. 单击鼠标进入下一个页面。</td></tr>
<tr><td colspan="2">内容页面</td></tr>
<tr><td>屏幕显示</td><td>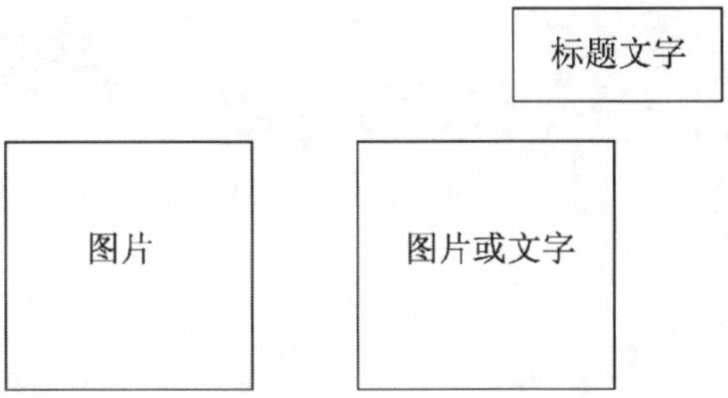
</td></tr>
<tr><td>说明</td><td>1. 界面以黑白色搭配为主调；
2. 单击鼠标进入下一个页面。</td></tr>
</table>

三、制作教学课件

依据教学设计及课件脚本设计制作教学课件，主要步骤如下：

步骤 1　新建文件。启动 PowerPoint 应用程序，新建空白演示文稿文件，并命名为“黑与白 . pptx”。单击“设计”选项卡“页面设置”组中的“页面设置”按钮，修改幻灯片大小为“全屏显示（16 ∶ 9）”。

步骤 2　单击“视图”选项卡“母版视图”组中的“幻灯片母版”按钮，进入幻灯片母版编辑视图，在左侧幻灯片浏览窗格中选第 1 个 Office 主题幻灯片母版，设置Office 主题幻灯片。使用矩形形状工具绘制一个矩形，用图片填充矩形，将图片重新着色为“灰度”，调整矩形填充图片的透明度为 80%，无轮廓色；绘制两个高度不同的矩形，渐变填充，无轮廓色，分别放置在幻灯片的上下两端；同时选中三个矩形，调整图层顺序，使其置于底层，完成效果如图 12-1 所示。

步骤 3　绘制同侧圆角矩形，设置渐变填充，注意调整渐变填充各停止点透明度，使得整个图形从最上面的完全不透明到最下面的完全透明，无轮廓色；绘制小于同侧圆角矩形的圆角矩形，设置形状填充色和形状效果，无轮廓色；排列两个图形并调整图层位置，使其位于文本占位符下方。完成效果如图 12-2 所示。

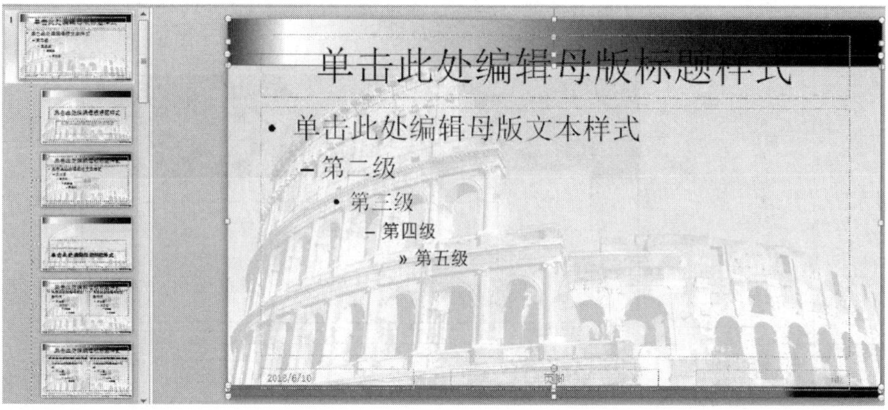

图 12-1　设置幻灯片母版背景

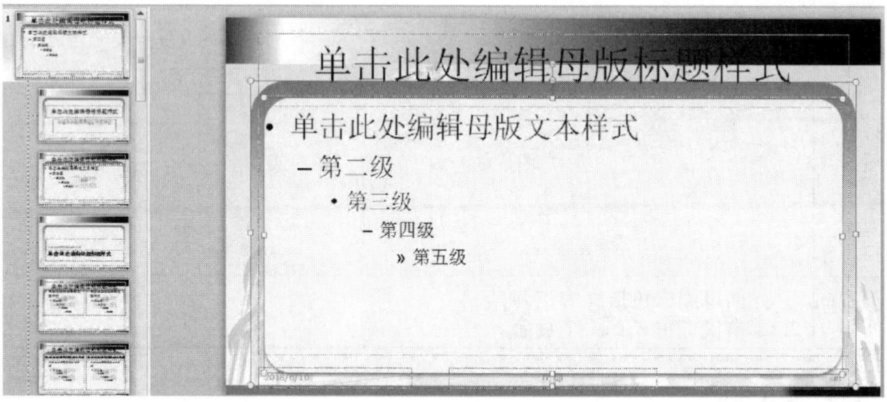

图 12-2　绘制文本区

步骤 4　修改占位符大小和文本字体格式，调整占位符位置，完成效果如图 12-3 所示。

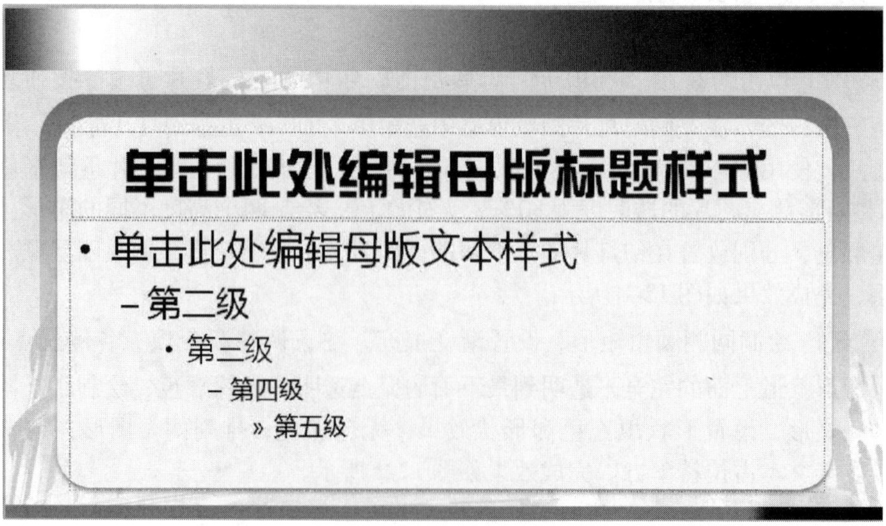

图 12-3　调整占位符

步骤 5　选择“标题幻灯片”版式，重命名版式名称为“封面”，勾选“幻灯片母版”选项卡“背景”组中的“隐藏背景图形”复选框，隐藏统一的幻灯片背景图片，绘制形状，设置形状填充色，排列各形状位置，完成效果如图 12-4 所示。

图 12-4　设置标题幻灯片母版

步骤 6　选择“标题和内容”版式，重命名版式名称为“两栏”，绘制形状，调整占位符大小、位置，设置占位符文本格式，完成效果如图 12-5 所示。用同样的方法修改“节标题”、“内容”和“比较”版式母版。

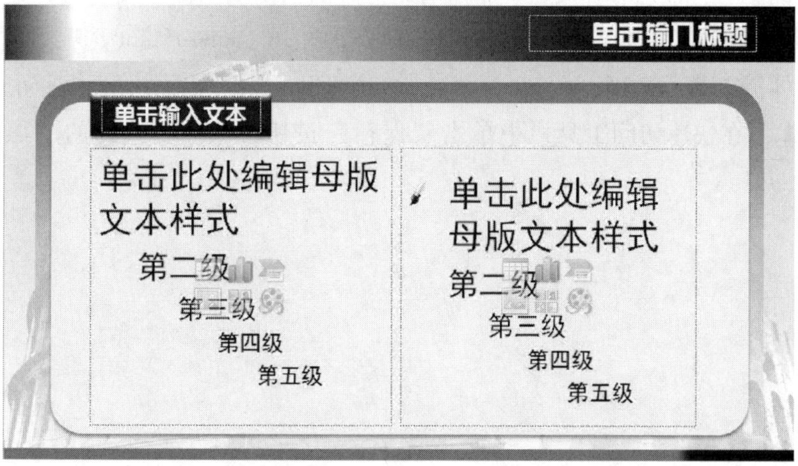

图 12-5　设置“两栏”母版样式

步骤 7　关闭母版视图，回到普通视图编辑状态。输入文本“黑与白”，设置为“华文隶书，120 磅，黑色”，选中文本框，右击复制为图形，修改文本字体颜色为白色，再次复制为图形，删除文本框；将黑白两色文字图形同时选中，上下左右对齐，调整位置，取消同时选择，选中上面一个图形并进行裁剪，得到黑白双色字效果；添加修饰图形和文本。完成效果如图 12-6 所示。

图 12-6　封面设计效果

步骤 8　新建“节标题”版式幻灯片，输入数字及标题文本。

步骤 9　新建“比较”版式幻灯片，输入标题文本，插入图片并对图片进行格式设置。用同样的方法完成后面各页面制作，需要注意的是，如果需要的图片是彩色的，可以将图片重新着色为“灰度”。

步骤 10　单击“切换”选项卡“切换到此幻灯片”组中的“推进”按钮，再单击“计时”组中的“全部应用”按钮，将所有幻灯片的切换效果都设置为“推进”。

步骤 11　单击“文件”菜单“选项”命令，打开“PowerPoint 选项”对话框，设置保存时将字体嵌入演示文稿。

步骤 12　在快速访问工具栏中单击“保存”按钮，保存更改后的“黑与白”演示文稿。